臺灣歷史與文化 研究輯刊

十 六 編

第 5 冊

台灣地理歌仔研究——
以陳再得的〈台灣地名探源〉為例

黃 瓊 儀 著

花木蘭文化事業有限公司

國家圖書館出版品預行編目資料

台灣地理歌仔研究——以陳再得的〈台灣地名探源〉為例
／黃瓊儀 著 — 初版 — 新北市：花木蘭文化事業有限公司，
2019〔民108〕
序2+目4+212面；19×26公分
（臺灣歷史與文化研究輯刊十六編：第5冊）
ISBN 978-986-485-849-1（精裝）
1. 臺灣文學 2. 說唱文學 3. 文學評論
733.08   108011620

ISBN-978-986-485-849-1

9 789864 858491

臺灣歷史與文化研究輯刊
十六編 第 五 冊   ISBN：978-986-485-849-1

台灣地理歌仔研究——
以陳再得的〈台灣地名探源〉爲例

作　　者　黃瓊儀
總 編 輯　杜潔祥
副總編輯　楊嘉樂
編　　輯　許郁翎、王筑、張雅淋　美術編輯　陳逸婷
出　　版　花木蘭文化事業有限公司
發 行 人　高小娟
聯絡地址　235 新北市中和區中安街七二號十三樓
　　　　　電話：02-2923-1455／傳眞：02-2923-1452
網　　址　http://www.huamulan.tw 信箱 hml 810518@gmail.com
印　　刷　普羅文化出版廣告事業
初　　版　2019 年 9 月
全書字數　218493 字
定　　價　十六編 10 冊（精裝）台幣 20,000 元

台灣地理歌仔研究——
以陳再得的〈台灣地名探源〉爲例

黃瓊儀　著

作者簡介

黃瓊儀，出生於彰化縣，現居雲林縣。畢業於國立交通大學電機工程學系、國立雲林科技大學漢學應用研究所。曾於雲林國中、斗南高中、大成商工任教。興趣是探索新事物、製作卡片、娃娃、中國結等手工藝品以及拼圖和積木。

提　　要

　　地名是一地人群指認空間的符號，也是人、事、物、活動等發展的舞台，因地名並非全然固定不變，而是會隨著社會的變遷不斷的增加或改變，因此地名便成了特定的時間註腳，在無形中成了展現時間、空間及社會的座標，也是具體描繪一個地區的區域特色語彙。地名隱含了人群使用地名的共同性或延續性，以及勾勒這些空間特徵的在地性、存留於特定時間的穩定性。記錄和研究地名的起源與傳播變化，具有保留一地語言、社會活動、環境變遷、歷史拓墾等功能。

　　本書以「台灣地理歌仔」為主題，並以陳再得的〈台灣地名探源〉為例，試圖從歌仔冊中屬知識類這類別的歌仔當中，找尋其背後所蘊藏的知識，並做文獻資料的整理，在一邊讀這類說唱文學的同時，也能一邊了解地名的緣由，及其所提及的相關地理風景、鄉土風俗、人文藝術、行政沿革、傳說軼聞等等。

誌　謝

　　終於走到了這一天，至今仍覺得不敢相信，當初大學爲理工的科系到研究所改讀文組的科系，坦白說，一開始眞的很不適應，幸虧我來到了漢學所這個大家庭，上至所長、教授們、一直到學長姊、同學及學弟妹們，大家就像是一個大家庭一樣，彼此關懷、協助，所以雖然讀起來辛苦，因爲有大家的陪伴，卻也格外的甜蜜。但我最要感謝的就是我的家人、我的指導教授以及我的好朋友們。

　　首先是我的家人，謝謝我的家人在我讀研究所這段期間，給我很大的自由空間，讓我可以無後顧之憂地專心於學業上，尤其是在我開始寫論文的這段期間，雖然一開始他們都不敢問我，怕造成我的壓力，但時間一久，他們不免也開始擔心我到底能不能夠畢業，家人的關懷雖然是種壓力，但同時也是原動力，時刻提醒著我要趕快寫論文，趕快畢業，趕快找工作，不要再讓他們擔心。

　　再來一定要好好感謝的，就是我的指導教授柯榮三老師，謝謝我這個最敬愛的又摯愛的柯柯柯榮三小三老師，直到現在我仍然感到十分懊悔，爲什麼我在碩一的時候沒有選修老師的課，爲什麼碩二的時候才修老師的課，爲什麼這麼晚才認識老師，如果能夠早點認識老師，也許我就能更快地決定指導教授，更快地決定我要撰寫的論文方向，就不會一直在茫茫大海中無助地飄流，說老師是迷茫大海中的燈塔，眞的不爲過。不過，幸好最終我還是找到他了，並成功地讓老師願意收我這個半路出家的學生爲徒，眞的很感謝老師給了我很大的發揮空間，讓我不會因爲自己不是中文系出身而一直苦惱著論文的撰寫方式，每次和老師會面討論論文時，總是沒有壓力、沒有負擔，

總是能夠很自在地表達我的想法，當我有疑問時，老師也總是能夠以各種我能理解的方式來解決我的問題，雖然有時候我都很擔心老師會不會想把我從窗戶丟出去，在此真的要說一聲，老師您辛苦了。除了學業上的問題，老師也像是我的朋友一樣，總是傾聽我的煩惱，雖然不知道老師是被迫還是自願，明明老師自己也很忙碌於自己的研究，卻還要聽我的喜怒哀樂，甚至有時還會被我柔性逼迫要做出回應，容我再次說聲，老師真的謝謝您以及您真的辛苦了！以後我們還是要保持連繫喔！人家說一日為師終生為父，雖然老師的年紀無法當我的父親，但能夠認識老師，我真的很開心，也希望老師能夠珍重自己的身體，要健健康康的。

要感謝的還有我的口試老師：中山大學中文系的羅景文老師以及我們所上的翁敏修老師。本文結論中所整理陳再得〈台灣地名探源〉的主題，即得益於羅老師在口試時所提供的真知灼見；翁老師惠賜關於陳再得歌仔的先行研究論文，則補足了我在緒論中的前人研究成果之缺漏。謝謝兩位老師給了我的論文很多的建議，讓我的論文能夠更完善，我自知我的論文仍有很大的進步空間，但礙於時間與目前的能力上，還無法達成，希望未來我們還能在學術的殿堂上會面。

最後就是我的朋友們，不管是我在雲科認識的學長姊、同學或是學弟妹，還是我大學時的學長姊、同學、學弟妹，或是在這學校以外認識的大家，大家總是陪伴我、幫我加油打氣、給我鼓勵，給予我的不管是實質上的還是精神上的幫助，對我來說都是感謝，在這一路上走來，真的很感謝您們，有您們大家的陪伴真好。

序

柯榮三

雲林科技大學漢學應用研究所副教授

　　說起來，我之所以會研究歌仔冊，乃是一個偶然。

　　可能是 2002 年吧，在我就讀成大臺文所碩士班時某日，我的指導教授呂興昌老師問我，對臺灣歌仔冊是否有興趣，如果有的話，可以選擇歌仔冊中以新聞事件為題材者，作為我碩士論文的研究題目。於是，我便一頭鑽進了歌仔冊這片包羅萬象的臺語文學花園內，直到繼續唸博士班，直到博士後研究，直到在雲科大漢學所覓得教職，直到今日。

　　2010 年至 2011 年之間，成大中文系陳益源教授與陳再得先生的兩位公子——陳必正醫師、陳芳慶教授，共同將陳再得先生的歌仔作品，編為《陳再得的臺灣歌仔》，成為「彰化學」叢書的第 31 種，正式出版。那些年，我剛從部隊退伍，擔任陳益源教授研究計畫內的博士後研究人員，與其他研究助理，一起協助這本書稿的編輯校對工作，在迎接《陳再得的臺灣歌仔》順利付梓的同時，也迎接了我第一個孩子的出生。

　　說起來，瓊儀之所以會研究陳再得先生的歌仔，也是一個偶然。

　　可能是 2017 年吧，在我到雲科大漢學所服務後某日，我問瓊儀對臺灣歌仔冊是否有興趣，如果有的話，可以選擇歌仔冊中以臺灣地名為題材者，作為她碩士論文的題目。於是，瓊儀便一頭鑽進了《陳再得的臺灣歌仔》以及臺灣地名研究的相關著作當中。然而，相較於我，瓊儀的經歷其實更為「偶然」，因為她原本是交通大學電機系畢業的學生，偶然地考上雲科大漢學所，又偶然地接受我的建議鑽研陳再得先生的歌仔，在此之前，她大概完全沒有想過會從事關於「臺灣歌仔」的研究。

　　不過，瓊儀順利完成《臺灣地理歌仔研究——以陳再得的〈臺灣地名探

源〉爲例》，則絕非偶然！因爲在接受我的建議以後，瓊儀開始非常認眞地尋找相關資料，根據陳再得〈臺灣地名探源〉的內容，逐一考索臺灣各種地名工具書上記錄的相關史料、傳說及故事，以及臺灣各縣市、鄉鎮、村里的方志，乃至於報刊文獻等等，努力之勤，用功之深，在碩士論文口試時獲得口試委員羅景文教授、翁敏修教授一致給予高度肯定。經過幾番修訂以後，獲得花木蘭文化事業有限公司選入「臺灣歷史與文化研究輯刊」第 16 編正式出版，當屬必然！

　　在此，我相信瓊儀這本《臺灣地理歌仔研究──以陳再得的〈臺灣地名探源〉爲例》的出版，將必然可以吸引關注臺灣文學研究者（尤其是關注臺灣俗文學、民間文學者）的目光，也必然可以讓讀者對於臺灣彰化縣芳苑鄉的「歌仔先」陳再得先生，有更加深入的認識與瞭解，是爲序。

2019 年 7 月於日本京都旅次

目

次

第一章 緒 論

第一節 研究動機、目的與方法

一、研究動機和目的

彰化芳苑「歌仔仙」陳再得（1929～2005）編唱之歌仔作品，出版《陳再得的台灣歌仔》〔註1〕。其中第三篇「中華歷史與台灣地理知識」這一類中所列之〈美麗的寶島〉、〈台灣地名探源〉這兩首歌仔，以長篇聯章的七字仔念歌形式，敷唱台灣各縣市鄉鎮史蹟物產風光及地名今昔演變，既有歌仔唸唱之趣味，又具豐富的文化知識，特別吸引筆者注意。

陳再得〈美麗的寶島〉、〈台灣地名探源〉將台灣各地名、地號編入歌仔傳唱之作，實與早期流行於福建、台灣兩地的歌仔冊說唱文學傳統有關，就目前所知，包括陳再得〈美麗的寶島〉、〈台灣地名探源〉在內，這類或以「台灣地理」為唸唱主題，或者利用「台灣地理」作為引韻來鋪陳故事的歌仔冊作品至少有：《嘉義地理歌》（嘉義歌）〔註2〕、《嘉義行進相褒歌》〔註3〕、《最

〔註1〕 詳見陳益源、陳必正、陳芳慶編：《陳再得的台灣歌仔》（台中：晨星出版社，2011年1月），列為「彰化學叢書第31種」，全書共分 1.彰化歷史與地方傳說；2.社會時事新聞；3.中華歷史與台灣地理知識；4.勸善教化；5.敘情歌詩；6.贈答交際；7.其他，另有附錄手稿四篇。

〔註2〕 所謂「嘉義地理歌」就目前所知至少包含以下兩種版本：1.不題撰人，《嘉義地理歌》（廈門：會文堂，年代不詳）；2.不題撰人，《嘉義歌》（台北：黃塗活版所，1925年8月），台灣大學圖書館楊雲萍文庫藏。

〔註3〕 麥國安：《嘉義行進相褒歌》（上集，嘉義：玉珍漢書部，1934年9月；中集，

新週遊歌》（特別遊台新歌）〔註4〕、《出外風俗歌》〔註5〕、《天文地理新歌》〔註6〕、《最新白話台灣地號歌附青草藥頭》〔註7〕，筆者統稱上述這類作品為「台灣地理歌仔」。

　　筆者將以「台灣地理歌仔」中，陳再得的〈台灣地名探源〉為研究對象，意欲探討究竟有哪些地點被陳再得編入在〈台灣地名探源〉內？台灣各地方在歌仔中被突顯的重點為何？目的不僅希望能瞭解民間藝人（歌仔先）如何運用智慧，將台灣各地的歷史變遷與景物傳說編為歌仔傳唱，更期待能與教育或是旅遊結合，藉由這些前人留下的歌仔作品，讓有意學習台灣地理的人能有不同的材料可以做為補充閱讀或是參考，也希望能為今日台灣各縣市鄉鎮觀光發展提供更多元精彩的文化資產。

　　陳再得在〈台灣地名探源〉中，參考了許明山先生所提供的資料，將台灣新舊地名由北至南作一簡略敘述，除了提及各地之新舊地名對照，也會提及當地地理環境、風景名勝、物產經濟、人文歷史與神話傳說等等。在〈台灣地名探源〉一開始，陳再得說明自己撰寫這篇歌仔的目的〔註8〕：

> 台灣本省的代誌　舊名多數不知機　三百零九鄉鎮市　一一介紹恰合宜
> 就是新名換舊名　以前舊名嫌歹聽　時代改變換條件　環境不同改新名
> 多數鄉鎮名兩款　少年不識塊爭端　老人新名講不慣　大家相箭箭不完
> 聽我介紹免相箭　歷史只有幾百年　聽完大家就覺醒　原來就是按尼生

〔註9〕

台灣今日所使用的地名，是過去到現在，先後來到此地定居的人，與這塊土地融合所創造，再加上台灣歷經多次政權的更替之交互影響，前來移墾的人

嘉義：玉珍漢書部，1934年9月），台灣大學圖書館楊雲萍文庫藏。

〔註4〕不題撰人，《最新週遊歌》上下本（台北：黃塗活版所，1927年4月），台灣大學圖書館楊雲萍文庫藏。按，此本歌仔冊首葉首行另做別名「特別遊台新歌」，版心鑴「遊台新歌」。

〔註5〕宋阿食，《出外風俗歌》上下本（嘉義：捷發漢書部，1932年3月），台灣大學圖書館楊雲萍文庫藏。

〔註6〕邱清壽，《天文地理新歌》上下集（台北：周協隆書店，1935年11月），台灣大學圖書館楊雲萍文庫藏。

〔註7〕姚貴三，《最新白話台灣地號歌附青草藥頭》（高雄：金鶴堂書局，1947年2月），柯榮三藏。

〔註8〕林依華：《陳再得及其歌仔研究》（台中：國立中興大學中國文學研究所碩士論文，2007年），頁60。

〔註9〕詳見陳益源、陳必正、陳芳慶編：《陳再得的台灣歌仔》，頁194。

有著不同文化背景、傳統、語言，不同政權有不同的意識形態，因而形成今日台灣如此多樣性的地名〔註 10〕。雖然現在許多地名都已更改爲新地名，但仍然有許多鄉村仍舊在使用長期以來慣用的舊地名。對於他們而言，舊地名所占的地位遠超過新地名。因爲這些地名充滿先人創建聚落時的感情，舊地名一代傳過一代，背後是對曾經艱苦奮鬥的先人們無限的敬佩與感激〔註 11〕。不論是新地名還是舊地名，都是大家對自己所居住的這塊土地的一份認同，所以陳再得在這篇歌仔中，告訴我們全台三百零九個鄉鎮市，新舊地名的對照。

二、研究方法

本論文擬以「文獻整理」研究方法進行，本論文是以〈台灣地名探源〉做爲研究對象，其內容述及全台三百零九鄉鎮市之新舊地名由來，與各種地理環境、風景名勝、物產經濟、人文歷史與神話傳說等等，故全面蒐集歌仔中所提及的各種資訊，並解析歌仔中所敘內容含意之「文獻整理」方法必不可少。此外有關舊地名的由來雖有許多書籍介紹，但眾說紛紜，期望能蒐集到有關資料一併呈現全台灣各鄉鎮市地名由來之所有說法。

第二節　前人研究成果探討

一、歌仔冊的前人研究成果概況

什麼是歌仔冊？在王順隆〈談台閩「歌仔冊」的出版概況〉一文中有言：

> 根據現存的文獻資料顯示，遠自清道光年間，在閩南地區的鄉鎮裡，流行著一種以通俗漢字記敘閩南民間歌謠的小冊子，其內容多爲敘述歷史故事的長篇敘事詩，或與當時社會風俗有關的勸世歌文。就其印版來分，從最早期的木刻版，再演進成石印版，更有後來鉛印版的大量發行。從其具有商業價值，和存世書目的數量上看來，在當時必定風行一時。這些以閩南方言文字所寫下的彈詞系統

〔註 10〕蔡培慧、陳怡慧、陳柏州撰文，金炫辰繪圖：《台灣的舊地名》（台北：遠足文化，2004 年 1 月），頁 11。

〔註 11〕洪敏麟編著：《台灣舊地名之沿革》第一冊（南投：台灣省文獻委員會，1999年 6 月四版），頁 3～4。

俗曲唱本，就是所謂的「歌仔冊」。（亦有稱之爲「歌仔簿」，或「歌
簿仔」者，目前尚無一固定的稱呼。此種歌本與現今市面上所販售
之流行「歌本」，雖同用一語詞，所指事物迥異。以下所稱「歌仔冊」
專指早期的閩南語歌仔唱本。）〔註12〕

由此可知，台灣的「歌仔冊」是源自於中國閩南地區，且內容多爲與社會風俗有關的勸世文或者歷史故事，乃是說唱表演者作爲「歌仔」表演的參照底本〔註13〕。

早期的研究多將歌仔冊視爲歌謠，在 1895 到 1945 年間，有關台灣歌謠的搜集研究，最早可能是由台灣總督府與法院官員組成之「台灣慣習研究會」，在 1901 年刊行的《台灣慣習記事》第一卷第七號中采錄的〈台灣歸日本領有前後台北附近流行之歌謠〉，其後又有大量的搜集之作，包括 1936 年台灣學者李獻璋出版的《台灣民間文學集》，亦編有〈歌謠篇〉，但當時的整理研究固有學術價值，卻是籠統的分法，也有待釐清。然而，1940 年由台北帝國大學東洋文學會所編的《台灣歌謠書目》，雖是以歌謠爲名，卻是戰前最值得注意的一部歌仔冊目錄。1941 年，稻田尹〈關於台灣歌謠〉一文則是另一篇同樣以歌謠爲題，但實際上是討論以歌仔冊爲主的研究成果〔註14〕。

在戰後有關歌仔冊的文獻，最早發表卻似乎較不被人知的，也許要算是1946 年 9 月，《台灣文化》第一卷第一期上所刊載一篇未署名的〈最新手巾歌（台灣民歌）〉。在之後，1948 年六月八日，廖漢臣於《公論報・台灣風土》第五期寫有〈「台灣民主歌」〉一文，介紹其自身所見的《台灣民主歌》之抄本內容。1949 年一月十八日，《公論報・台灣風土》第三十三期，又有一篇陳奇祿以筆名「彬」，所發表的〈牛津所有的台灣古文獻〉，該文根據戰前日本學者神田喜一郎發表於《愛書》第十輯上的〈牛津に存在する台灣に古文獻に就いて〉一文，著錄英國牛津大學圖書館中 Alexander Wylie 所藏清道光年間所刊刻的歌仔冊二十一種。不過整體而言，戰後初期仍延續過去將歌仔冊視爲歌謠的角度，如 1950 年十二月黃得時所發表的〈關於台灣歌謠的搜集〉一文，系統性回顧了從清朝到戰前台灣台灣歌謠的搜集整理研究概況，上述

〔註12〕 詳見王順隆：〈談台閩「歌仔冊」的出版概況〉，《台灣風物》第四十三卷第三期（台北：台灣風物雜誌社，1993 年 9 月），頁 109。
〔註13〕 詳見柯榮三著：《時事題材之台灣歌仔冊研究》（台北：國立編譯館，2008 年 2 月），頁 3～5。
〔註14〕 詳見柯榮三著：《時事題材之台灣歌仔冊研究》，頁 6～7。

英國牛津大學所藏的歌仔冊，黃得時亦在文中援引介紹。或是 1958 年八月至
1960 年九月賴建銘之作〈清代台灣歌謠〉（上）（中）（下）三篇，是以自身所
藏之「歌冊」現尚存十二種中，選擇有關台灣之變亂故事歌謠及深入台灣民
間生活之特寫歌謠，以全節刊載於後，並加附註，亦是一篇雖以歌謠爲題，
但內容卻是在談歌仔冊的文章。1638 年八月，李獻璋也發表〈現存せる清末
の閩南歌謠集〉一文，主要介紹英國牛津大學圖書館中 Alexander Wylie 文庫、
台灣中央圖書館台灣分館、石暘睢、楊雲萍以及李獻璋本身自藏的清刊本歌
仔冊概況。而在戰後第一篇爲「歌仔冊」正名，無論內容或題目皆爲歌仔冊
的研究，可能是 1963 年九月王育德發表之〈台灣語講座・第十七回 歌仔冊
の話（1）〉。在王育德的文章發表後不久，1965 年十月，法國漢學家施博爾（施
舟人）發表了〈五百舊本「歌仔冊」目錄〉，共收錄了歌仔冊 541 種，以戰前
台灣與中國兩地所出版的歌仔冊爲主。1974 年，美國學者艾伯華以英文撰寫
的《台灣唱本提要》在台灣刊印，共收錄歌仔冊 250 種，主要以戰後在台灣
所出版的歌仔冊爲主。上述兩份目錄再加上 1940 年台北帝國大學東洋文學會
所編的《台灣歌謠書目》，此三份目錄可說是替台灣的歌仔冊研究立下第一個
里程碑﹝註 15﹞。

　　在學院論文方面，首度大量以歌仔冊作爲研究對象之一的，可能是臧汀
生在 1979 年六月所完成的碩士論文《台灣民間歌謠研究》。1983 年十月，陳
兆南參加台灣史蹟源流研究會七十二年年會時，發表了〈閩台「歌冊」目錄
略稿——敘事篇〉，此作爲國內學者從事歌仔冊目錄之基礎研究工作之第一
人，除了具有學術價值之外，意義更是不凡。1985 年六月，開始有完全以歌
仔冊爲研究對象的碩士學位論文，即文化大學中文研究所研究生李李的《台
灣陳辦歌研究》﹝註 16﹞。就歌仔冊的研究來說，曾子良（1990）依歌仔冊內
容性質，將歌仔冊分爲：1.改編中國傳統小說戲曲類；2.改編中國歷史與民間
故事類；3.改編台灣歷史與民間故事類；4.改編當時該地社會新聞類；5.勸善
教化類；6.褒歌；7.趣味歌；8.敘情歌類；9.知識類；10.其他、未詳類別者﹝註
17﹞。根據目前所見的學位論文來說，則可以發現已有許多研究者關注並研究

﹝註 15﹞ 詳見柯榮三著：《時事題材之台灣歌仔冊研究》，頁 8～13。
﹝註 16﹞ 詳見柯榮三著：《時事題材之台灣歌仔冊研究》，頁 13～16。
﹝註 17﹞ 詳見曾子良：《台灣閩南語說唱文學「歌仔」之研究及閩台歌仔敘錄與存目》
　　　　 第四章〈台灣閩南語歌仔的內容〉（台北：東吳大學中國文學研究所博士論文，
　　　　 1990 年 6 月），頁 33～34。

的類別有：改編中國傳統小說戲曲或歷史民間故事〔註18〕、改編台灣歷史民間故事或社會新聞〔註19〕、勸善教化〔註20〕、褒歌〔註21〕、趣味歌〔註22〕、敘情歌〔註23〕等類別。

二、台灣地名前人研究概況

在1980年代以前，有關於台灣地名的專書，大多都是官方志書，或是由各政府機關的文獻會出版，但最近這二十年來，台灣地名的研究越來越盛行，

〔註18〕 例如：1.秦毓茹：《梁祝故事流布之研究——以台灣地區歌仔冊與歌仔戲爲範圍》（花蓮師範學院民間文學研究所碩士論文，2003年6月）；2.林妙馨：《歌仔冊〈增廣英台新歌〉的文學研究》（高雄師範大學台灣語言及教學研究所碩士論文，2006年6月）；3.黃惠鈴：《和番主題歌仔冊研究——以〈王昭君和番歌〉、〈陳杏元和番歌〉爲例》（台中：逢甲大學中國文學系碩士論文，2006年6月）；4.沈毓萍：《竹林書局〈李哪吒抽龍筋歌〉、〈妲己敗紂王歌〉與〈孫悟空大鬧水宮歌〉神怪類歌仔冊研究——以用字現象與故事內容比較爲主》（台南大學國語文學系碩士論文，2006年8月）；5.潘昀毅：《歌仔冊〈三伯英台歌集〉之研究》（花蓮：東華大學中國語文學系碩士論文，2011年6月）等。

〔註19〕 例如：1.李李：《台灣陳辦歌研究》（台北：中國文化大學中國文學研究所碩士論文，1985年6月）；2.丁鳳珍：《「歌仔冊」中的台灣歷史詮釋——以張丙、戴潮春起義事件敘事歌爲研究對象》（台中：東海大學中國文學系博士論文，2004年6月）；3.李美麗：《〈台南運河奇案歌〉研究》（高雄：中山大學中國語文學系碩士論文，2004年6月）；4.柯榮三：《有關新聞事件之台灣歌仔冊研究》（台南：成功大學台灣文學系碩士論文，2004年6月）；5.龍泳衡：《歌仔冊之台灣抗日主題研究》（嘉義：中正大學台灣文學研究所碩士論文，2008年6月）等。

〔註20〕 例如：1.江美文：《台灣勸世類「歌仔冊」之語文研究——以當前新竹市竹林書局所刊行個台語歌仔冊爲範圍》（新竹師範學院台灣語言與語文教育研究所碩士論文，2004年1月）；2.林博雅：《台灣「歌仔」的勸善研究》（嘉義：南華大學文學系碩士論文，2004年12月）；3.謝靜怡：《歌仔冊教化功能之研究》（花蓮教育大學民間文學研究所碩士論文，2007年8月）；4.林淑琴：《有關地獄之歌仔冊的語言研究及其反映的宗教觀》（台北：台灣師範大學台灣文化及語言文學研究所在職進修碩士論文，2010年6月）等。

〔註21〕 例如：1.陳姿听：《台灣閩南語相褒類歌仔冊語言研究——以竹林書局十種歌仔冊爲例》（新竹師範學院台灣語言與語文教育研究所碩士論文，2001年6月）2.柯榮三：《台灣歌仔冊中「相褒結構」及其內容研究》（台南：成功大學台灣文學研究所博士論文，2009年6月）等。

〔註22〕 例如：蘇于榕：《「貓鼠相告」主題作品研究——以台中瑞成書局〈最新貓鼠相告歌〉爲主》（台北教育大學台灣文化研究所碩士論文，2011年7月）。

〔註23〕 例如：1.陳雪華：《台灣閩南語歌仔冊中的愛情類故事研究》（台南大學國語文學系碩士論文，2007年1月）；2.周群堯：《閩南語歌仔冊敘事研究——以八個愛情故事爲例》（台南大學國語文學系教學碩士論文，2009年7月）。

不管是官方的出版或是學界的研究，相關的書籍日益增加。有關於台灣地名的前人研究概況，我們可以從清代、日治時代、以及戰後這幾個時期來做一簡要的概述。

首先是清代，清代最主要都是方志，如《淡水廳志》、《諸羅縣志》、《重修台灣府志》等，這些方志中的文字敘述不是那麼完全的白話，通常沒有條目介紹地名，但是有記載各種地理景觀或是人文事件，而地理景觀實為許多地名的產生的依據，因此藉由這些方志我們可以拿來做為地名變化的參考。

再來是日治時期，日治時期主要是一些地方要覽，裡面對於地名的記錄，主要是各州、郡、市街庄的管轄便覽，因為這些要覽所記載的資料很多，所以不可能每個地名的由來都能夠交代得很清楚，但是通常會在沿革的部份簡述這個地方的開拓史、其地理位置等，因此也是做為地名研究的重要參考資料來源。除此之外，在日治時期，對於地名的主要研究者有伊能嘉矩以及安倍明義，伊能嘉矩主要是以「辭書」的形式來呈現其研究的成果，而安倍明義因為研究番語的關係而對台灣地名展開研究，根據他的研究，而歸納出台灣地名起源的九個原則與六個地名轉訛的例子。

最後是戰後的地名研究，戰後的地名研究，除了官方出版的，如《重修台灣省通志》中有記載台灣地名的沿革，各鄉鎮市也開始展開編修地方志的工作，而出版了屬於自己的鄉鎮市志，如《北斗鎮志》、《太保市志》、《仁武鄉志》等，並多半會在方志中，說明自己所屬的鄉鎮市的地名沿革。在戰後最主要研究地名的學者有陳正祥、王世慶、洪敏麟、陳國章、施添福等人，陳正祥依自己的研究成果，出版了《台灣地名辭典》，而洪敏麟則有出版《台灣舊地名之沿革》等三冊，陳國章則出版了《台灣地名文集》一書，以及由施添福總編纂，陳國川編纂，所出版的各縣市之《台灣地名辭書》〔註24〕。

以「台灣地理歌仔」為題，牽涉到的有歌仔冊與台灣地名這雙方面的研究。就歌仔冊的研究來說，曾子良（1990）依歌仔冊內容性質，將歌仔冊分為：1.改編中國傳統小說戲曲類；2.改編中國歷史與民間故事類；3.改編台灣歷史與民間故事類；4.改編當時該地社會新聞類；5.勸善教化類；6.褒歌；7.趣味歌；8.敘情歌類；9.知識類；10.其他、未詳類別者〔註25〕。而本論文欲研

〔註24〕詳見許淑娟著：《台灣全志》〈卷二，土地志，地名篇〉（南投：國史館台灣文獻館，2010年11月），頁2～14。

〔註25〕詳見曾子良：《台灣閩南語說唱文學「歌仔」之研究及閩台歌仔敘錄與存目》第四章〈台灣閩南語歌仔的內容〉（台北：東吳大學中國文學研究所博士論文，

究之「台灣地理歌仔」乃是屬於其中的「知識類」。根據目前所見的學位論文而論，已有許多研究者關注於改編中國傳統小說戲曲或歷史民間故事、改編台灣歷史民間故事或社會新聞、勸善教化、褒歌、趣味歌、敘情歌等類別，然而在知識類方面的研究，卻顯得略有不足。

　　就台灣地名的研究來說，安倍明義《台灣地名研究》（1938）、陳正祥《台灣地名辭典》（1960）、洪敏麟《台灣舊地名之沿革》（共四冊，1980～1984）及《台灣地名沿革》（1985）等研究專著，對筆者的研究而言極具參考價值，其他諸如陳漢光〈台北市地名研究初稿〉（1952）〔註26〕、陳漢光〈彰化縣地名探源〉（1954）〔註27〕、吳新榮〈台南縣地名沿革總論〉（1954）〔註28〕、陳聰信〈台灣地名的探源〉（1978）〔註29〕、劉妙惠〈雲林縣鄉鎮村里地名考源〉（1982）〔註30〕、台灣省文獻委員會採集組〈台中市地名沿革〉（1997）〔註31〕、廖秋娥〈基隆市地名沿革〉（1997）〔註32〕、陳國川〈新竹市地名沿革〉（1997）〔註33〕、吳育臻〈嘉義市地名沿革〉（1997）〔註34〕等，以台灣各縣市鄉鎮地名為主要考察範圍之論著，也是筆者進行本研究時必要的參考文獻。與筆者相同，以陳再得之〈台灣地名探源〉做為研究對象的，有董淑連〈陳再得的台灣歌仔研究——以台灣的地名探源為研究範圍〉〔註35〕，其以四個不同時期的統治者對於台灣地名的影響來分析〈台灣地名探源〉，對於筆者來說，實為重要的參考資料。但除此之外，其餘上述相關研究，較著重於

　　　　1990 年 6 月），頁 33～34。
〔註26〕文載《台北文物》第 1 卷第 1 期（台北市文獻委員會，1952 年 12 月），頁 36　～40。
〔註27〕文載《彰化文獻》第 1 卷第 1 期（彰化縣文獻委員會，1954 年 6 月），頁 18　～24。
〔註28〕文載《南瀛文獻》第 2 卷第 1／2 期合刊（台南縣文獻委員會，1954 年 9 月），頁 37～43。
〔註29〕文載《台北文獻》直字第 45／46 期合刊（台北市文獻委員會，1978 年 12 月），頁 455～466。
〔註30〕文載《雲林文獻》第 26 期（雲林縣文獻委員會，1982 年 6 月），頁 44～83。
〔註31〕文載《台灣文獻》第 48 卷第 2 期（台灣省文獻委員會，1997 年 6 月），頁 213　～223。
〔註32〕文載《台灣文獻》第 48 卷第 2 期，頁 225～232。
〔註33〕文載《台灣文獻》第 48 卷第 2 期，頁 233～237。
〔註34〕文載《台灣文獻》第 48 卷第 2 期，頁 239～249。
〔註35〕文載《海翁台語文學》第 146 期（開朗雜誌事業有限公司，2014 年 2 月），頁 33～56。本資料為雲林科技大學漢學應用研究所翁敏修教授提供，特申謝忱。

地名之歷史考證，並未能將「台灣地理歌仔」這類說唱文學作品納入研究視野。有鑑於此，筆者希望能吸收前人在台灣地名探源方面之研究成果，全面考察陳再得〈台灣地名探源〉之內容，挖掘知識類歌仔中所蘊藏的重要價值與文化意義。

第三節 歌仔冊發展概況

台灣的歌仔冊最早來自海峽對岸直接輸入，據王順隆〈談台閩「歌仔冊」的出版概況〉所言，直到大正年間，台北黃塗活版所才以鉛字活版大量發行台灣版的歌仔冊〔註36〕，但其內容幾乎全是以翻印閩南舊本為主〔註37〕。本節將探討歌仔冊傳承演變之概況，建立關於本研究論文的背景知識。

在前人對於歌仔冊的書目敘錄研究中，已經記錄過不少台灣本地歌仔冊編著者資料，尤以陳健銘〈閩台歌冊縱橫談〉一文有系統地考察歌仔冊的編著者群，在台灣部分介紹了有：1.梁松林、2.宋阿食、3.宋文和、4.王賢德、5.林漢璋、6.洪尊明、7.王秋榮、8.黃福、9.林達標、10.麥國安、11.廖永成、12.戴三奇、13.高阿連、14.謝新進、15.陳月清、16.林九、17.邱清壽、18.汪思明、19.賴阿涂、20.邱壽、21.林阿頭等 21 位歌仔冊編著者〔註38〕。其中，宋阿食《出外風俗歌》（1932）、麥國安《嘉義行進相褒歌》（1934）、邱清壽《天文地理新歌》（1935）皆屬「台灣地理歌仔」之作，然而編著《最新白話台灣地號歌附青草藥頭》（1947）的「姚貴三」，卻是一位未曾被前人著錄的「歌仔先」；彰化芳苑自號為「歌仔仙」的陳再得，則是近年來因受康原、陳益源、林依華等人注意，才有相關研究〔註39〕，其作品也重新整理而正式

〔註36〕詳見王順隆：〈談台閩「歌仔冊」的出版概況〉，文載《台灣風物》第 43 卷第 3 期（台北：台灣風物雜誌社，1993 年 9 月），頁 115。

〔註37〕例如，直到 1929 年春，台北黃塗活版所才出版第一部由台灣本地歌仔先自行編著的歌仔冊《正派三國歌》，因編著者有感於歷來「三伯英台歌」與「陳三五娘歌」對人心的危害，特以鼓勵忠誠獎勵信義為目的，故有《正派三國歌》之作，其中並將漢字與片假名並用，提供音註。詳見〔日〕稻田尹：〈台灣の歌謠に就て〉，文載《台灣時報》第 253 號（台北：台灣時報發行所，1941 年 1 月），頁 87。

〔註38〕詳見陳健銘：〈閩台歌冊縱橫談〉，收入陳健銘《野台鑼鼓》（台北：稻鄉出版社，1989 年 6 月），頁 75～78。

〔註39〕詳見陳益源：〈陳再得生平簡介和這本書〉，收入同註 1，陳益源、陳必正、陳芳慶編：《陳再得的台灣歌仔》，頁 26～31。又可參見林依華：《陳再得及其歌

出版〔註40〕。

第四節　研究範疇及說明

　　本論文將以「台灣地理歌仔」為研究對象，並以陳再得的〈台灣地名探源〉為例，旨在探討陳再得的〈台灣地名探源〉之內容，涉及全台哪些縣市鄉鎮？台灣各地方在歌仔中被突顯的重點為何？目的在於希望重現民間藝人（歌仔先）將台灣各地歷史變遷與景物傳說編為歌仔傳唱的巧妙智慧，傳承寶貴的民間知識。最後總結各章節，探討〈台灣地名探源〉中的地名與風景，發揚「台灣地理歌仔」此種「知識類」歌仔中深厚的歷史與文化價值。

　　在陳再得的〈台灣地名探源〉中，共提及了宜蘭縣、基隆市、台北縣、桃園縣、新竹縣、新竹市、苗栗縣、台中縣、彰化縣、雲林縣、南投縣、嘉義縣、嘉義市、台南縣、高雄縣、屏東縣、台東縣、花蓮縣、澎湖縣等十九個縣市，因陳再得創作〈台灣地名探源〉時的台灣行政區域劃分並非以現今我們所見的劃分，故筆者將以〈台灣地名探源〉中的時代背景為主，而不以現在的行政區域劃分來做討論。而陳再得的歌仔創作，原先都是以說唱的方式呈現，後來才以文字記錄下來，而非先有文字創作，因此在文字上面，包含地名，會有一些是取同音字，而非使用正確的字。

　　另外，筆者欲研究之陳再得的歌仔〈台灣地名探源〉，就目前所知，有兩本書收錄了這首歌仔，一是陳益源、陳必正、陳芳慶編，晨星出版有限公司於 2011 年一月出版的《陳再得的台灣歌仔》，另一個則是許明山文史工作室的自印本，為陳再得編著、許明山珍藏的《台灣鄉土詩歌集錦》，但因為許明山所珍藏的《台灣鄉土詩歌集錦》為自印本，並不是大家都能夠看到這本書，所以本論文選擇大家所能見的版本來做討論。

　　仔研究》（中興大學中國文學研究所碩士論文，2007 年 6 月）。

〔註40〕詳見同註 1，陳益源、陳必正、陳芳慶編：《陳再得的台灣歌仔》。

第二章 北部地區與東部地區

　　北部地區，包括了基隆市、台北縣、台北市、桃園縣、新竹縣、新竹市與宜蘭縣，共七個縣市。陳再得在〈台灣地名探源〉中雖有提及台北市的萬華區以及敘述基隆市地名的由來，可是並沒有述及台北市及基隆市各區地名的由來，不知原因為何，故以下僅針對陳再得有提及的地名做討論。又因東部地區只有花蓮縣與台東縣兩個縣，篇幅較小，所以和北部地區的縣市合併做討論。小節的排序方式前面四節是北部地區，最後兩節是東部地區，而北部地區又以地理位置由北至南作排序，另外宜蘭縣雖屬於北部地區，但因其地理位置屬於台灣的東部，所以放在北部地區的最後一小節，即東部地區的前面一小節；至於東部地區則依陳再得在〈台灣地名探源〉中的順序排列，先討論台東縣然後才是花蓮縣。

第一節　台北縣與基隆市

　　在陳再得〈台灣地名探源〉中，台北縣與基隆市被合併書寫在台北縣，故此小節亦將此二個區域合併在一起討論。在〈台灣地名探源〉中，陳再得提到有關台北縣的鄉鎮市包含：板橋市、中和市、永和市、樹林鎮、土城市、新莊市、泰山鄉、林口鄉、八里鄉、五股鄉、蘆洲市、三重市、汐止市、石門鄉、三芝鄉、金山鄉、淡水鎮、萬里鄉、瑞芳鎮、雙溪鄉、平溪鄉、貢寮鄉、深坑鄉、坪林鄉、石碇鄉、新店市、烏來鄉、三峽鎮、鶯歌鎮等共二十九個鄉鎮市，以及基隆市。另外，雖有提及台北市的萬華區，但並未針對萬華區的新舊地名作敘述，僅是在敘述板橋市時，說明其地理位置。因〈台灣

地名探源〉此篇歌仔篇幅較大，共八十四句，依據歌仔的書寫特質，乃四句為一個小段落，故共有二十一個小段落，為保留陳再得原創字句，故僅將此篇切割成三大部分做討論，而不另以地理位置做劃分討論。

一、板橋市等十個鄉鎮市

在台北縣這段歌仔裡面，首先提到板橋市、中和市、永和市、樹林鎮、土城市、新莊市、泰山鄉、林口鄉、八里鄉及五股鄉等十個鄉鎮市：

> 板橋早年板橋頭　萬華隔界一條溝　日本時代海山郡　現在縣府的地頭
> 中坑漳和變中和　無偏無差之大道　永和原本秀朗社　世界最大的小學
> 樹林早年叫風櫃　打鐵店面設做堆　連片樹林足像水　環境庄名離不開
> 土城原稱媽祖田　用土築城真簡單　新莊原名蘆竹濫　來自康熙的年間
> 平頂台地樹林口　即被山峰三面包　東面一鄉叫泰山　西側一鄉叫林口
> 八里原稱八里坌　早年港口塊行船　唐山漢人來開墾　開山討海總有份
> 五股攏講五股坑　開墾五人落出錢　鄉內鳥隻滿滿是　靠近關渡橋身邊

（〈台灣地名探源——台北縣〉，頁 196）

「板橋早年板橋頭，萬華隔界一條溝，日本時代海山郡，現在縣府的地頭。」板橋在過去稱為枋橋頭，與萬華只隔了一條水溝，在日治時期，此處屬海山郡，而現在板橋則為新北市政府所在地。在 18 世紀中葉，於今日板橋外西方有一條小溪名為公館溝（崁仔腳），為了行人與貨物聚運來往方便，在小溪上架木板橋，地方人士稱此地為枋橋頭。1920 年七月，實施地方制度改革，廢廳為州，廢支廳為郡，廢區為街、莊，此處隸屬台北州海山郡板橋莊。1945年光復後改制，將原有的五州三廳改為八縣，原十一州轄市改為九省轄市與二縣轄市，郡改為區，街莊改為鄉鎮，海山郡板橋街改為海山區板橋鎮。1947年一月，遷縣治於此，裁海山區，改由台北縣政府直轄。在地理位置上，板橋在台北盆地之西南方，大漢溪和新店溪會流於東北隅，全域地勢平坦，介於大漢溪東岸以東到新店溪之間。鄰近鄉鎮市則北有大漢溪，與新莊、三重為鄰，西與樹林鎮相接，東北隔新店溪與台北市萬華區毗鄰，南鄰中和、土城二鄉〔註1〕。

〔註 1〕詳見林興仁主修，盛清沂總纂：《台北縣志》，卷二〈疆域志〉《中國方志叢書》台灣地區第 66 號（台北：成文出版社，1983 年 3 月台一版），頁 353～411、418～419。卷五〈開闢志〉，頁 1273。安倍明義：《台灣地名研究》（台北：武陵出版，1994 年 11 月三版三刷），頁 106。陳瑞隆、魏英滿：《台灣鄉鎮地名

　　「中坑漳和變中和，無偏無差之大道，永和原本秀朗社，世界最大的小學。」中坑與漳和兩者合稱爲中和，永和舊稱秀朗社，擁有世界最大的小學。中和這個地方，最早是由漳州移民所開闢，當時的先民爲了討吉利，將此地命名爲漳和莊，在這個莊的後方有一個村，叫做中坑，隨著這個地方的發展，兩個村莊合而爲一，在日本據台之後，1920 年將此地名爲中和莊。台灣光復後爲中和鄉，1979 年升格爲中和市。永和舊稱秀朗社，因爲此地原爲平埔族凱達格蘭族〔註2〕其中一支聚落秀朗社〔註3〕故址，在永和市有一所秀朗國小，秀朗國小於 1976 年成立，在 1985 年學生數曾多達一萬二千多名，創下最多人國小的金氏世界紀錄〔註4〕。

　　「樹林早年叫風櫃，打鐵店面設做堆，連片樹林足像水，環境庄名離不開。」樹林在以前叫做風櫃，因爲有許多打鐵店面設立在此，這個地方同時也種植有許多的樹，形成一片樹林，環境地貌與其地名息息相關。先民開墾之時，在這裡有許多家打鐵店，主要在製作農用工具，打鐵店裡所使用的風櫃就是送風助長火勢之工具，所以舊稱爲「風櫃」。樹林位於大嵙崁溪北岸，

　　　源由》（台南：世峰出版社，2000 年 11 月第一版第一刷），頁 35。洪敏麟：《台
　　　灣舊地名之沿革》第一冊，頁 278。蔡培慧、陳怡慧、陳柏州撰文，金炫辰繪
　　　圖：《台灣的舊地名》，頁 72～73。

〔註2〕凱達格蘭族是馬賽人、雷朗人、龜崙人三群人的總稱。馬賽人，主要指北濱
　　　地區的金包里、大雞籠、三貂三個社群；雷朗人的分佈，以大漢溪、新店溪
　　　流經的台北平原爲主；龜崙人，大致散居在林口台地的南崁溪流域、大漢溪
　　　中上游到桃園一帶。參見原住民委員會全球資訊網，網址：https://www.apc.gov.
　　　tw/portal/index.html，瀏覽日期：2018 年 10 月 08 日。

〔註3〕秀朗社爲平埔族凱達格蘭族之其中一分支聚落，凱達格蘭族因人口增加向外遷
　　　移時，此分支與擺接社一同越過新店溪，擺接社定居擺接平原，而秀朗社則定
　　　居於新店溪西岸。漢名最早見於 1697 年郁永河的《裨海紀遊》，在郁永河《裨
　　　海紀遊》中，記爲繡朗社，1722 年黃叔璥《台海使槎錄》、1741 年劉良璧《重
　　　修福建台灣府志》、1747 年范咸《重修台灣府志》中則記載爲秀朗社。秀朗社
　　　是漢人所命名，平埔族人自稱自己爲 Warā（挖仔）社。後來秀朗社因受到移植
　　　的漢人迫害，只剩八戶，於清朝道光年間與雷里社合併爲雷朗社。詳見伊能嘉
　　　矩著、楊南郡譯：《平埔族調查旅行：伊能嘉矩〈台灣通信〉選集》（台北：遠
　　　流出版，2012 年 2 月二版一刷），頁 141～147。詹素娟、張素玢：《台灣原住民
　　　史：平埔族史篇（北）》（南投：台灣省文獻委員會，2001 年 3 月），頁 98、105、
　　　116、133、145～146。張耀錡：《台灣平埔族社名研究》（台北：南天書局，2003
　　　年 5 月初版一刷），頁 68～69。潘英：《台灣平埔族史》（台北：南天書局，1998
　　　年 1 月初版二刷），頁 47、61、212～213。

〔註4〕詳見《聯合報》，2017 年 4 月 14 日，標題：「少子化！萬人老松國小剩 500
　　　人」，B3「教育」版。

附近地勢低窪，1759 年八月，河水氾濫，盡爲澤國，沿岸高阜，林木叢生，因而有今樹林之名。關於樹林一名的由來，還有另一說法，1751 年，安溪人張必榮由安平北來拓地，與吳夢花、馬詔文等三家價購此地，1766 年鑿永安圳，張必榮在永安坡岸植林護堤，故有此名〔註5〕。但不管是哪一種說法，樹林此一地名的由來，與當時所栽種的連片樹林脫不了關係。

「土城原稱媽祖田，用土築城眞簡單，新莊原名蘆竹湳，來自康熙的年間。」土城舊稱媽祖田，過去以土築城，新莊原本叫做蘆竹湳，名字來自於康熙年間。土城鄉位於台北盆地之西南部，原稱媽祖田，1770 年安溪移民，從新莊到此地拓荒，因境內三百餘甲田地，產權屬於新莊媽祖宮所有，故稱爲媽祖田。至於土城地名由來是因開墾之初，漢人與原住民、平埔族之間，經常發生爭執，爲了順利開墾以及安全，漢人在今土城市公所及土城國小附近加築「土牆」作爲防禦，過去之城門以土築成，故有土城之名。新莊原名蘆竹湳，是台灣北部首先開拓之市集，漢人移民於康熙末年來此開墾，於雍正十年左右成村，因此地爲新形成的村莊，故取意爲「新莊」〔註6〕。

「平頂台地樹林口，即被山峰三面包，東面一鄉叫泰山，西側一鄉叫林口。」「平頂台地」與「樹林口」這兩個名稱皆指林口鄉，林口鄉位於林口台地上，林口台地高度約 240 公尺至 250 公尺之間，因地勢平坦故亦稱爲坪頂台地。此地過去爲南北陸路進入林地之入口處，故舊稱樹林口。林口台地北方有大屯火山彙，大屯火山彙分布於台灣之北端，由十數座火山錐形成，以七星山爲最高峰，林口台地東北方八里鄉內則有觀音火山（612 公尺），泰山鄉位於林口東南方，泰山鄉北部地區山陵連亙，在立鄉之始，因慕東嶽泰山，故取其名而爲泰山〔註7〕。

「八里原稱八里坌，早年港口塊行船，唐山漢人來開墾，開山討海總有份。」八里原本叫做八里坌，過去這裡有港口船隻往來，唐山的漢人來到此

〔註5〕 詳見陳瑞隆、魏英滿：《台灣鄉鎮地名源由》，頁 41。洪敏麟：《台灣舊地名之沿革》第一冊，頁 283～284。林興仁主修，盛清沂總纂：《台北縣志》，卷二〈疆域志〉《中國方志叢書》台灣地區第 66 號，頁 421～422。

〔註6〕 詳見陳瑞隆、魏英滿：《台灣鄉鎮地名源由》，頁 37、39。蔡培慧、陳怡慧、陳柏州撰文，金炫辰繪圖：《台灣的舊地名》，頁 76。洪敏麟：《台灣舊地名之沿革》第一冊，頁 299～301。

〔註7〕 詳見林興仁主修，盛清沂總纂：《台北縣志》，卷二〈疆域志〉《中國方志叢書》台灣地區第 66 號，頁 493。陳瑞隆、魏英滿：《台灣鄉鎮地名源由》，頁 41～42、45。洪敏麟：《台灣舊地名之沿革》第一冊，頁 272、316。

地開墾，要開墾土地或是出海捕魚都可以。八里過去為平埔族凱達格蘭族八里坌社（Parrigon）〔註8〕所在地，八里坌即為 Parrigon 之音譯。1920 年改為八里莊，1950 年，台灣光復後改名為八里鄉。八里位於淡水河下游河口南岸，過去淡水河沿岸舟楫可以停泊，故此地與淡水港口同為最早開化區域。明鄭時期為登陸要津。後因碼頭泥沙淤積，商船改駛滬尾（今淡水），而漸漸衰落。在八里鄉內有觀音山，別名八里坌山，屬火山，清康熙末年，有漢人來此拓墾，至 1724 年已形成村莊〔註9〕。

　　「五股隴講五股坑，開墾五人落出錢，鄉內鳥隻滿滿是，靠近關渡橋身邊。」五股叫做五股坑，原因是有五個人出面開墾此地，這裡有許多鳥，位置在關渡橋的旁邊。有關五股地名由來，有好幾種說法與傳聞〔註10〕，但多數書籍上都是以五人合股開墾坑谷的這個說法〔註11〕。另外台灣史學者尹章

〔註8〕　八里坌社屬平埔族凱達格蘭族中的一個分支聚落，凱達格蘭族原居於三貂角，後因人口增加，部分聚落便開始向外遷移，此一分支沿北台灣西海岸南下，後進入淡水河，越過淡水河，於淡水河南岸觀音山西麓的八里坌海濱定居，但根據《裨海紀遊》記載：「八里坌社，舊在淡水港西南之長豆溪，荷蘭時後壠最悍，殲之幾無遺種，乃移社港之東北。」後壠位於今新竹的西南方海岸，荷蘭人殲滅後壠的平埔番，戰爭餘波蔓延到八里坌社，因而遷移至淡水河北岸，今關渡、竹圍一帶。詳見伊能嘉矩著、楊南郡譯：《平埔族調查旅行：伊能嘉矩〈台灣通信〉選集》，頁 128～130。潘英：《台灣平埔族史》，頁 212。

〔註9〕　詳見林興仁主修，盛清沂總纂：《台北縣志》，卷五〈開闢志〉《中國方志叢書》台灣地區第 66 號，頁 1304。陳瑞隆、魏英滿：《台灣鄉鎮地名源由》，頁 40。洪敏麟：《台灣舊地名之沿革》第一冊，頁 326～329。蔡培慧、陳怡慧、陳柏州撰文，金炫辰繪圖：《台灣的舊地名》，頁 78～79。

〔註10〕五股地名由來除了文中提及的「是由五個人合股開拓之坑谷」之外，另外還有下列幾種說法與傳聞：（一）清康熙、雍正年間，當地有許多野生芒果，初名芒果坑，後來以訛傳訛，改名為五股坑。（二）日治時期以前，五股坑發音可能的寫法有網罟坑、望姑坑、忘古坑、望罟坑、墓曠坑等，日治時期取其諧音為五股。或曰「股」在日文中是吉祥的字眼語讀音；或稱早先住在五股坑尾的陳、張姓族人，每逢八里海邊有漁船下網罟捕魚，在山頭望見就會下山幫忙捉魚，日久流傳「望罟」、「網罟」之音義。（三）由坑口進入五股坑，坑內有數股小坑谷，取大致數字名五股。（四）五股地區由水碓窯坑、蓬萊坑、五股坑、御史坑、觀音坑等五個坑流匯合而成，依地理環境因而得名。詳見洪建榮等撰稿、尹章義總編：《續修五股鄉志》（台北：五股鄉公所，2010 年12 月初版一刷），頁 65～66。

〔註11〕參見洪敏麟：《台灣舊地名之沿革》第一冊，頁 311。陳瑞隆、魏英滿：《台灣鄉鎮地名源由》，頁 45。蔡培慧、陳怡慧、陳柏州撰文，金炫辰繪圖：《台灣的舊地名》，頁 76。安倍明義：《台灣地名研究》，頁 111。

義根據自己收藏的清乾隆至咸豐年間四份田契字，說明五股坑於清前期原名
「五穀坑」，以地產五穀雜糧，具有先民祈望五穀豐登的意涵；至道光、咸豐
年間，客家人外移，閩南人移入後形成交替聚落，「五穀坑」簡化爲「五谷坑」，
嗣後轉音爲「五股坑」。1895 年割台後，日本人取易寫的「五股」二字，地名
於是確定〔註12〕。關渡大橋位於淡水河下游，連五股、淡水及八里，附近有
關渡自然保留區〔註13〕，常有候鳥來此棲息或渡冬〔註14〕。

二、蘆洲市等七個鄉鎮市

第二部分提及了蘆洲市、三重市、汐止市、石門鄉、三芝鄉、金山鄉與
淡水鎮等七個鄉鎮市，一一說明舊地名的由來：

蘆洲早年和尚洲	淡水河畔佔下游	居住眞多的和尚	周圍環境足清幽
三重就是三重埔	先民過來弱田土	大橋打通變店鋪	子孫免做收厝租
汐止號做水返腳	海水退潮水就礁	土地約有幾百甲	改換汐止嘛無差
要擋北風用石門	日本時代石門庄	以前就是富貴角	台灣全島最北方
要擋北風眞要緊	三芝金山在兩屏	芝蘭三堡字有剩	捨除堡蘭剩三芝
平埔熟番塊聚居	金山原名金包里	日本金山恰甲意	金包里名即銷除
淡水清朝滬尾港	帆船經過到廣東	落雨四季落透透	再改淡水日本人

（〈台灣地名探源——台北縣〉，頁 196～197）

「蘆洲早年和尚洲，淡水河畔佔下游，居住眞多的和尚，周圍環境足清幽。」
蘆洲早年稱爲和尚洲，在淡水河下游地帶，這一帶有許多和尚居住，周圍的
環境是十分清淨幽靜。蘆洲舊稱和尚洲，相傳關渡門靈山宮的和尚有這裡的

〔註12〕詳見洪建榮等撰稿、尹章義總編：《續修五股鄉志》，頁 66。

〔註13〕關渡自然保留區位於台北市的西北方，關渡平原的西南側，接近基隆河與淡水
河的匯流處，距淡水河出海口約 10 公里。沿基隆河北岸修建的堤防，將關渡
濕地分成南北兩部分，堤防以南的草澤與紅樹林區域即爲本保留區，北部則由
台北市政府建設成「關渡自然公園」。關渡自然保留區由於鄰近淡水河口，處
於明顯的感潮河段，每天隨著潮水來來去去，水位及鹽度的變化極大，形成特
殊的生態環境，適合水筆仔生長。沼澤區內的草本植物於秋冬之際枯死，落於
泥地，腐爛分解；這些有機物及紅樹林所攔截的中、上游養分，成爲水生動、
植生物的食物來源，也間接供養了許多來此覓食的水鳥。參見行政院農業委員
會林務局自然保育網，網址：https://conservation.forest.gov.tw/0000110，瀏覽日
期：2018 年 08 月 09 日。

〔註14〕參見吳信政、莊婉瑩著：《台灣地圖集》（台北：南天書局，2009 年 11 月初版），
頁 6。

田地，常來往收租，因此叫做「和尚洲」，又因為此地為淡水河之沖積沙洲，因此一名「河上洲」。亦因溪邊蘆葦叢生，又名「蘆洲」，後因常有鷺鳥來此聚集，因此又名「鷺洲」，1947 年台灣光復後，定名為蘆洲〔註15〕。

「三重就是三重埔，先民過來弱田土，大橋打通變店鋪，子孫免做收厝租。」三重的舊地名是三重埔，早期先民來此開墾，將大橋打通成立店鋪，後代的子孫靠收房租即可維生。早期漢人移民由新莊進入到台北盆地，並向北拓墾，第一段開墾的地方稱為「頭重埔」，即今新莊頭前地區，之後沿著淡水河下游慢慢開墾，第二段開墾區域稱「二重埔」，即今五谷、中興里一帶，第三段開墾地即為「三重埔」，後來地名沿用至今，稱為「三重」。三重位於淡水河西岸，與台北市隔河相望，與台北市有台北大橋及中興大橋做連接〔註16〕。

「汐止號做水返腳，海水退潮水就礁，土地約有幾百甲，改換汐止嘛無差。」汐止叫做水返腳，海水一退潮就沒有水，此地的土地約有幾百甲之大，水返腳與汐止同義，因此更名為汐止與原本舊名的意思是相同的，沒有偏差。汐止舊名水返腳，意思就是海水漲潮到這裡為止，隨即退潮而返，所以名為水返腳。日治時期改名為「汐止」，「汐」與「潮」意同，「止」就是終止的意思，因此「汐止」與「水返腳」意思相同。汐止土地面積約 71.29 平方公里〔註17〕，換算成甲，則約為 7,350 甲〔註18〕。

「要擋北風用石門，日本時代石門庄，以前就是富貴角，台灣全島最北方。」要擋住北風就要用石門，在日治時期這裡稱石門庄，富貴角這個地方位於台灣的最北端。石門之地名起源於境內天然之海蝕洞，形狀如拱門一般，

〔註15〕詳見林興仁主修，盛清沂總纂：《台北縣志》，卷二〈疆域志〉《中國方志叢書》台灣地區第 66 號，頁 485。洪敏麟：《台灣舊地名之沿革》第一冊，頁 309。安倍明義：《台灣地名研究》，頁 110。陳瑞隆、魏英滿：《台灣鄉鎮地名源由》，頁 36。

〔註16〕詳見洪敏麟：《台灣舊地名之沿革》第一冊，頁 306。蔡培慧、陳怡慧、陳柏州撰文，金炫辰繪圖：《台灣的舊地名》，頁 76。林興仁主修，盛清沂總纂：《台北縣志》，卷五〈開闢志〉《中國方志叢書》台灣地區第 66 號，頁 1358。吳信政、莊婉瑩著：《台灣地圖集》，頁 2～3。

〔註17〕詳見洪敏麟：《台灣舊地名之沿革》第一冊，頁 335。陳正祥：《台灣地名辭典》（台北：南天書局，1993 年 12 月二版一刷），頁 140。蔡培慧、陳怡慧、陳柏州撰文，金炫辰繪圖：《台灣的舊地名》，頁 76。

〔註18〕1 平方公里約等於 103.102 甲。參見台北市政府地政局面積換算，網址：http://w2.land.taipei.gov.tw/calc/areacnvr/areacnvr.asp，瀏覽日期：2018 年 08 月 15 日。

因此名爲「石門」，日治時期後期，1920 年，此地屬台北州淡水郡石門庄，台灣光復後，改爲台北縣淡水區石門鄉，1950 年廢區，爲台北縣石門鄉。石門鄉是台灣最北端的鄉鎮，地勢由南到北逐漸低落，平原分布於沿海一帶，海岸線富於變化有麟山鼻、富貴角、石門岬等海岬及灣澳，而富貴角位於台灣的最北端〔註19〕。

「要擋北風眞要緊，三芝金山在兩屏，芝蘭三堡字有剩，捨除堡蘭剩三芝。」要擋住北風是很要緊的事情，三芝和金山在兩旁，三芝過去稱芝蘭三堡，後捨去「堡」與「蘭」二字而爲三芝。三芝與金山地理位置上位於石門的兩旁，三芝在石門的西南方，而金山位於石門的東南方。三芝於 1894 年時，隸屬淡水縣芝蘭三堡，日治時期後期，1920 年更改爲台北州淡水郡三芝庄，1945 年台灣光復後，改爲台北縣淡水區三芝鄉，後於 1950 年廢除淡水區，稱爲台北縣三芝鄉，因此三芝此地地名應源起於舊行政區名「芝蘭三堡」，取「芝」與「三」二字倒換而成〔註20〕。

「平埔熟番塊聚居，金山原名金包里，日本金山恰甲意，金包里名即銷除。」這裡原是平埔族居住的地方，金山過去稱爲金包里，因爲日本人喜歡金山這個名字，因此就將金包里改掉。金山舊名金包里，是平埔族凱達格蘭族金包里社（Kitapari）的譯音〔註21〕，意思是採硫礦的地方。日治時期，保留原地名的「金」字，再加上此處位於大屯火山彙東北斜面，三面環山，依山而立，因而名爲「金山」〔註22〕。

「淡水清朝滬尾港，帆船經過到廣東，落雨四季落透透，再改淡水日本人。」淡水在清朝時期稱爲滬尾港，帆船由此經過至廣東地區，這個地方一年四季經常下雨，後來日本人將此地改名爲淡水。淡水舊稱「滬尾」，其港口

〔註19〕 詳見洪敏麟：《台灣舊地名之沿革》第一冊，頁 333。蔡培慧、陳怡慧、陳柏州撰文，金炫辰繪圖：《台灣的舊地名》，頁 75。林興仁主修，盛清沂總纂：《台北縣志》，卷二〈疆域志〉《中國方志叢書》台灣地區第 66 號，頁 449～450。

〔註20〕 詳見林興仁主修，盛清沂總纂：《台北縣志》，卷二〈疆域志〉《中國方志叢書》台灣地區第 66 號，頁 446～449。洪敏麟：《台灣舊地名之沿革》第一冊，頁 329。吳信政、莊婉瑩著：《台灣地圖集》，頁 2～3。

〔註21〕 凱達格蘭族原居於三貂角，後因人口增多開始向外拓展，他們沿海岸西進，繞過八斗角前進，於基隆的平原形成部落，後來又分爲兩派，其中一派沿海岸向西北前進，進入金包里，於此定居，即金包里社，其餘則繼續前進。詳見潘英：《台灣平埔族史》，頁 212。

〔註22〕 詳見蔡培慧、陳怡慧、陳柏州撰文，金炫辰繪圖：《台灣的舊地名》，頁 77。洪敏麟：《台灣舊地名之沿革》第一冊，頁 344。

稱爲「滬尾港」，「滬」意思是編竹子在河流中以取魚，即攔魚的籬笆；「尾」即河的末端。淡水過去是平埔族凱達格蘭族淡水社〔註23〕的居住地，此地四季多雨，又因「滬尾」之台灣發音「Hō-bé」與日本神戶之讀音「Koube」易相混，所以日本人將此地地名改名爲淡水〔註24〕。淡水原先是漁港，後來發展成與大陸區域分工的經濟型港埠。開港後，各國洋行在此地設立據點、建構倉儲，或開闢滬尾對外的國際航線等，因此，淡水再蛻變成國際貿易型的港口。開港前，淡水就曾有許多洋商前來貿易，開港後，洋商紛紛進駐，設置營運據點，帶動了商業與聚落的快速發展。就外國船運公司而論，「道格拉斯氣船公司」（Dougpas Steamship Company）最爲有名，它是英商道格拉斯（Douglas Lapraik）於 1860 年所創立，航行於中國華南、華東沿海、東南亞、日本、澳洲間的遠洋航運公司。1871 年該公司有 3 艘輪船，定期航行於淡水和香港之間。1883 年，由其姪兒約翰・史都華（John Steward Lapraik）繼承，擴大成立「道格拉斯輪船公司」（Douglas Steamship Co. Ltd），專事經營台灣與中國南部沿海各港口間的航線。1890 年代此公司壟斷淡水、安平及台灣與香港、汕頭、廈門、福州等島內、島外的海運事業，可謂盛極一時〔註25〕。

三、基隆市及台北縣萬里鄉等十二個鄉鎮市

　　最後一個部分提及萬里鄉、基隆市、瑞芳鎮、雙溪鄉、平溪鄉、貢寮鄉、深坑鄉、坪林鄉、石碇鄉、新店市、烏來鄉、三峽鎮與鶯歌鎮等十三個地方：

萬里早年巴里昂	不雅政府伊不用	日本時代萬里庄	光復變換萬里鄉
基隆原名叫雞籠	對外船隻能通航	港口發展有所望	第一福氣基隆人
瑞芳原是柑仔店	經營素質無人嫌	金礦興盛人無儉	瑞芳行號眞莊嚴
雙溪平溪甲貢寮	並無特色好介紹	新名舊名無重要	個人猜想就明瞭
舊縈後來改深坑	專是山谷地無平	也有坪林甲石碇	無改恰抹高高纏

〔註23〕淡水社是平埔族凱達格蘭族中的一支，最早見於 1697 年郁永河的《裨海紀遊》：「淡水二十三社，皆淡水社統之」，而淡水二十四社應爲凱達格蘭族以淡水社爲總社之淡水社群。詳見潘英：《台灣平埔族史》，頁 213。

〔註24〕詳見陳瑞隆、魏英滿：《台灣鄉鎮地名源由》，頁 48～49。蔡培慧、陳怡慧、陳柏州撰文，金炫辰繪圖：《台灣的舊地名》，頁 75。洪敏麟：《台灣舊地名之沿革》第一冊，頁 319～320。

〔註25〕詳見黃繁光等編纂：《淡水鎮志》（新北：淡水區公所，2013 年 6 月），頁 11～212。

新店早年文山郡　並無舊名眞單純　烏來溫泉熱滾滾　一年四季攏無分
三峽早年三角湧　長江三峽的模形　鶯歌吸在山壁頂　後來庄名自然成
（〈台灣地名探源——台北縣〉，頁 197～198）

「萬里早年巴里昂，不雅政府伊不用，日本時代萬里庄，光復變換萬里鄉。」
萬里以前叫做巴里昂，因爲名字聽起來不雅，故政府不繼續採用這個舊名，
在日治時期此地名爲萬里庄，光復過後名爲萬里鄉。十七世紀時，西班牙人
占據台灣北部，將基隆港口一帶已形成之漢人聚落稱爲「Parian」，漢語音譯
「巴里昂」，1920 年日本人設庄治於此，此地隸屬台北州基隆郡萬里庄，台灣
光復後改制，廢庄爲鄉，是爲萬里鄉〔註 26〕。

「基隆原名叫雞籠，對外船隻能通航，港口發展有所望，第一福氣基隆
人。」基隆舊名雞籠，此處有港口，可供船隻對外通航，後來此處港口逐漸
發展，至今仍爲一個可對外通航的港口。「雞籠」一名的由來一般來說有幾種
說法：其一，因爲港口邊的基隆山狀似「雞籠」而有其名；其二，因爲基隆
三面環山，一面向海，地理形勢很像「雞籠」；其三，是來自平埔族凱達格蘭
族「Ketagalan」首尾之字音 Ke 與 lan，組合而成「Ke-lan」，1875 年因希望此
地「基地昌隆」，於是將「雞籠」改爲「基隆」。基隆地處台灣本島東北角的
一個天然港口，在十六世紀初葉以前，便有漢人在此落居成村，從事貿易、
捕魚及農耕；1851 年以來，外商開始在此交易；1860 年天津條約簽訂後，基
隆正式開埠成爲通商要港；日治時期，日本政府開始積極籌畫築港工程，1899
年開始動工，1908 年台灣縱貫鐵路全面通車，更加速基隆的發展；1916 年以
後，基隆港的貿易額已超過淡水，成爲台灣三個重要港口之一；直到 1934 年
前後多次擴展，使基隆成爲台灣第一大門戶港〔註 27〕。

「瑞芳原是柑仔店，經營素質無人嫌，金礦興盛人無儉，瑞芳行號眞莊
嚴。」瑞芳以前叫做柑仔店，這裡的店舖經營得很好，此外此地亦盛產金礦，
瑞芳行號很莊嚴。瑞芳昔名柑仔瀨，在清代中葉有陳登、賴世二人在此合資
開設籤仔店（即雜貨店），附近居民將經營者之賴姓與籤仔店接在一起稱做「籤

〔註 26〕詳見陳瑞隆、魏英滿：《台灣鄉鎮地名源由》，頁 46。蔡培慧、陳怡慧、陳柏
　　　州撰文，金炫辰繪圖：《台灣的舊地名》，頁 78。林興仁主修，盛清沂總纂：《台
　　　北縣志》，卷二〈疆域志〉《中國方志叢書》台灣地區第 66 號，頁 454～457。
〔註 27〕詳見蔡培慧、陳怡慧、陳柏州撰文，金炫辰繪圖：《台灣的舊地名》，頁 64～
　　　65。洪敏麟：《台灣舊地名之沿革》第一冊，頁 243～245。陳正祥：《台灣地
　　　名辭典》，頁 230～233。

仔賴」，即開雜貨店的老賴，後來「籤仔」變爲「柑仔」，「賴」變成「瀨」，變成「柑仔瀨」。二人開設之雜貨店店號爲瑞芳，因此地是台北到宜蘭的孔道，旅客過往甚多，久而久之，便以「瑞芳」爲此地地名。今瑞芳銅山、三安、新山、石山、金山、瓜山等六里皆屬金瓜石地區，此區以金、銀、銅、煤產地而著名，居民多爲礦工〔註28〕。

「雙溪平溪甲貢寮，並無特色好介紹，新名舊名無重要，個人猜想就明瞭。」雙溪、平溪與貢寮，地名沒有特別顯著的特色由來，不管新名還是舊名都差不多，一聽就知道是在說哪裡。雙溪位於台北東北部，是雙溪川及北勢溪上源地區，原本叫做頂雙溪，與下游之下雙溪（今貢寮鄉雙龍村）對稱，雙溪指牡丹溪及平林溪二溪會流點。平溪鄉內溪流大多湍急，唯有平溪路沿線溪流較爲平緩，因此稱爲平溪。貢寮舊稱「槓仔寮」，以前是平埔族凱達格蘭族三貂社〔註29〕所在，因此地常有山豬出沒，平埔族人常設陷阱捕獸，族人稱陷阱爲「Kona」，漢語音譯爲「槓仔」，又因附近有搭建草寮，故有此名，日治後期，1920 年改爲貢寮〔註30〕。

「簪纓後來改深坑，專是山谷地無平，也有坪林甲石碇，無改恰抹高高纏。」深坑過去名爲簪纓，這裡有許多的山谷，地勢較不平整，鄰近還有坪林跟石碇。深坑初名簪纓，據說 1755 年閩南大旱，泉州人許宗琴渡海來此開

〔註28〕詳見林興仁主修，盛清沂總纂：《台北縣志》，卷二〈疆域志〉《中國方志叢書》台灣地區第 66 號，頁 450～454。林興仁主修，盛清沂總纂：《台北縣志》，卷五〈開闢志〉《中國方志叢書》台灣地區第 66 號，頁 1314～1317。洪敏麟：《台灣舊地名之沿革》第一冊，頁 339～344。陳瑞隆、魏英滿：《台灣鄉鎮地名源由》，頁 51。

〔註29〕三貂社，屬平埔族凱達格蘭族，位於台灣東北海岸三貂角附近，根據伊能嘉矩的調查，凱達格蘭族應原居住於三貂角，後來人口眾多才往外拓展，三貂社歷史口碑指出：「我們平埔蕃原來住在 Sansai 地方。曾經因爲出海捕魚，船在海上遇到颱風而漂流，其中有兩隻船抵達這裡的海岸（即浅底灣），不得已登岸居住。同舟抵達的二十多人中，Uke 是頭人，建立了三貂社。這是幾千幾百年前的事，他們確實是我們平埔族的開基祖。子孫繁衍以後，社蕃就各自分散，部分的社蕃成爲宜蘭的平埔蕃，另外的一部分則移居於鷄籠地方。」由此可知，台灣北部的浅底灣（今三貂灣）是平埔蕃的登陸地點，在沿海之地形成一個部落據點，後來分成兩支，分別遷移到宜蘭與鷄籠。詳見伊能嘉矩著、楊南郡譯：《平埔族調查旅行：伊能嘉矩〈台灣通信〉選集》，頁 118、150～157。

〔註30〕詳見林興仁主修，盛清沂總纂：《台北縣志》，卷二〈疆域志〉《中國方志叢書》台灣地區第 66 號，頁 458～466。洪敏麟：《台灣舊地名之沿革》第一冊，頁 350～356、359～363。陳瑞隆、魏英滿：《台灣鄉鎮地名源由》，頁 42～45。蔡培慧、陳怡慧、陳柏州撰文，金炫辰繪圖：《台灣的舊地名》，頁 75。

墾,是最早來此地拓墾的移民。深坑位於台北盆地東緣,新店溪東側支流景美溪的兩岸,兩側為海拔 300 至 500 公尺的南港山脈起伏,因景美溪下切,兩岸形成崖面,坑谷看起來深陷,又附近土匪甚多,但此地地形易守,土匪未曾深入搶劫,故有深坑之名。坪林四周圍都是山,中間是平地,地勢由高山向中間平原傾斜,在未開闢之前,此處森林稠密,河階地形發達,河階面之平坦處稱「坪」,因森林稠密,故曰「坪林」,於傾斜處建立村莊,曰坪林尾莊,於 1945 年台灣光復後,改為坪林鄉。石碇位於新店溪東側二大支流景美溪與北勢溪的上源地帶,在兩山山峽之間的谷底,除河谷沿岸之河階面之外,南港山脈斜互於北部,伏獅山脈盤互於中部,南部則為雪山山脈之北段,整體地勢越南越高。石碇之地名由來來自於此地一帶河底有許多巨大石片互相串連,看起來就像是住家門戶之底石,因以為名〔註31〕。

「新店早年文山郡,並無舊名真單純,烏來溫泉熱滾滾,一年四季攏無分。」新店以前叫做文山郡,除此之外沒有其他的舊名稱演繹,烏來這個地方一年四季都有溫泉。新店地名起源於此地較早有漢人建莊於青潭,清朝道光年間在泰雅族〔註32〕山胞居住地出入口處新建店鋪,與青潭相比為新店,因以為名。於 1920 年,改為台北州文山郡新店莊。1943 年格莊為街,為新店街。台灣光復後改制,廢街為鎮,屬台北縣文山區新店鎮,於 1950 年撤廢文山區署,改為台北縣新店鎮。烏來鄉位於台北縣之最南端,新店溪源流段南勢溪流域,境內為雪山山脈所盤互,地勢由北向南增高,境內有阿玉山、拳頭母山、棲蘭山、多涯山、達觀山、塔曼山等高峰林立。鄉名取自鄉內烏來村之舊名「烏來社」,為泰雅族山胞之社名「Ulay」之譯音,語意為「溫泉」〔註33〕。

〔註31〕詳見洪敏麟:《台灣舊地名之沿革》第一冊,頁 364～374。陳瑞隆、魏英滿:《台灣鄉鎮地名源由》,頁 46～47。蔡培慧、陳怡慧、陳柏州撰文,金炫辰繪圖:《台灣的舊地名》,頁 78。林興仁主修,盛清沂總纂:《台北縣志》,卷二〈疆域志〉《中國方志叢書》台灣地區第 66 號,頁 470～477。

〔註32〕泰雅族(Atayal)分佈在台灣中北部山區,包括埔里至花蓮縣以北地區,目前人口約有 89,958 人(107 年 3 月數據)。傳統生活以狩獵、山田燒墾為主。織布技術發達,技巧繁複且花色精巧,其中以紅色象徵血液,具有生命力,可以避邪,故而喜好紅色服飾,有紋面習俗。社會組織以祖靈祭祀團體為主,最重要的祭儀活動為祖靈祭。歌舞動態活動以口簧琴與口簧琴舞為其特色。參見原住民委員會全球資訊網,網址:https://www.apc.gov.tw/portal/index.html,瀏覽日期:2018 年 10 月 08 日。

〔註33〕許多人及許多文本上都說「烏來」是泰雅語的「溫泉」,其實是有待商榷的。一般說是早年烏來尚未開發時,原是一片叢林地帶,也是野生動物出沒的獵

　　「三峽早年三角湧，長江三峽的模形，鶯歌吸在山壁頂，後來庄名自然成。」三峽早期叫做三角湧，與中國長江三峽地形相似，鶯歌這個地方因為好像有一隻鸚哥在山壁上，因此此地地名很自然地就叫做鶯歌。三峽位於大漢溪（大料崁溪）、橫溪和三峽溪，三條溪會合沖積而成的沙洲，因為模仿長江三峽而命名為三峽。三峽在 1920 年以前叫做三角湧，更早之前叫做「三角躅」。三角湧地名之由來，起源於三峽溪注入大漢溪一帶的三角形平原，「湧」字表示溪水騰溢之情況，有關三峽地名由來，也有人說是因為三角湧的福佬話「Samkayin」與日語三峽「Sankiyou」之音讀相近，因而改稱三峽。鶯歌鎮東北方約一公里處有一山，山坡上有一個大石匍匐其上，狀似鷹哥鳥，因而取名為鷹哥石莊。《淡水廳志》記載：「鶯哥石在三角湧與鳶山對峙。相傳吐霧成瘴，偽鄭進軍迷路，礮斷其頭。」相傳鶯哥山會吐出濃霧形成瘴氣，為此，鄭成功的進軍受到阻礙，因此下令用大砲轟炸，後來就發現了這塊鶯哥石。1920 年日本人設莊於此，改名為鶯歌莊，後來為鶯歌街，1945 年台灣光復後，改名為鶯歌鎮〔註34〕。

第二節　桃園縣

　　在陳再得的〈台灣地名探源〉的桃園部分，他依序提及了桃園市等十三個鄉鎮市，因此篇篇幅屬於中型，故將原文拆成兩個部分來做討論。

一、桃園市等七個鄉鎮市

　　桃園縣最一開始的段落提及了桃園市、蘆竹鄉、大園鄉、楊梅鎮、龍潭鄉、平鎮市及觀音鄉等七個鄉鎮市：

　　　　場，有一天一群泰雅獵人狩獵到此，看到南勢溪岸邊的溪水冒著水霧，乃伸手去探試，發覺水很燙，於是大叫「Kiluh-ulay！」，「Kiluh」是熱、燙的意思，「ulay」讀音為「烏來」，據說是含小心的警語，後來進入的漢人就解讀為溫泉了。其實自古至今泰雅人從來沒有人說洗溫泉為「洗烏來」的。詳見洪敏麟：《台灣舊地名之沿革》第一冊，頁 356～357、374。林興仁主修，盛清沂總纂：《台北縣志》，卷二〈疆域志〉《中國方志叢書》台灣地區第 66 號，頁 466～469。許家華、劉芝芳總編輯：《烏來鄉志》（台北：烏來鄉公所，2010 年 9 月），頁 27。

〔註34〕詳見洪敏麟：《台灣舊地名之沿革》第一冊，頁 287～291。蔡培慧、陳怡慧、陳柏州撰文，金炫辰繪圖：《台灣的舊地名》，頁 75。陳瑞隆、魏英滿：《台灣鄉鎮地名源由》，頁 35～36、52。林興仁主修，盛清沂總纂：《台北縣志》，卷二〈疆域志〉《中國方志叢書》台灣地區第 66 號，頁 425。

桃園原名虎芳庄〔註35〕　意有人講桃仔園　一年四季桃無斷　終後即改
桃園庄

蘆竹舊名蘆竹厝　客人蘆竹種歸區　地方物產眞豐富　庄名蘆竹爲名詞

大園原是大坵園　水源缺乏屬園庄　尚好有食蕃薯飯　然後庄名改大園

楊梅舊名楊梅壢　渡海來台面無熟　紀念故鄉做回憶　改名楊梅無用壢

龍潭原是龍潭坡　移民非是來七桃　鳳山庄頭在南部　本地龍潭坡變無

平鎭平安無代誌　能得樂業兼安居　認眞發展家務事　年年進步足自如

觀音石像被發現　善男信女來結緣　下願治病眞有變　庄名觀音足自然

　　　（〈台灣地名探源——桃園縣〉，頁 198～199）

「桃園原名虎芳庄，意有人講桃仔園，一年四季桃無斷，終後即改桃園庄。」
桃園原本叫虎茅庄，也有人說是桃仔園，這裡一年四季都有桃花盛開，後來
就改名爲桃園庄。桃園舊稱虎茅庄，後有移民在此遍植桃樹，每到花期便紅
雲搖曳，繽紛馥郁，而改稱爲「桃仔園」，於 1903 年定名爲桃園〔註36〕。

　　「蘆竹舊名蘆竹厝，客人蘆竹種歸區，地方物產眞豐富，庄名蘆竹爲名
詞。」蘆竹以前叫做蘆竹厝，客家人在這裡種了許多蘆竹，這裡的物產十分
豐富，而「蘆竹」這個地名其實原本就是一個名詞。蘆竹鄉以前叫做蘆竹厝，
1730 年，南安縣人陳仲日兄弟四人入墾此地，從事拓殖，後有客籍永定縣人
江漢維，五華縣人劉聞倬等人入墾。之後約一百年間先後有移民來此入墾，
原本荒埔地帶盡成美田。而蘆竹厝之地名起源於此地盛產蘆竹，蘆竹是蘆葦
的一種，生長在濕地或淺水中，高度可達數尺，葉子形狀細長且尖，樣子很
像竹子，住在此地的居民們以蘆竹搭建房屋而有其名〔註37〕。

　　「大園原是大坵園，水源缺乏屬園庄，尚好有食蕃薯飯，然後庄名改大
園。」大園原本叫做大坵園，這裡水源缺乏，最好的是有番薯飯可以吃，後
來地名改成大園。大園舊名大坵園，因這裡水源缺乏，農田甚少，只能開墾
大約五甲左右的土地，大部分土地都只能當作旱田使用，主要種植一些番薯、

〔註35〕桃園過去稱爲虎茅庄，書中註釋因虎芳（hong1）與虎茅（mau⁵/hm⁵）疑爲音
　　　　近相訛。詳見陳益源、陳必正、陳芳慶編：《陳再得的台灣歌仔》，頁 198。
〔註36〕詳見洪敏麟：《台灣舊地名之沿革》第二冊（上）（南投：台灣省文獻委員會，
　　　　1999 年 6 月三版），頁 28。陳瑞隆、魏英滿：《台灣鄉鎮地名源由》，頁 83。
　　　　陳正祥：《台灣地名辭典》，頁 214。
〔註37〕詳見洪敏麟：《台灣舊地名之沿革》第二冊（上），頁 38～39。陳瑞隆、魏英
　　　　滿：《台灣鄉鎮地名源由》，頁 84。

蔬菜。閩南語中的「園」指「旱田」,「田」指「水田」,坵是數田園區劃的單位,大坵園就是一大塊旱田的意思,後來於 1920 年此地地名改爲大園〔註38〕。

「楊梅舊名楊梅壢,渡海來台面無熟,紀念故鄉做回憶,改名楊梅無用壢。」楊梅以前叫做楊梅壢,先民渡海來台時,人生地不熟,爲紀念回憶中的那個故鄉,所以就把「壢」字去掉,改名爲楊梅。楊梅舊稱楊梅壢,楊梅指的是楊梅樹,「壢」的意思是凹下去的樣子,以客家語來說就是澗谷,相當於閩南語中的「坑」。整個詞的意思就是山谷中遍植楊梅樹。1708 年,有客籍五華縣人古楊基、古厚基、古尾基三兄弟來此拓墾,後來陸續有客民入墾;1785 年有朱、溫、有三姓人組成開墾團「諸協和」大力建庄,此時墾民已遍及楊梅壢及其周緣。楊梅多數爲客家鄉親,而「楊梅」此一地名是從家鄉廣東引進來的。楊梅此地地名於 1920 年由楊梅壢改爲楊梅,當時是屬新竹州中壢郡楊梅街,1945 年改爲新竹縣中壢區楊梅鎮,於 1950 年撤除區署,改爲桃園縣楊梅鎮〔註39〕。

「龍潭原是龍潭坡,移民非是來七桃,鳳山庄頭在南部,本地龍潭坡變無。」龍潭原本叫做龍潭坡,先民移民來此不是爲了玩樂,鳳山庄在南部的地方,龍潭坡最後去掉「坡」,爲龍潭。龍潭過去稱爲龍潭坡,在更早之前稱爲靈潭陂,起源於淡水廳志中:「靈潭陂,在桃澗堡,距廳北五十里。乾隆十三年,霄裏通事知母六招佃所置。其水由山腳泉水孔開導水源,灌溉五小莊、黃池塘等田甲,相傳昔旱,莊佃禱雨於此即應,故名。」意思是有一水塘終年湧泉,遇大旱,村民禱雨即應驗,故稱之爲靈潭。至於龍潭之名由來,據傳此處一旦風雨晦冥,則波濤大起,見黃龍之現身,故改稱爲龍潭陂。1920 年改稱爲龍潭,1946 年改爲龍潭鄉〔註40〕。此處的鳳山莊頭應是指高雄鳳山,筆者推測是陳再得先生爲了呼應「龍」這個字,所以特意加入,以鳳作爲呼應。

〔註38〕詳見洪敏麟:《台灣舊地名之沿革》第二冊(上),頁 33~34。陳瑞隆、魏英滿:《台灣鄉鎮地名源由》,頁 84。蔡培慧、陳怡慧、陳柏州撰文,金炫辰繪圖:《台灣的舊地名》,頁 82。

〔註39〕詳見洪敏麟:《台灣舊地名之沿革》第二冊(上),頁 60~62。陳瑞隆、魏英滿:《台灣鄉鎮地名源由》,頁 85。蔡培慧、陳怡慧、陳柏州撰文,金炫辰繪圖:《台灣的舊地名》,頁 82。

〔註40〕詳見洪敏麟:《台灣舊地名之沿革》第二冊(上),頁 100~102。陳瑞隆、魏英滿:《台灣鄉鎮地名源由》,頁 85~86。蔡培慧、陳怡慧、陳柏州撰文,金炫辰繪圖:《台灣的舊地名》,頁 82。

　　「平鎮平安無代誌,能得樂業兼安居,認真發展家務事,年年進步足自如。」平鎮這裡平平安安沒有什麼大事情,居民安居樂業,可以安心居住、顧好家庭,這裡一年一年的進步。平鎮地名由來乃是起因於過去此處是交通要衝,常有盜匪出沒,居民們設有張路寮,守望相助以維持治安,後來地方歸於平靜,再加上鄉民們從未罹患山嵐瘴氣之疾,此地地靜人康,又位在交通要衝,商旅來往絡繹不絕,形成村莊後取名為安平鎮,1920年改稱為平鎮〔註41〕。

　　「觀音石像被發現,善男信女來結緣,下願治病真有變,庄名觀音足自然。」觀音這裡被發現有個觀音石像,許多信眾都來這裡燒香結緣,來這裡立願求治病達成的時有所聞,後來這裡自然而然地就叫做觀音。觀音地名由來於1860年四月,有一竹北二堡石牌嶺莊黃姓農民,耕墾往返途中,在溪流中發現有一酷似觀音佛像之天然石頭,遂於路旁築堂奉祀,頗靈驗。同一年十一月,白沙墩莊舉人黃雲中與廖文安倡建寺廟,稱為「福龍山寺」。1886年重建,1895年七月,在拾得觀音處發覺有湧泉可治百病,有罹患眼疾者汲以洗之,即癒,因其味清冽,後將福龍山寺改稱為甘泉寺〔註42〕。

二、中壢市等六個鄉鎮市

　　第二部分是從中壢市開始,依序介紹了新屋鄉、復興鄉、大溪鎮、龜山鄉及八德市等六個鄉鎮市:

> 中壢早年澗仔壢　作農經商人明白　淡水竹塹之中間　然後庄名改中壢
> 新屋意義是新厝　在此開墾的農夫　他將紅瓦蓋厝頂　庄名自然變新厝
> 復興原是牌仔山　宛如仙境好休閒　廳長名姓字角板　後來即改角板山
> 大溪昔稱大姑陷　然後亦稱大料崁　大溪溪水為尚甘　再改大溪在地人
> 龜山原是龜崙社　專是荒埔賺無食　後來漳泉人來暨　即改龜山做庄名
> 八德原名八塊厝　墾者克苦展功夫　人講無文嘛著武　四維八德無用厝
> (〈台灣地名探源──桃園縣〉,頁199)

「中壢早年澗仔壢,作農經商人明白,淡水竹塹之中間,然後庄名改中壢。」中壢以前叫做澗仔壢,從事農業與經商的人都是清清白白,這裡位於淡水與

〔註41〕詳見洪敏麟:《台灣舊地名之沿革》第二冊(上),頁69～70。陳瑞隆、魏英滿:《台灣鄉鎮地名源由》,頁86。蔡培慧、陳怡慧、陳柏州撰文,金炫辰繪圖:《台灣的舊地名》,頁82。
〔註42〕詳見洪敏麟:《台灣舊地名之沿革》第二冊(上),頁82～83。

竹塹的中間，後來就改名叫做中壢。中壢以前叫做澗仔壢，起因於此處有老街溪、新街溪縱貫形成之二大澗谷，「壢」字的意思就是客家語的澗谷，就是閩南語中的「坑」的意思，又因此地位於竹塹（新竹）即淡水之間的中路，旅賈之往來頻繁，故取其「中」字，改稱中壢〔註43〕。

「新屋意義是新厝，在此開墾的農夫，他將紅瓦蓋厝頂，庄名自然變新厝。」新屋的意思就是新的房子，在這裡開墾的農夫將紅瓦片蓋在屋頂上，因為新房子的關係，後來這裡就叫做新屋。新屋鄉內有一漢族社會罕見的複姓家族「范姜」，新屋得名即源自於范姜一族。開墾初期因原居住地時常遭社仔、番婆坟一帶平埔族凱達格蘭族族人出草，遂棄屋東遷另築新屋，磚瓦皆為紅色，鄉民往來皆稱新屋，「新屋」一名由此而起〔註44〕。

「復興原是牌仔山，宛如仙境好休閒，廳長名姓字角板，後來即改角板山。」復興以前叫做牌仔山，這裡就像是仙境一般適合休閒活動，過去的廳長叫做角板，後來這裡就改名為角板山。復興鄉以前叫做牌仔山，主要是泰雅族居住之地，境內泰雅人自稱此處為「拉浩」，即「森林之鄉」，後來稱為角板山，此名來源有兩種說法，一是因北端有角板山，角板山形如角，上平坦如板狀故名角板山；另一說法是日據時期，桃園廳長姓角田，支廳長姓板垣，各取其一字而命名為角板鄉。後來取義寄望「復國中興」，故名為復興鄉〔註45〕。

「大溪昔稱大姑陷，然後亦稱大料崁，大溪溪水為尚甘，再改大溪在地人。」大溪以前叫做大姑陷，也叫做大料崁，大溪的溪水喝起來最甘甜，後來又改名為大溪。大溪位於淡水河上源，大漢溪兩側，以前大溪叫做大姑陷或大料崁，據說是翻譯自凱達格蘭族霄裏社〔註46〕人稱大漢溪為「Takoham」，一開始是大姑陷，後來因為覺得「陷」字不吉利，所以改為「大姑崁」，後來在1861年左右，有鄉人中舉，將「姑」這個字改為「料」，變為「大料崁」，

〔註43〕詳見洪敏麟：《台灣舊地名之沿革》第二冊（上），頁53～55。蔡培慧、陳怡慧、陳柏州撰文，金炫辰繪圖：《台灣的舊地名》，頁83。

〔註44〕詳見洪敏麟：《台灣舊地名之沿革》第二冊（上），頁73～75。蔡培慧、陳怡慧、陳柏州撰文，金炫辰繪圖：《台灣的舊地名》，頁82。陳瑞隆、魏英滿：《台灣鄉鎮地名源由》，頁88。

〔註45〕詳見蔡培慧、陳怡慧、陳柏州撰文，金炫辰繪圖：《台灣的舊地名》，頁83。陳瑞隆、魏英滿：《台灣鄉鎮地名源由》，頁88～89。

〔註46〕霄裏社是平埔族凱達格蘭族中的一支，位在現今桃園縣八德鄉竹園、霄裏等村。詳見潘英：《台灣平埔族史》，頁62、211～212。

1920 年才改稱爲大溪，而大料崁溪也改名爲大漢溪〔註47〕。

「龜山原是龜崙社，專是荒埔賺無食，後來漳泉人來豎，即改龜山做庄名。」龜山原本叫做龜崙社，以前全部都是荒郊野外沒有辦法賺錢討生活，後來漳洲、泉州的人來這裡討生活，將這裡改名爲龜山。龜山以前叫做龜崙社，本來是一個荒蕪不毛之地，是平埔族凱達格蘭族狩獵的地方，龜崙社名字由來是因凱達格蘭族社名「Kouroumanangh」，由此譯其音「龜崙社〔註48〕」。清康熙年間，漳、泉墾民相繼遷台，從事開墾，1920 年改名爲龜山庄，1945年改爲龜山鄉〔註49〕。

「八德原名八塊厝，墾者克苦展功夫，人講無文嘛著武，四維八德無用厝。」八德原本叫做八塊厝，開墾者吃苦耐勞展現自己的能耐，人家說沒有學識也要有功夫，後來就改名爲八德。八德以前叫做八塊厝，因爲開墾初期這裡只有八戶人家，1945 年爲宣揚中華文化四維八德，因此將八塊厝改爲八德鄉〔註50〕。

第三節　新竹縣、市

在新竹的部分，陳再得將新竹縣與新竹市合併書寫，故這裡維持原作，將新竹縣與新竹市合併討論，在這新竹這個段落，陳再得共提及了新竹市及新竹縣等十三個鄉鎮市，因爲篇幅的關係，所以拆成兩部分討論。

一、新竹市與新竹縣等五個鄉鎮

第一部分提及了新竹市、新埔鄉、關西鎮、寶山鄉、湖口鄉及尖石鄉等六個鄉鎮市：

> 新竹原名叫竹塹　海風眞大歹承擔　西面就是南寮港　福州泉州總通航
> 工商發展有夠緊　名副其實日日新　五州三廳人承認　即改新竹事是眞

〔註47〕詳見洪敏麟：《台灣舊地名之沿革》第二冊（上），頁89～91。

〔註48〕龜崙社是平埔族凱達格蘭族中的一支，現已幾乎全面漢化。主要分布於現今桃園縣龜山鄉楓樹、新路、龜山等村。詳見潘英：《台灣平埔族史》，頁61～61、211～212。

〔註49〕詳見洪敏麟：《台灣舊地名之沿革》第二冊（上），頁43。陳瑞隆、魏英滿：《台灣鄉鎮地名源由》，頁89～90。

〔註50〕詳見洪敏麟：《台灣舊地名之沿革》第二冊（上），頁50～51。蔡培慧、陳怡慧、陳柏州撰文，金炫辰繪圖：《台灣的舊地名》，頁82。

新埔舊名吧哩嘓　荒埔連遍攏無路　客人敢食苦中苦　開墾成功名新埔

關西原名鹹菜甕　三號路線透竹東　以前庄名眞多項　後改關西日本人

寶山原名是草山　氣候抹溫嘛抹寒　地頭變好無塊看　名附其實是寶山

〔註51〕

湖口舊名大湖口　湖水眞大暝日流　陸地水份淹有夠　湖口變成大庄頭

尖石本身的意義　萬項決心眞堅持　代表庄民的代誌　尖石無用嘛怪奇

尖石位在高山頂　專帶當地的住民　針對打獵有自信　若要耕作無可能

（〈台灣地名探源——新竹縣市〉，頁199～200）

「新竹原名叫竹塹，海風眞大歹承擔，西面就是南寮港，福州泉州總通航。」新竹以前叫做竹塹，這裡的海風很大讓人難以承受，新竹的西邊就是南寮漁港，能與福州跟泉州的船通航。新竹舊稱竹塹，竹塹一名由來是因爲在漢人入墾之前，這裡是平埔族道卡斯族（Taokas）竹塹社（Pocael）〔註52〕的領域，1875年改淡水廳爲新竹縣後始有新竹之稱，即蓋在竹塹地方新設之縣。新竹市位於新竹縣的東邊且在海邊，冬天時多風，且風力很強，民間有「新竹風，基隆雨」之諺，海岸地帶除了有農田之外，居民亦以南寮漁港爲作業據點，從事沿海漁業及養殖業〔註53〕。

「工商發展有夠緊，名副其實日日新，五州三廳人承認，即改新竹事是眞。」工業和商業的發展很快，日新又新，五州三廳爲人所承認，後來改名爲新竹是眞的事情。新竹市是台灣北部的一大都會，交通四通八達，有南北縱貫公路、縱貫鐵路、與西至南寮，東通竹東之公路交會於此，東境有高速

〔註51〕「關西原名鹹菜甕……名附其實是寶山」等八句在陳益源、陳必正、陳芳慶編：《陳再得的台灣歌仔》一書中並沒有出現，筆者在對照書中所收錄的〈台灣地名探源〉裡所提及的鄉鎮市時，發現缺少了關西及寶山兩處地名，進一步查證資料後，發現在陳再得先生編著、許明山先生珍藏的《台灣鄉土詩歌集錦》中，有收錄〈台灣地名探源〉此首歌仔，經過比對後，發現在《台灣鄉土詩歌集錦》中，有此八句歌仔詞，因此筆者認爲，應是當初編輯《陳再得的台灣歌仔》此書時有所缺漏，故筆者在此將此八句補上。

〔註52〕道卡斯族，指鳳山溪到大甲溪之間新竹、苗栗、台中縣地區的原住民；即清代以後，所謂的竹塹社、後壠五社與蓬山八社等三大社群。參見原住民委員會全球資訊網，網址：https://www.apc.gov.tw/portal/index.html，瀏覽日期：2018年10月08日。

〔註53〕詳見洪敏麟：《台灣舊地名之沿革》第二冊（上），頁120～123、136～137。蔡培慧、陳怡慧、陳柏州撰文，金炫辰繪圖：《台灣的舊地名》，頁88。陳正祥：《台灣地名辭典》，頁271。

公路,並有內灣支線鐵路在市區東北方通往橫山鄉內灣。因交通便利,人口密集,且接近石灰石、天然瓦斯、煤礦產地,工業鼎盛,境內工廠林立,並以機械、金屬、電器、電子、化學、食品、塑膠、橡膠、紡織、玻璃、陶瓷、水泥等工業為最盛。五州三廳指的是日據台灣時期,所劃分的地方分治機關,即台北州、新竹州、台中州、台南州、高雄州、台東廳、花蓮港廳、澎湖廳,而新竹一名乃是由「新的竹塹」而來,有日新又新的意思,因而簡稱新竹〔註54〕。

「新埔舊名吧哩嘓,荒埔連遍攏無路,客人敢食苦中苦,開墾成功名新埔。」新埔舊地名叫吧哩嘓,這裡連遍的荒野,沒有路,客家人來到這裡十分的吃苦,並成功地開墾這片土地,取名叫做新埔。新埔過去叫做吧哩嘓,「吧哩嘓」是出自土著語之譯音,過去這一帶荒埔地皆稱之,但其原意不詳。新埔地方的移民多數從紅毛港、舊港、香山港登陸,而最早的墾民則是在清朝雍正年間的客籍墾戶,墾殖從鳳山溪下游逐漸溯溪而東入,故從已墾成之近海埔地而言,此地稱之為新著手開墾之埔地,因此名為新埔〔註55〕。

「關西原名鹹菜甕,三號路線透竹東,以前庄名真多項,後改關西日本人。」關西原本叫做鹹菜甕,國道三號可以連接到竹東,以前關西的庄名有很多,後來日本人將這裡定名為關西。關西以前稱「鹹菜甕」,也有稱「鹹彩鳳」或「咸菜硼」,後因關西之日語音讀為「Kansai」與鹹菜甕之客語讀音「Hamt』suei」相近,故而易之。關西鎮之交通以關西街區為中心,有省道三號公路,南通竹東、北埔,北通龍潭、大溪,並有縣道東經馬武督通復興鄉,西經新埔至竹北〔註56〕。

「寶山原名是草山,氣候抹溫嘛抹寒,地頭變好無塊看,名附其實是寶山。」寶山以前叫做草山,這裡的氣候不冷也不熱,是個好地方,跟其地名「寶山」相符合。寶山原作草山,因初墾時期,這一帶是雜草叢生的山,所以有「草山」之名,1920 年取當地較大聚落「寶斗仁」及「草山」之庄名各一字組合而成「寶山」,此地經開拓後漸見地利,由原本的荒蕪之地變為膏腴之地,故成為名符其實的「寶山」〔註57〕。

〔註54〕詳見安倍明義:《台灣地名研究》,頁 37。洪敏麟:《台灣舊地名之沿革》第二冊(上),頁 121。陳瑞隆、魏英滿:《台灣鄉鎮地名源由》,頁 92。
〔註55〕詳見洪敏麟:《台灣舊地名之沿革》第二冊(上),頁 137～138。
〔註56〕詳見洪敏麟:《台灣舊地名之沿革》第二冊(上),頁 146～148。
〔註57〕詳見洪敏麟:《台灣舊地名之沿革》第二冊(上),頁 195～196。陳瑞隆、魏英滿:《台灣鄉鎮地名源由》,頁 98～99。蔡培慧、陳怡慧、陳柏州撰文,金炫辰繪圖:《台灣的舊地名》,頁 88。

「湖口舊名大湖口，湖水眞大暝日流，陸地水份淹有夠，湖口變成大庄頭。」湖口以前叫做大湖口，這裡的湖很大、日夜都在流動，陸地因而可以獲得充分的灌溉，後來就變成一個很大的村莊。湖口舊稱大湖口，地名取自地形特色，因客語稱盆狀窪地小的爲「窩」，大的爲「湖」，此外此地在頭湖、三湖、四湖及羊喜窩、南窩、北窩、糞箕窩之出口位置，所以叫做大湖口。湖口鄉境內台地地面平緩，有石門大圳湖口支渠、光復大圳灌溉，與竹北、新豐同爲新竹縣稻田面積最廣的鄉鎮，並因交通發達，近年來工業發展迅速，遂爲新竹縣五大工業鄉鎮之一〔註58〕。

「尖石本身的意義，萬項決心眞堅持，代表庄民的代誌，尖石無用嘛怪奇。」尖石二字本身的意義就是在於能下定決心、堅持到底，唯有這兩個字能代表這裡的村民，不用尖石二字實在太奇怪。尖石鄉地名的由來來自於矗立在那羅溪及嘉樂溪間的「尖石岩」，此石雖久經風霜，卻依然聳立，象徵著泰雅族人不屈不撓的精神，「尖」代表全體鄉民團結一致，「石」代表鄉民之堅強意志，因此稱作尖石〔註59〕。

「尖石位在高山頂，專帶當地的住民，針對打獵有自信，若要耕作無可能。」尖石鄉的位置在高山頂上，這裡住著當地的原住民，他們對自己的打獵功夫十分有自信，但對於農耕就沒有辦法了。尖石鄉位於新竹縣東南部，多屬泰雅族群，泰雅族人傳統生活以狩獵、山田燒墾爲主，這一帶爲雪山山脈及油羅山脈盤結之地，全域高峰林立，大部分爲林地，爲桂竹、杉木產地，因平原狹窄零散，水稻的產量未能自給，多植甘藷、玉米、小米等雜糧〔註60〕。

二、五峰鄉等八個鄉鎮市

第二部分提及五峰鄉、峨眉鄉、芎林鄉、橫山鄉、竹北市、竹東鎮、北埔鄉與新豐鄉等八個鄉鎮市：

> 五峰舊名是大隘　有到的人便能知　五大山峰在鄉內　五峰庄名對這來

〔註58〕詳見洪敏麟：《台灣舊地名之沿革》第二冊（上），頁180～181。蔡培慧、陳怡慧、陳柏州撰文，金炫辰繪圖：《台灣的舊地名》，頁88。

〔註59〕詳見蔡培慧、陳怡慧、陳柏州撰文，金炫辰繪圖：《台灣的舊地名》，頁89。陳瑞隆、魏英滿：《台灣鄉鎮地名源由》，頁94。

〔註60〕詳見洪敏麟：《台灣舊地名之沿革》第二冊（上），頁225～226。蔡培慧、陳怡慧、陳柏州撰文，金炫辰繪圖：《台灣的舊地名》，頁89。陳瑞隆、魏英滿：《台灣鄉鎮地名源由》，頁94。原住民委員會全球資訊網，網址：https://www.apc.gov.tw/portal/index.html，瀏覽日期：2018年10月08日。

峨眉舊名是月眉　月眉重複通人知　峨嵋溪邊好地理　到尾月眉改峨眉
芎林原名九芎林　一遍林園像牛擔　庄名三字嫌不雅　最後庄名改芎林
橫山地形像橫山　有影無影免相瞞　離遠斟酌來觀看　山嶺坦橫名橫山
竹北原是舊港庄　連遍無水專是園　距離新竹無外遠　舊港即改竹北庄
竹東舊名樹杞林　頭前溪水有夠深　竹東庄名真優秀　即將舊名改甩丟
北埔峨眉的北部　真正大遍的荒埔　當時政府有補助　峨眉北部名北埔
新豐原稱紅毛港　航海貿易荷蘭人　乾脆港都改新豐　專甲外國塊通航

（〈台灣地名探源──新竹縣市〉，頁200～201）

「五峰舊名是大隘，有到的人便能知，五大山峰在鄉內，五峰庄名對這來。」五峰以前叫做大隘，有來過這裡的人就能知道為什麼，因為五大山峰都在這裡，所以五峰這個地名就是這麼來的。五峰鄉舊稱大隘，大隘為「Taai」之譯音，賽夏族〔註61〕人稱矮人為 Taai，傳說矮人被賽夏族人所滅，賽夏族每二年舉行一次的矮靈祭，即與此有關〔註62〕。五峰鄉為原住民鄉，是原住民賽

〔註61〕 賽夏族居住於新竹縣與苗栗縣交界的山區，又分為南、北兩大族群。北賽夏居住於新竹縣五峰鄉，南賽夏居住於苗栗縣南庄鄉與獅潭鄉。人口約有 6,601人（107 年 3 月數據）。社會組織以父系氏族組織為主，各氏族團體傳統各有其圖騰徵物。清領時期紛改漢姓，逐以原圖騰譯為其姓氏之名，如「風」、「日」、「夏」等姓，祭儀活動以矮靈祭為其中最重要者，而族中歌舞精華亦以此為主，由於居住地鄰近泰雅族，在物質文化上受其影響較多。參見原住民委員會全球資訊網，網址：https://www.apc.gov.tw/portal/index.html，瀏覽日期：2018 年 10 月 08 日。

〔註62〕 兩年一次的矮靈祭典，是賽夏族最重要的儀式，賽夏人叫這祭典叫做「巴斯答愛」，時間在農曆的十月，每兩年舉辦一次小祭，每十年舉辦一次大祭，每到這時候，外地的族人都會趕回來，以最虔敬的心慶祝祭典，矮靈祭是賽夏族流傳至今的少有的原始祭典，保存了他們代代相傳的習俗及追思的美德。

　　矮靈祭的由來：相傳在很久以前，有一群居住在 Maybalay 山（今新竹五峰鄉上坪溪上游右岸）半山腰岩洞內的族人，身高雖僅有三尺，但臂力強，而且擅長巫術，所以與之為鄰的賽夏族人很怕他們；不過，由於矮人能歌善舞，所以賽夏族人每年到了稻粟收穫舉行祭典時，都會邀請矮人一同唱歌跳舞。只是，矮人在歌舞之餘，經常藉機侵犯夏賽族的婦女，而矮人又善於隱身之術，所以賽夏人不易查到證據，往往在祭典過後，才發現有許多賽夏族婦女都懷孕了。因此，賽夏族人對於矮人的怨恨便日益加深。直到有一年的祭典，矮人又在調戲夏賽族的婦女時，恰巧被賽夏族人看見，賽夏族人已忍無可忍了，乃絞盡腦汁設想計策，於是，他們暗中把矮人回途時，常爬上去休息的枇杷樹先砍斷一半，再用泥將樹的缺口遮掩起來。果真，矮人們依著舊習慣，一個一個爬到枇杷樹上休息，就在矮人們都來不及反應時，枇杷樹便瞬間倒下，矮人們一個一個都跌落深淵內而淹死了，只有兩個矮人倖免於

夏族、泰雅族傳統生活區域，五峰鄉境內東側為油羅山脈，西側為鹿場大山脈盤結之地域，境內有五指山、鵝公髻山、鹿場大山（又名樂山）、石鹿大山（霞喀羅大山）、油羅山等高峰林立，地名由來於境內五指山五峰並峙，故有此名〔註63〕。

「峨眉舊名是月眉，月眉重複通人知，峨嵋溪邊好地理，到尾月眉改峨眉。」峨眉以前叫做月眉，但是大家都知道這裡跟其他地方的地名重複了，峨眉溪邊是個好地理，後來這裡的地名就從月眉改成峨眉。峨眉舊稱月眉，因峨眉溪曲流凸岸之半月形沖積河階而有其名。台灣有許多過去或現今叫做月眉的地方，如桃園中壢、桃園大溪、台中后里、彰化和美、高雄杉林有月眉里〔註64〕，雲林東勢、嘉義新港、花蓮壽豐、宜蘭三星有月眉村〔註65〕，另外台北金山、宜蘭羅東都有街區叫做月眉〔註66〕，後來為了避免重複，1920年取近音雅字，改稱為「娥眉」，1945年光復後再改「峨眉」〔註67〕。

難。這兩位矮人雖知是賽夏族人設計害了他們的族人，但人單勢薄也無可奈何，乃決定往東方離去，離開前，還將祭歌與舞步教授給賽夏族人。只是，賽夏族人雖除去了心頭大患，內心卻感到不安，於是開始祭祀矮人，安撫他們的靈魂，以解彼此的仇恨。從此以後，就在秋收之後的月圓夜裡，賽夏族人不斷的唱著、跳著，邀請矮靈歸來，再一次與賽夏族人同樂，並在歌聲中請求矮靈的原諒與賜福。矮靈原是每年舉行一次，大約在農曆十月十五日進行，後因日本人的禁止，遂改為每兩年舉行一小祭，每十年舉行一大祭。參見原住民委員會全球資訊網，網址：https://www.apc.gov.tw/portal/index.html，瀏覽日期：2018年10月08日。

〔註63〕詳見洪敏麟：《台灣舊地名之沿革》第二冊（上），頁230～231。蔡培慧、陳怡慧、陳柏州撰文，金炫辰繪圖：《台灣的舊地名》，頁89。陳瑞隆、魏英滿：《台灣鄉鎮地名源由》，頁94。

〔註64〕參見桃園市中壢區公所，網址：http://www.zhongli.tycg.gov.tw/index.jsp。桃園市大溪區公所，網址：http://www.daxi.tycg.gov.tw/index.jsp。台中市后里區公所，網址：https://www.houli.taichung.gov.tw/。和美鎮公所，網址：http://town.chcg.gov.tw/hemei/00home/index7.asp。高雄市杉林區公所全球資訊網，網址：https://shanlin.kcg.gov.tw/。瀏覽日期：2018年10月9日。

〔註65〕參見雲林縣東勢鄉公所全球資訊網，網址：http://www.dongshih.gov.tw/home.asp。嘉義縣新港鄉公所，網址：https://singang.cyhg.gov.tw/。花蓮縣壽豐鄉公所，網址：https://www.shoufeng.gov.tw/bin/home.php。宜蘭縣三星鄉公所，網址：https://www.sanshing.gov.tw/Default.aspx。瀏覽日期：2018年10月9日。

〔註66〕參見洪敏麟：《台灣舊地名之沿革》第一冊，頁422。陳正祥：《台灣地名辭典》，頁83。

〔註67〕詳見洪敏麟：《台灣舊地名之沿革》第二冊（上），頁220～221。陳瑞隆、魏英滿：《台灣鄉鎮地名源由》，頁94。

「芎林原名九芎林，一遍林園像牛擔，庄名三字嫌不雅，最後庄名改芎林。」芎林以前叫做九芎林，這裡整片森林像牛擔一樣，後來因爲庄名三個字比較不好聽，所以就改爲芎林。芎林舊稱九芎林，因爲這裡過去是九芎樹密生的森林地帶，1920 年改稱芎林庄，1945 年改爲芎林鄉〔註68〕。

「橫山地形像橫山，有影無影免相瞞，離遠斟酌來觀看，山嶺坦橫名橫山。」橫山這裡的地形像橫山一樣，有沒有這回事不用欺騙大家，大家離遠一點來看這裡，就會看見山形是橫向發展的，所以叫做橫山。橫山地名由來因其地形崎嶇，東南方地勢較高，有帽盆山、大山、背山、尖筆山等山嶺重疊橫亙，平地較少，由西南方遙望爲橫嶺，故有其名〔註69〕。

「竹北原是舊港庄，連遍無水專是園，距離新竹無外遠，舊港即改竹北庄。」竹北以前叫做舊港庄，這裡沒有特別漂亮，全部都是田，因爲這裡距離新竹並不遠，後來就改名爲竹北。竹北原稱舊港庄，取自鳳山溪口港名，舊港初稱竹塹港，爲新竹地方吞吐港，後因淤淺，於南寮另築停泊港，稱爲竹塹新港，原竹塹港改稱舊港。1943 年，原屬竹北鄉之舊港，被劃入新竹市區，原庄名舊港已名不符實，又因其位置在新竹市之北方，且曾屬於竹北一堡，故改稱爲「竹北」〔註70〕。

「竹東舊名樹杞林，頭前溪水有夠深，竹東庄名眞優秀，即將舊名改甩丟。」竹東以前叫做樹杞林，這裡前面有一個溪水水深很深，竹東這個庄名很好聽，所以後來就拋棄舊名改叫竹東。竹東原稱樹杞林，因爲這裡以前是樹杞樹生長十分茂密的森林地帶，地理位置在頭前溪之中游及其上源上坪溪流域，1920 年改名爲竹東，因爲這裡是新竹市的東南方〔註71〕。

「北埔峨眉的北部，眞正大遍的荒埔，當時政府有補助，峨眉北部名北埔。」北埔在峨眉的北部，這裡幾乎全是未開墾的荒郊，當時的政府有補助，後來這裡就叫做北埔。北埔意思是北方未開墾之埔地，這一帶過去爲泰雅族、賽夏族居棲之地，因番害劇烈，漢人墾民裹足不前，1934 年，淡水廳同知李

〔註68〕詳見洪敏麟：《台灣舊地名之沿革》第二冊（上），頁 207～208。

〔註69〕詳見洪敏麟：《台灣舊地名之沿革》第二冊（上），頁 200。陳瑞隆、魏英滿：《台灣鄉鎮地名源由》，頁 95。蔡培慧、陳怡慧、陳柏州撰文，金炫辰繪圖：《台灣的舊地名》，頁 88。

〔註70〕詳見洪敏麟：《台灣舊地名之沿革》第二冊（上），頁 164～166。陳瑞隆、魏英滿：《台灣鄉鎮地名源由》，頁 95～96。蔡培慧、陳怡慧、陳柏州撰文，金炫辰繪圖：《台灣的舊地名》，頁 88。

〔註71〕詳見洪敏麟：《台灣舊地名之沿革》第二冊（上），頁 187。

嗣業，勸誘粵籍陸豐縣人姜秀鑾與閩籍周邦正，募得二十四股，組設墾號「金廣福」，設四十餘隘，以壯丁三百餘人守隘，經大小戰役十數回，大事墾荒，得北埔、峨眉至寶山一帶之地。金廣福墾號雖是墾殖集團，卻是受官方所託，負有隘防、汛防、地方治安等任務，並受官方經費之補助〔註72〕。

「新豐原稱紅毛港，航海貿易荷蘭人，乾脆港都改新豐，專甲外國塊通航。」新豐以前叫做紅毛港，荷蘭人在此開港通航做貿易，後來這個港就改叫新豐，專門與國外通航。新豐舊稱紅毛港，位於新庄子溪（新豐溪）之下游河段河口地帶，據傳過去曾有荷蘭人的船停泊於新庄子溪口，據新竹廳志載，紅毛港昔為商舶所碇泊之處，因荷蘭人具有紅髮，故稱紅毛港。1956 年七月，因為覺得「紅毛」不雅，所以改稱新豐至今〔註73〕。

第四節　宜蘭縣

宜蘭縣的部分，提及了宜蘭市等十二個鄉鎮市，將整篇平均拆成兩部分做討論。

一、宜蘭市等六個鄉鎮市

第一部分提及了宜蘭市、五結鄉、冬山鄉、壯圍鄉、員山鄉與羅東鎮等六個鄉鎮市：

宜蘭原稱噶瑪蘭	蘭陽溪水流過東	山明水秀地理讚	後來庄名改宜蘭
五結首腦落領導	三十九結總能和	尊奉五結做庄母	一切由伊去發落
冬山原名冬瓜山	氣候無熱亦無寒	川流不息真好看	後來庄名號冬山
壯圍原名民壯圍	壯士圍墾減是非	地方團結和為貴	即將庄名號壯圍
員山古今是員山	員山北面有溫泉	交通經過九號線	初來連遍攏大菅
羅東原名是老懂	漢人趕走在地人	北面蘭陽水大港	溪水東流名羅東

（〈台灣地名探源——宜蘭縣〉，頁 195）

「宜蘭原稱噶瑪蘭，蘭陽溪水流過東，山明水秀地理讚，後來庄名改宜蘭。」宜蘭以前叫做噶瑪蘭，東邊有蘭陽溪流過，這裡山明水秀地理好，後來這裡的地名改為宜蘭。宜蘭舊稱噶瑪蘭或哈仔難、葛雅蘭、葛雅藍、甲子蘭等，皆是

〔註72〕詳見洪敏麟：《台灣舊地名之沿革》第二冊（上），頁213～216。
〔註73〕詳見洪敏麟：《台灣舊地名之沿革》第二冊（上），頁175～176。

從過去居住在宜蘭平原的平埔族卡瓦蘭族〔註74〕（噶瑪蘭族）的族稱「Kavalan」譯音而來。台灣西岸背陽向陰，河流、溪水皆往西流入台灣海峽，而宜蘭在台灣東部，這裡背陰向陽，水往東流入太平洋，1875年此地即改稱宜蘭〔註75〕。

「五結首腦落領導，三十九結總能和，尊奉五結做庄母，一切由伊去發落。」五結這個地方的首長做領導，將三十九結統合起來，後來尊奉五結做爲庄母，一切都由他來發落。「結」是墾民組織的最小單位，入墾蘭陽之漳、泉、粵民以十佃爲一結，通力合作，以其次序分地段，各地段以頭、二、三、四、五……三十九等數字分別，因墾殖採結首制度，後以第五個結首率眾墾殖而成鄉〔註76〕。

「冬山原名冬瓜山，氣候無熱亦無寒，川流不息眞好看，後來庄名號冬山。」冬山以前叫做冬瓜山，這裡氣候不熱也不冷，後來改名叫做冬山。冬山舊名冬瓜山，因蘭陽溪南端有一小丘，其山形宛若冬瓜，故以冬瓜山爲名。1920年簡化爲冬山，1945年即定名冬山鄉至今。冬山鄉氣候屬於熱帶海洋型氣候，年平均溫度在攝氏22度到25度之間，雨量介於3,200毫米至3,600毫米之間，年雨日超過230天，1967年曾有日降雨量超過1,600毫米的紀錄，爲台灣最多雨的地方〔註77〕。

「壯圍原名民壯圍，壯士圍墾減是非，地方團結和爲貴，即將庄名號壯圍。」壯圍以前叫做民壯圍，壯士來這裡圍墾很少有是非，這裡的人都能團結，以和爲貴，後來庄名就叫做壯圍。壯圍舊稱民壯圍，1802年，有吳化等人及其後裔見此地土壤肥沃，率眾劃界管墾，因無天險可守，只有青壯年圍

〔註74〕噶瑪蘭族，過去居住於宜蘭，目前遷居到花蓮和台東，人口約1,466人（107年3月數據）。因爲相信萬物有靈而延伸出特有祭儀文化與治療儀式。治療儀式由巫師擔任，先以酒請示之後，再祈求祖靈降臨治病，在治病過程巫師還需吟唱專屬的歌曲。於2002年正式成爲原住民族第十一族。參見陳雨嵐：《台灣的原住民》（台北：遠足文化，2004年10月第一版第一刷），頁19。原住民委員會全球資訊網，網址：https://www.apc.gov.tw/portal/index.html，瀏覽日期：2018年10月10日。

〔註75〕詳見洪敏麟：《台灣舊地名之沿革》第一冊，頁388～389。

〔註76〕詳見洪敏麟：《台灣舊地名之沿革》第一冊，頁431～432。陳瑞隆、魏英滿：《台灣鄉鎮地名源由》，頁74。蔡培慧、陳怡慧、陳柏州撰文，金炫辰繪圖：《台灣的舊地名》，頁62。

〔註77〕詳見洪敏麟：《台灣舊地名之沿革》第一冊，頁424。陳瑞隆、魏英滿：《台灣鄉鎮地名源由》，頁74。蔡培慧、陳怡慧、陳柏州撰文，金炫辰繪圖：《台灣的舊地名》，頁62。段凌平：《閩南與台灣民間神明廟宇源流》（台北：崧燁文化，2018年3月），頁107。

屯聚居，墾成之後，為酬謝協力墾殖有功之民壯，贈與之土地，故稱為「民壯圍」，此即「壯圍」名稱由來，亦為壯圍鄉自治之始。1945 年台灣光復後，初隸台北縣，稱為「台北縣宜蘭區壯圍鄉」，1950 年宜蘭縣設立並廢除宜蘭區署，改稱「宜蘭縣壯圍鄉」迄今〔註78〕。

「員山古今是員山，員山北面有溫泉，交通經過九號線，初來連遍攏大菅。」員山以前就叫做員山，在北邊的地方有溫泉，並有九號線經過這個地方，其實最剛開始這裡荒草遍布。員山鄉名取自境內現員山村之舊名員山莊，因鄉內有一圓形山丘，像一個拳頭立於蘭陽溪北，卓然立於蘭陽平原，成為明顯地標，故稱之為員山。員山有兩處溫泉露頭，員山溫泉又稱宜蘭溫泉，在日治時期已建有公共浴場和溫泉旅社，一度與礁溪溫泉齊名，屬於碳酸含鹽溫泉，無味無臭，溫度約 42 度適合發展中低溫之溫泉利用，為上乘之泉。員山主要公路有兩個，一是台 7 線，另一個則是台 7 丁線，台 7 丁線原為台 9 甲線，是 9 號公路的支線，行經路段為雙連埤至宜蘭，此路段已於 2014 年 7 月 16 日改編為台 7 丁線，現在的台 9 甲線行經路段為新店到孝義，現今在地圖上已看不到員山鄉境內有台 9 甲線的經過，陳再得先生於 2005 年逝世，當陳再得先生還在世時，員山鄉是有 9 號公路經過的〔註79〕。

「羅東原名是老懂，漢人趕走在地人，北面蘭陽水大港，溪水東流名羅東。」羅東原本叫做老懂，漢人來到這裡之後將原本的在地人趕走，北邊有蘭陽溪水流過，蘭陽溪水向東流所以叫做羅東。羅東舊稱老懂，位在宜蘭平原南部，東有羅東溪，北有蘭陽溪向東注入太平洋，全域屬沖積平原。相傳羅東市集中心原為一大片榕樹，裡面住著一群的猴子，平埔族噶瑪蘭族之族語，猴子叫做「Ronton」，老懂即為 Ronton 之譯音字，1809 年，漢人驅走了先住民，在此拓墾建村，取諧音雅稱為「羅東」〔註80〕。

〔註78〕 參見宜蘭縣壯圍鄉公所網，網址：https://www.jw.gov.tw/Default.aspx，瀏覽日期：2018 年 10 月 13 日。洪敏麟：《台灣舊地名之沿革》第一冊，頁 408。蔡培慧、陳怡慧、陳柏州撰文，金炫辰繪圖：《台灣的舊地名》，頁 62。

〔註79〕 參見洪敏麟：《台灣舊地名之沿革》第一冊，頁 415。陳瑞隆、魏英滿：《台灣鄉鎮地名源由》，頁 75。蔡培慧、陳怡慧、陳柏州撰文，金炫辰繪圖：《台灣的舊地名》，頁 62。吳信政、莊婉瑩著：《台灣地圖集》，頁 14～15。員山鄉鄉公所，網址：https://www.yuanshan.gov.tw/Default.aspx，瀏覽日期：2018 年 10 月 11 日。行政院「院台交字第 1030041125 號公告」，公告主旨：台 9 甲線、台 16 線及台 21 線等省道調整路線，公告日期：2014 年 7 月 16 日。

〔註80〕 詳見洪敏麟：《台灣舊地名之沿革》第一冊，頁 419。蔡培慧、陳怡慧、陳柏州撰文，金炫辰繪圖：《台灣的舊地名》，頁 63。

二、大同鄉等六個鄉鎮

第二部分提及了大同鄉、礁溪鄉、蘇澳鎮、頭城鎮、南澳鄉及三星鄉等
六個鄉鎮：

> 大同故名是太平　台中太平相競爭　退讓一步事恰省　即用大同廢太平
> 礁溪原名是礁坑　經營溫泉賺大錢　北宜九彎十八挖　路過就要獻紙錢
> 蘇澳原本人的姓　溪底開港眞神奇　人講晚睏台先醒　比較墾地早十年
> 頭城頭圍總是頭　地理山海伊總包　山頭薄利靠海口　海底拉無靠山頭
> 南澳地理有夠好　落海捕魚不曾無　價數塊賣眞公道　遊客銷費算能和
> 三星原名叭哩沙　位在三星的山腳　土地將近萬外甲　三星打倒叭哩吵

（〈台灣地名探源──宜蘭縣〉，頁 195～196）

「大同故名是太平，台中太平相競爭，退讓一步事恰省，即用大同廢太平。」
大同以前叫做太平，跟台中太平名字相同而互相競爭這個名字，後來選擇退
讓將名字改爲大同。大同鄉舊稱太平，因大同鄉境內有太平山，取以爲名，
故爲太平鄉，又因與台中縣太平鄉同名，1958 年七月改稱爲大同鄉〔註81〕。

「礁溪原名是礁坑，經營溫泉賺大錢，北宜九彎十八挖，路過就要獻紙
錢。」礁溪以前叫做礁坑，這裡藉由溫泉經營賺了很多錢，北宜公路九彎十
八拐，若不小心可能就必須要貢獻紙錢在這裡。礁溪舊稱礁坑，十八世紀末
移民抵達這裡時，這裡只有坑股而沒有水，所以稱做礁坑，「礁」就是乾的
意思，指附近溪谷中水量少或呈現乾涸狀態，後來因爲洪水，這裡的坑谷被
洪水砂石埋沒，所以稱做礁溪。日治時期，日本人利用礁溪豐富的溫泉資源，
開發利用，礁溪的泡湯與酒番文化，實來自日本人的遺流。光復後，礁溪持
續靠著溫泉藉以招來遊客，民國 70 年代至 80 年代，溫泉及酒番文化的魅力
吸引眾多遊客蜂擁而至，駐台美軍及日本商務人員更是慕名前來，使得礁溪
溫泉有了「小北投」之稱。礁溪交通甚爲便利，平原上有鐵路宜蘭線及省公
路（9 號公路或稱北宜公路）縱貫，東西兩側皆有縣道並行，且有東西道路
接連，台 9 線眞正開始出現山路是在台 9 線 14 公里處，此處右側即爲國史
館，再往前行約五百公尺，北宜公路的第一個「迴頭彎〔註82〕」就出現了，

〔註81〕詳見洪敏麟：《台灣舊地名之沿革》第一冊，頁 458～459。蔡培慧、陳怡慧、
　　　　陳柏州撰文，金炫辰繪圖：《台灣的舊地名》，頁 62。
〔註82〕迴頭彎也稱爲髮夾彎，爲超過 180 度的大轉彎，主要是克服地形陡峻、路線
　　　　長度不足的問題。因爲車輛在轉向時，必須利用輪胎的摩擦力來抵抗因轉向
　　　　速度所產生的離心力，彎道半徑越小或車速越快時，所產生的離心力也就越

北宜公路最有名的「九彎十八拐」就是典型的迴頭彎，而北宜公路上機車騎士在彎路打滑摔至對向車道的車禍，時有所聞，據新店警分局統計，2017年一整年北宜公路車禍事件共九死，2018年一月至五月北宜公路車禍已七死，比起 2017 年同期四死，成長近一倍，讓人再度見識到九彎十八拐的恐怖之處〔註83〕。

　　「蘇澳原本人的姓，溪底開港真神奇，人講晚睏台先醒，比較墾地早十年。」蘇澳原本是人的姓氏，這裡從溪床開港很神奇，人家說比較晚睡的反而比較早起，用開墾地來比較，比別人早了十年。蘇澳之地名源自於據傳有拓墾者蘇士尾，統領壯丁入墾現蘇澳街區西方一帶，今地名之「蘇」即是取其姓，而「澳」是指海岸邊靠水彎曲的地方，合起來就成了這裡的地名〔註84〕。1965 年七月，中央政府為因應地方經濟發展的需要，決定把「蘇澳港」建設成小型的商港，整建工程於 1973 年六月完成，興建三座淺水碼頭，可以停靠3,000 噸級以下的船舶，同時成立「蘇澳港辦事處」，隸屬於「基隆港務局」管理。1970 年五月二十一日，行政院正式核准「蘇澳港」為「基隆港」的輔助港，並將「蘇澳港」改組為「蘇澳港分局」，1973 年五月二十六日，當時的行政院長蔣經國巡視「蘇澳港」時，指示把「蘇澳港」擴建為國際港，並設立「蘇澳港工程處」負責擴建工程事宜，1974 年七月一日，擴建工程開始動工，這項工程以移山填海的方式，創造出八十萬平方公尺的海埔新生地，工程十分的艱鉅，直到 1983 年六月才全部完工。「蘇澳港」之擴建工程總共歷時九年，花費了 79 億 8,000 多萬元經費，終於把「蘇澳港」建設成國際一流的港口，肩負起紓解「基隆港」擁擠船貨及促進蘭陽地區經濟發展之兩大任務〔註85〕。

大；而迴頭彎的小半徑彎道使得轉向車輛受到極大的離心力，車內乘客必須抓緊把手才能維持平衡。詳見：王仕綺、陳珮綺：《相邀，來去台9－山海相隨的 475 公里》（台北：交通部公路總局，2011 年 5 月），頁 27。

〔註83〕參見洪敏麟：《台灣舊地名之沿革》第一冊，頁 402。陳瑞隆、魏英滿：《台灣鄉鎮地名源由》，頁 77。王仕綺、陳珮綺：《相邀，來去台9－山海相隨的 475 公里》，頁 27、32。《中國時報》，2018 年 5 月 27 日，標題：「19 歲騎士疑自摔，慘死大貨車輪下，北宜車禍 7 死，較去年多 1 倍」，A13「北部新聞」版。宜蘭縣政府全球資訊網，網址：https://www.e-land.gov.tw/Default.aspx，瀏覽日期：2018 年 10 月 10 日。

〔註84〕詳見洪敏麟：《台灣舊地名之沿革》第一冊，頁 445～447。

〔註85〕參見台灣港務股份有限公司基隆港務分公司蘇澳港營運處，網址：https://kl.twport.com.tw/su/，瀏覽日期：2018 年 10 月 12 日。

　　「頭城頭圍總是頭，地理山海伊總包，山頭薄利靠海口，海底拉無靠山頭。」頭城頭圍這兩個地方名字都有頭，這裡既靠山又靠海，但靠山吃飯比較沒有靠海吃飯來的香，但如果海洋資源沒有了還是要回過頭來依靠這片山林。頭城舊稱頭圍，因 1796 年閩人吳沙入墾時，為了防禦所需，乃於聚落四周以刺竹、土石圍居以成護衛，這類墾民村落稱之為「圍」，頭圍即第一個墾民村落。頭城位於宜蘭縣之東北角，雪山山脈北段的東南側，除了最南部打馬烟河口一帶平原較寬外，其餘海岸平原皆狹窄，其背倚 500 至 800 公尺的山地，前臨太平洋，有龜山島屹立於海上，境內重要農產品有稻米、甘藷、落花生、毛豬、漁產，工業有鋸木、肥料及食品製造業，鎮內商業運輸業頗為活躍〔註86〕。

　　「南澳地理有夠好，落海捕魚不曾無，價數塊賣真公道，遊客銷費算能和。」南澳這裡的地理很好，出海捕魚未曾有沒捕到魚的情況，這裡的價錢公道，遊客來此消費不會有怨言。南澳位於宜蘭縣之東南部，全域為中央山脈之東側斜面，地勢以西北部為最高，多為 1,000 至 3,000 公尺以上之高峰，並向東低降，山勢逼近海岸，以斷崖屹立於太平洋。南澳外海海域水深，又有黑潮經過，所以捕獲的大多是中大型、高價的洄游魚類。附近一帶海域較沒有汙染，肉質鮮甜，漁船一靠岸大夥人一擁而上，就怕搶不到喜歡的魚種，搶到魚貨便到旁邊秤重量付錢即可，因此吸引許多人來此地購買新鮮魚貨〔註87〕。

　　「三星原名叭哩沙，位在三星的山腳，土地將近萬外甲，三星打倒叭哩吵〔註88〕。」三星以前叫做叭哩沙，地點在三星的山腳下，這裡的土地將近一萬多甲，後來三星贏了叭哩沙。三星舊稱叭哩沙，叭哩沙為平埔族噶瑪蘭族社名「pressinowan」之譯音，意思是「竹子」，另也譯作叭哩沙喃、巴嘮辛仔員、巴老臣那浮、丁仔難、巴嚕新那完、方浪石灣等，後來因為三星鄉位置近於三星山，故 1920 年改名為「三星」。三星鄉土地面積約為 122.8 平

〔註86〕 詳見洪敏麟：《台灣舊地名之沿革》第一冊，頁 396～397。蔡培慧、陳怡慧、陳柏州撰文，金炫辰繪圖：《台灣的舊地名》，頁 62。

〔註87〕 參見蘇澳觀光旅遊網，網址：http://welcome2suao.com.tw/，瀏覽日期：2018年 10 月 13 日。

〔註88〕 書中此句作「三星打倒叭哩吵」，但一般而言，平埔族噶瑪蘭族社名「pressinowan」都譯作叭哩沙或叭哩沙喃，少有譯作叭哩「吵」，為求與第一句之「三星原名叭哩沙」能前後一致，筆者認為此句的叭哩吵也應更改為叭哩沙。

方公里，1 平方公里約等於 103.102 甲，將 122.8 平方公里換算成甲，約等於
12,661 甲〔註 89〕。

第五節　台東縣

　　陳再得在台東縣的部分總共用了六十八句，十七個小段落來書寫台東縣
十六個鄉鎮市，所以平均分配為兩個部分來做討論，每個部分八個鄉鎮市，
這兩個部分將分別依照陳再得所提及的新舊地名由來、地理環境、發展沿革、
經濟活動、人文歷史等來做討論。

一、台東市等八個鄉鎮市

　　第一部分是台東市、卑南鄉、太麻里鄉、東河鄉、鹿野鄉、延平鄉、關
山鎮與海端鄉等八個鄉鎮市：

<blockquote>

台灣東部名台東　位置與名完全同　荒野能生長腳蚊　高度發熱不知人

卑南本來是禁地　其中漢人無幾個　日本統治恰有勢　漢人一年一年加

打馬即改太麻里　姓錢搖稿來開基　以後日本來統治　開放開墾即實施

東河本來是都鑾　昭和時代鑾改蘭　再改東河有恰慢　台灣光復的年間

鹿野昔日荒野地　漢人入墾建厝宅　當年鹿皮真好價　打鹿在野即起家

延平郡王打荷蘭　無論平原亦山間　人民對伊真稱讚　庄名延平求心安

關山原名阿里壟　周圍到處專紅蟲　荒蕪之地地真散　隘口好守名關山

海多端王住海端　高山峻嶺無平原　深山林內真歹管　庄名簡單命海端

</blockquote>

　　　（〈台灣地名探源——台東縣〉，頁 219～220）

「台灣東部名台東，位置與名完全同，荒野能生長腳蚊，高度發熱不知人。」
台灣的東部叫做台東，地理位置跟名字是相同的，荒郊野外適合長腳蚊子的
生長，因為被蚊子叮咬，所以發高燒，導致意識不清楚。台東位於台灣本島
之東南部，東瀕臨太平洋，西以中央山脈南段與高雄、屏東二縣毗鄰，南以
中央山脈支脈與屏東縣為界。台東過去曾先後出現「Alanger」、「寶桑」、「卑
南」、「卑南覓」以及「後山」等不同的地名，是卑南八社的所在地，「卑南」
係出自「Pinan」之譯音，據傳是緣自於卑南族的原祖「Pinalai」。1887 年在首

〔註 89〕詳見洪敏麟：《台灣舊地名之沿革》第一冊，頁 438～439。台北市政府地政局
　　　　面積換算網，網址：http://w2.land.taipei.gov.tw/calc/areacnvr/areacnvr.asp，瀏
　　　　覽日期：2018 年 10 月 13 日。

任巡撫劉銘傳極力主張重劃台灣郡縣之下，清廷增設直隸州在此，因此地位於台灣之東部，故命名爲台東直隸州，「台東」一名首見於此時。台東的地理位置在中央山脈的阻隔下，以陸地交通來說位置較爲孤立，自然條件惡劣，地勢陡峭且山多平原少，再加上國家曾施行封山政策以及交通不便等因素，所以開發遠比西部遲緩〔註90〕。台灣在日治時期曾經流行過瘧疾，一進到山區沒幾天就會得到瘧疾，在山區的罹患率最高，凡是進到山區的人都無一倖免，在當時每年高達萬人死亡。在台灣傳染瘧疾的主要病媒蚊是矮小瘧蚊，當被感染且具傳染能力的瘧蚊叮咬人時，將瘧原蟲注入人體，導致感染瘧疾。感染瘧疾早期的症狀與流感類似，最主要的症狀是發燒、畏寒及顫抖，接著冒冷汗。也可能出現其他症狀，如頭痛、肌肉痛、關節痛、噁心、嘔吐和疲倦，如果沒有接受適當的治療，數天後會出現間歇性或週期性的畏寒及顫抖、發燒及出汗等症狀，嚴重者可能導致脾腫大、黃疸、休克、肝腎衰竭、肺水腫、急性腦病變及昏迷。1946 年在二次大戰之後，政府開始投入瘧疾防治工作，美援協助在屏東潮州成立瘧疾研究中心，確定矮小瘧蚊是主要病媒蚊且喜歡棲息室內後，大規模實施 DDT 室內化學防治，終於在 1965 年十二月四日獲世界衛生組織（WHO）頒發瘧疾根除登錄證書，正式將台灣列入瘧疾根除地區。台灣的瘧疾雖已根除五十幾年，但依據疾管署監測資料顯示，台灣包含台南市、高雄市、屏東縣、台東縣與花蓮縣五縣市二十九個鄉鎮共 121 個村里，仍可發現矮小瘧蚊蹤跡，其中花蓮縣志學村與台東縣三民里，更是在 2015 年新發現矮小瘧蚊的村里，儘管這些病媒蚊體內並無瘧原蟲，但對台灣仍有潛在威脅〔註91〕。

　　「卑南本來是禁地，其中漢人無幾個，日本統治恰有勢，漢人一年一年加。」卑南本來是一塊禁地，住在這裡的漢人沒有幾個，日本統治後，來這

〔註90〕詳見施添福總編纂，夏黎明等撰述：《台灣地名辭書》，卷三，台東縣（南投：台灣省文獻委員會，1999 年 12 月），頁 15、20。劉寧顏總纂，洪敏麟編纂：《重修台灣省通志》卷三〈住民志：地名沿革篇〉（南投：台灣省文獻委員會，1995 年 8 月），頁 434～435。

〔註91〕詳見台東縣後山文化工作協會著：《台東耆老口述歷史篇》（台東：台東縣立文化中心，1999 年 6 月），頁 48。衛生福利部疾病管制署，網址：https://www.cdc.gov.tw/rwd，瀏覽日期：2018 年 11 月 17 日。衛生福利部焦點新聞，標題：「台灣根除瘧疾 50 週年，抗瘧戰士獲贈感謝狀，病媒蚊防治從化學噴藥轉爲生態防治」，日期：2015 年 12 月 4 日，網址：https://www.mohw.gov.tw/cp-2651-19702-1.html，瀏覽日期：2018 年 11 月 17 日。

裡墾荒的漢人一年一年的增加。卑南鄉是原住民祖居之地，主要原住民有卑南族、魯凱族和阿美族等，卑南舊稱「埤南」，在清初時期 1772 年朱一貫事件後，清廷因為害怕漢人與原住民勾結會危害政權，所以實施封山政策，禁止漢人進入後山拓墾，可是禁者自禁，為求生計而移墾後山者仍大有人在。至咸豐年間，冒險至此拓墾的漢人愈來愈多，與原住民雜居混處不免發生爭端，所以 1875 年就設置了卑南廳，1887 年改廳為直隸州。1895 年，中日馬關條約日本割據台灣後，更名為卑南庄役場。在清朝時期，卑南這裡的漢人住戶不多，在賓朗村只有兩戶漢人住家，多數都是原住民住在這裡。到了 1931 年後，賓朗村才開始有數百戶漢人住戶移入。卑南一名的由來源自卑南語「Puyuma」，其意為「尊稱」，是為紀念一百八十多年前卑南族大頭目 Pinarai。傳說中 Pinarai 聰明蓋世，有漢人血統，除了建立部落典章與納稅制度，又控制附近各大族，發展迅速統治台東縱谷，有「卑南王」之稱。荷蘭人稱之為 Pimala，漢人則簡稱為「卑南」，沿用迄今〔註92〕。

　　「打馬即改太麻里，姓錢搖稿來開基，以後日本來統治，開放開墾即實施。」打馬改為太麻里，錢搖稿來這裡開拓，之後受到日本人統治，便實施土地開放開墾。太麻里舊稱兆貓裡、朝貓籬、大貓狸、大麻里等，都是由排灣族語「Chabari」音譯而來。1895 年台灣割日，1896 年五月，日本人正式領有台東，將大麻里改為太麻里。有關太麻里地名的由來，有很多說法：一是說太麻里古代寫為「朝貓籬」，是排灣族語「Chabari」（或 Chabarii、Chiyabari）的音譯，「Chabari」是自古以來的地名，意思不明。二是說過去排灣族從發源地移來這裡時，這裡有一塊很大塊的木板，排灣族語稱以「cha」為場所，「baria」為板，轉成現在所稱的「Tamari」，即太麻里。三是說太麻里鄉於一千年前由排灣族始祖錢搖稿移墾建設，錢搖稿原本是卑南族，即「打馬」族，他佔領這裡，頗著偉績，後人遂命名此地為「打馬」（卑南族名近音譯字），1877 年漢人撫墾此地，譯漢文稱為「太麻里」。四是說太麻里是原住民語的音譯字，指太陽照耀肥沃之地，阿美族語叫做「logalon」。1772 年朱一貫事件後清廷曾實施封山政策，這段期間雖有漢人吳四奸入墾，但未有成果；1874 年牡丹社事件發生後，沈葆楨正式奏准開山撫蕃，積極經營後山，鼓勵漢人移墾，台

〔註92〕詳見台灣省文獻委員會採集組主編：《台東縣鄉土史料》（南投：台灣省文獻委員會，1997 年 4 月），頁 84、88。施添福總編纂，夏黎明等撰述：《台灣地名辭書》，卷三，台東縣，頁 208、314。卑南鄉公所，網址：https://www.beinan.gov.tw/，瀏覽日期：2018 年 11 月 17 日。

東、大武間海岸蜿蜒長達六十六公里，中央山脈直逼海岸，徑小路窄，太麻里爲南路進入台東平原門戶，地位重要，清朝派有海防屯兵駐守，但因排灣族大麻里社勢力強大，且缺乏廣大平地，故清朝統治台灣期間，太麻里鄉始終未有漢人聚落的出現。1895 年台灣割讓給日本，隔年五月，日本勢力正式進入後山，將後山列爲日本人移民預定地，不准漢人入墾，直到日人移民政策失敗，才開始開放本島人入墾〔註93〕。

「東河本來是都蠻，昭和時代蠻改蘭，再改東河有恰慢，台灣光復的年間。」東河本來叫做都蠻，在昭和時代蠻字改爲蘭字，之後再改名爲東河，已經是台灣光復的時候。距今 3,500 年前，繩紋紅陶時期已有原住民在當時稱爲 Cikalasan（基卡拉山）的都蘭生活，「'Etolan」（都蘭）名稱的由來爲，由於此地石頭非常多，所以阿美族人闢地耕作時，會將挖掘的石頭堆砌在旱地的一角，因此拾石砌牆的地方，就叫做「'Atol」，後來第一個字母由 A 演變爲'E，相襲至今。日治時期以後，官方稱「'Atolan」爲「都蠻」，1937 年（昭和 7 年），花、東兩廳實施街庄制，再改名爲「都蘭」，屬都蘭庄，1946 年改爲東河鄉。有關東河鄉地名的由來有兩種說法：一是說東河鄉有海岸山脈流域面積最廣的河流馬武窟溪，馬武窟溪向東流入大海，所以叫做東河鄉。另一說則是因東河鄉首任官派鄉長陳曲江先生，依其姓名，取其姓之右半邊的「東」以及與江同義的「河」字做爲鄉名，此說是其本人私下向友人透露，鄉紳皆知，然而前說較爲大家所接受且能突顯東河鄉之特色〔註94〕。

「鹿野昔日荒野地，漢人入墾建厝宅，當年鹿皮眞好價，打鹿在野即起家。」鹿野過去是荒野之地，漢人來此入墾並蓋房子，當時鹿皮的價錢很好，靠在野外獵鹿便能養家。清代初期，鹿野鄉原爲布農族之獵場，了無人煙，在同治、光緒年間才開始有恆春阿美及漢人入墾。1874 年因爲牡丹社事件，清政府對後山治理的態度轉爲積極，首是解除封山禁令，計畫分北中南三路鑿山開道。1875 年移南路理番同知於卑南，並於關防內加「撫民」二字，從此東部在設官治理下，開始開山、撫番、移民等事業。在 1893 年時，建立了五個聚落，其中四個是阿美族爲主的部落，第五個則是由平埔族招墾，漢人

〔註93〕詳見施添福總編纂，夏黎明等撰述：《台灣地名辭書》，卷三，台東縣，頁 313
～314。劉寧顏總纂，洪敏麟編纂：《重修台灣省通志》卷三〈住民志：地名
沿革篇〉，頁 445。

〔註94〕詳見潘是輝總編纂：《東河鄉志》（台東：東河鄉公所），頁 166～167。施添福
總編纂，夏黎明等撰述：《台灣地名辭書》，卷三，台東縣，頁 76～77。

移住開發的大埔庄（又稱義安庄），約有二十四戶 129 人。到了日治晚期，鹿野鄉行政區之建制漸趨完備，其下各聚落之分布與現在幾乎沒有差異。鹿野鄉於清領台東直隸州時期屬於廣鄉轄區，日治時期改為台東支廳關山郡鹿野庄，光復後改制成立鹿野鄉。有關鹿野地名的由來有幾種說法：一說此地昔日為荒野之地，時有群鹿棲息其間，故稱為「鹿野」；二是說鹿野的地名源自於佛經，佛祖修練的地方叫做鹿苑，日本人來到這個地方看到有很多野鹿，當時有很多野鹿會在荒草叢中覓食，如果受到驚動，鹿就會抬起頭，在長如人高的草叢中，一隻隻的鹿頭浮在草芒上張望動靜，如果再大聲吆喝，鹿群就會開始在廣闊的草原奔竄跳躍，其景蔚為奇觀，日本人援引佛經裡的鹿苑為名，後來再改名為鹿野；三是說在日治時期，日本人於此區設置移民村，因招募日本新瀉縣鹿野農民移住，日人遂將原地名鹿寮改為鹿野，故光復後，便沿用鹿野一詞做為鄉名。今鹿野鄉永安村在清代時屬於南鄉務祿干社（鹿寮社）的領域，是過去狩獵鹿群的地方，阿美族語稱為「pakuriyan」，日本人改稱為「鹿寮社」，在漢語中有獵鹿小屋的意思。因為在未開發以前，這裡林木茂密，有許多的鹿群，以及捕鹿者所建立的草寮，所以地名與鹿寮有關〔註95〕。當時漢人赤手空拳來到台灣，對他們而言，狩獵是一個最簡便也最有利的生業，在荷據時期，荷蘭人為了獲取更多的鹿皮以賺取金錢，發行捕鹿的狩獵許可證給這些想以捕鹿為業的漢人，並課狩獵稅，有些漢人甚至為了以捕鹿為業而渡海來台。至於鹿皮的價格在 1641 年時因為蟲害與腐壞，所以有許多瑕疵品，價格一時低廉，但 1648 年左右又漸漸回昇。1649 年，據傳台灣的鹿皮以最高之價格交易。在 1654 年舉行的拍賣市場，五十九種之中賣出五十七種，其中特別是台灣的鹿皮與砂糖都以相當好的價格賣出。1658 年據說台灣出產的鹿皮達到很高的價格，在倉庫中的上等品一百張六十兩，中等品三十七兩以及大鹿皮九十五兩。1661 年因為鄭成功攻打台灣，導致日本的皮革價格高漲，荷蘭當局改以爪哇東海岸出產的皮革取代台灣皮革。由此可知荷據時期，荷蘭在台灣鹿皮的貿易利潤相當高〔註96〕。

〔註95〕 詳見夏黎明總編纂：《鹿野鄉志》（上冊）（台東：鹿野鄉公所，2007 年 8 月），頁 15、244～245、275～276。施添福總編纂，夏黎明等撰述：《台灣地名辭書》，卷三，台東縣，頁 151～155、175～176。台灣省文獻委員會採集組主編：《台東縣鄉土史料》，頁 118～119。

〔註96〕 詳見曹永和著：《近世台灣鹿皮貿易考：青年曹永和的學術啟航》（台北：曹永和文教基金會、遠流出版，2011 年 10 月），頁 152、316。

「延平郡王打荷蘭，無論平原亦山間，人民對伊真稱讚，庄名延平求心安。」延平郡王打荷蘭人，不管是平原還是在山林之間，人民對他很稱讚，所以為了求心安，庄名取為延平。台灣光復之初，延平鄉原本屬鹿野鄉管轄，1946 年四月一日因實施平地與山地行政區域分立，將居住於原住民部落之居民以種族劃分為山地山胞以及平地山胞，遂從鹿野鄉劃出山地山胞及山地區域（桃源、武陵、紅葉、鸞山四村，嗣後於 1950 年四月前增置永康村）為延平鄉。延平鄉地名由來，是為了紀念延平郡王鄭成功驅荷復台的歷史功業，並寓有安平吉祥之意〔註97〕。

「關山原名阿里壟，周圍到處專紅蟲，荒蕪之地地真散，隘口好守名關山。」關山原本名字叫做阿里壟，在這周圍到處都是紅蟲，這片荒蕪的地每塊都分散開，因為隘口容易守，所以叫做關山。關山鎮位於台東縱谷平原南部，新武呂溪中游西岸，關山舊稱「里壟」（或作里隴），是高山族語「Terateran」的音譯節錄，原為「阿里壟」後簡稱為「里壟」。因過去這裡野生蕁麻叢生，令來往的旅人相當苦惱，而高山族語中的蕁麻即是「Terateran」，故原住民稱此地為「Terateran」很多之地。最初從大陸渡海來此的商人把「Terateran」聽成「Riran」，故將此地命名為「里壟」，到了 1937 年改稱為關山，因日治時期開闢關山警備道，以其位於警備道東口，大關山之下，此地地形山勢逼近像是關隘，所以叫做關山。1946 年台灣光復後曾改為「里壟鎮」，後於 1953 年，鎮民代表會決議將「里壟鎮」改為「關山鎮」，隔年決議生效，「關山」一名沿用至今。有關「里壟」一名的由來另外還有一些傳說，一說是漢人來此之前，群山環繞，地勢低窪，恙蟲很多，故原住民以「紅蟲」命名，稱此地為「Lilan」，「里壟」是近音譯字。另一說是因漢人入侵時，此地正流行瘧疾，原住民稱瘧疾為「dilandilan」，漢人便稱此地為「里壟」〔註98〕。

「海多端王住海端，高山峻嶺無平原，深山林內真歹管，庄名簡單命海端。」海多端王住在海端，這裡都是高山峻嶺沒有平原，因為在深山裡面所

〔註97〕詳見洪健榮、田天賜主編，孫大川、詹嫦慧總纂：《延平鄉志》（台東：延平鄉公所，2004 年 6 月），頁 161。施添福總編纂，夏黎明等撰述：《台灣地名辭書》，卷三，台東縣，頁 197。

〔註98〕詳見劉寧顏總纂，洪敏麟編纂：《重修台灣省通志》卷三〈住民志：地名沿革篇〉，頁 444～445。施添福總編纂，夏黎明等撰述：《台灣地名辭書》，卷三，台東縣，頁 119、127～128。台灣省文獻委員會採集組主編：《台東縣鄉土史料》，頁 61、66。關山鎮公所，網址：https://www.guanshan.gov.tw/index.php，瀏覽日期：2018 年 11 月 18 日。

以很難管理，庄名就直接簡單叫海端。「海端」一名原指今海端鄉公所的所在地海端村，鄉名取自布農族「haitotowan」社（日治時期稱ハイトトワン，現名 haiduan）社名譯音，意指三方為山所環繞，一方開口之地形，其地正當新武呂溪出中央山脈轉向南流進入花東縱谷之處，宛若兩山間之缺口。日據時代，1922 年日本人即設為台東廳關山郡蕃地——海多多灣（音譯），由海道端警察駐在所管轄，隸屬台東廳里壠支廳（昭和 17 年，西元 1942 年改為關山郡，即今台東縣關山鎮）。台灣光復之初，仍隸屬台東縣關山鄉，旋即於 1946 年四月一日自關山鄉析出，改設「海端鄉」迄今。海端鄉除了東北廣原村之一部分屬於秀姑巒溪支流龍泉溪流域以外，全境多屬卑南溪流域。卑南溪北端的支流新武路溪由眾多支流匯集而成，新武路溪在中上游皆呈峽谷地形，因為有其他支流來會，所以在會流處得以有較寬廣的平坦地，除此之外絕大部分的地區地勢崎嶇、坡度甚陡，除了卑南溪各支流進入台東縱谷所形成的沖積扇提供了平坦的地勢及表土層較厚且稍肥沃的土地之外，整體來說並非是良好的耕種環境〔註99〕。

二、池上鄉等八個鄉鎮

第二部分有池上鄉、長濱鄉、金峰鄉、達仁鄉、蘭嶼鄉、綠島鄉、大武鄉與成功鎮等八個鄉鎮：

池上大坡池聞名　灌溉稻作好收成　制成白米銷全省　到處市場都歡迎
長濱原是加走灣　專靠海邊無平原　討海拉魚無人管　庄名長濱真全完
金峰金崙同意義　改來改去足怪奇　後來金山無合意　決定金峰庄名字
一對頭目真聰明　頭目生子包壯生　伊的意志真堅定　隨帶愛犬去戰爭
無人敢參伊對陣　甘拜下風稱君臣　伊做酋長人承認　原住所在名達仁
蘭嶼嘛是紅頭嶼　全部事實攏無虛　火山爆發紅頭嶼　蘭花茂盛變蘭嶼
綠島原是火燒島　暗時燒柴做火路　然後該島總綠化　所以名稱改綠島
大武紀念大武山　專住廣野的山間　巴望衛名皆銷掉　庄名大武真簡單
成功原名麻荖漏　原本就有小港口　東寧王國管來到　即改成功做庄頭
（〈台灣地名探源——台東縣〉，頁 220～221）

〔註99〕詳見劉寧顏總纂，洪敏麟編纂：《重修台灣省通志》卷三〈住民志：地名沿革篇〉，頁 446～447。施添福總編纂，夏黎明等撰述：《台灣地名辭書》，卷三，台東縣，頁 183～184。海端鄉公所，網址：http://www.haiduau.gov.tw/index.php，瀏覽日期：2018 年 11 月 18 日。

「池上大坡池聞名,灌溉稻作好收成,制成白米銷全省,到處市場都歡迎。」
池上的大坡池十分有名,灌溉稻米收成好,製成白米之後賣到全省各地,受
到每個市場的歡迎。池上鄉在清朝光緒年間稱爲「新開園」,日治時期設治爲
「台東廳關山郡池上庄」,1945 年台灣光復,改台東廳爲台東縣,定名「池上
鄉」。池上鄉東有海岸山脈,西爲中央山脈,新武呂溪沖積成爲一沖積扇,扇
端湧泉帶形成池泊,名爲「大陂」。原住民遷住時,擇其水足地肥集居四周生
活,並由世代繁衍而擴大其聚落,直至日治時期設治時,依其聚居該池之上
而取名爲「池上」。大坡池原名「大陂池」或寫作「大陴池」、「大埤池」,是
「大水池」的意思,後來轉寫爲「大坡池」至今。大坡池是花東縱谷平原上
的主要濕地,原來周圍約有四公里,漢人稱之爲「大坡」,阿美族稱爲「Panao」
(或作 vanao),意思是池塘。池上鄉因爲雨量豐富且沒有工業廢水、重金屬
以及空氣汙染,對稻作的生長發育極爲有利,在富興、萬安、新開園、慶豐
等地區大約有 1,000 公頃含有黏質土壤的水田,配合新武呂溪溪水的灌溉,新
武呂溪的上游有多處的溫泉,溪水夾帶著由山上表土沖刷下來的豐富有機質
以及礦物質,栽培出池上鄉聞名的重要農產品──池上米。早期農墾以維生
爲首務,稻作是農民農墾的重心,自始至終,水稻是池上最重要的作物。因
爲土壤的改良與水利的修繕,水稻的生產面積逐年增加,從 1951 年到 1999
年,水田的面積由 639 公頃增加到 1,459 公頃,再加上研發品種與精進田間的
管理技術,水稻的質與量都提升了。「池上米」的品質優良,1970 年代參加台
中農改場比賽即獲得首獎,1985 年農委會、農林廳以及糧食局輔導池上農會
辦理「良質米產銷計畫」,農民積極參與、成果豐碩,「池上米」從此打響知
名度與打開市場的大門〔註 100〕。

　　「長濱原是加走灣,專靠海邊無平原,討海拉魚無人管,庄名長濱眞全
完。」長濱原本是加走灣,全部都靠海邊沒有平原,出海捕魚沒有人管,村
名就叫做長濱。長濱原名加走灣,有一說是由阿美族語轉化而來,指「瞭望
所」、「巡邏」或「守望台」等意思,其由來說法有三種:一是說在 1877 年清
軍討伐奇密社阿美族時,阿美族和清兵戰爭,又稱「大港口事件」。阿美族人
派人在此擔任哨兵,加走灣三庄(kasauwan),即加走灣頭庄、加走灣中庄與

〔註 100〕詳見劉寧顏總纂,洪敏麟編纂:《重修台灣省通志》卷三〈住民志:地名沿革
篇〉,頁 446。施添福總編纂,夏黎明等撰述:《台灣地名辭書》,卷三,台東
縣,頁 99～100。夏黎明總編纂,蕭春生等撰述:《池上鄉志》(台東:池上
鄉公所,2001 年 12 月),頁 209～210、503。

加走灣（尾）庄，便是從阿美族語「bikasawan」轉成的，是「瞭望所」的意思。二是說加走灣原為阿美族語「Pikaka Sauwan」，指「巡邏、瞭望」的意思，漢人誤聽為「Kaka Sauwan」，故稱為「加走灣」。原因是在 1877 年間，噶瑪蘭族由花蓮移入，曾與當地阿美族人發生「奇密社事件」，阿美族人遂於此設立瞭望台並派人巡邏，故名。三是說當清朝勢力由台東逐漸向北擴展時，清朝官吏為了安全，並防止騷擾事件，雇用阿美族青年在此一海岸突出的岩岬上守望，阿美族人將瞭望台或守望台稱為「Pikacasawan」，而受派服守望役的地方叫做「Kakasawan」，音譯漢字為「加走灣」。有關「加走灣」地名的由來另外還有其他說法：一是移居當地的馬卡道族（已喪失母語）以閩南語稱呼「跳蚤」而來（日本宮本延人記為「蟑螂」），據稱馬卡道族移入前，此地原為獵場，有很多的狩獵小屋，常掛滿獵物，導致跳蚤叢生，所以稱此地為「加走灣」。二是說因長濱地形有特別突出海面之陸地，而形成一個大海灣。旁邊直立兩塊大石頭，底下像房屋一樣，當時打獵之人或漁民想要休息，但此地無房屋可供休息，他們只好暫住在石頭下，因石頭下跳蚤很多，所以被命名為跳蚤灣，後改稱為加走灣。三是說平埔族人紀念原鄉萬巒「加走」與此地海灣結合而成，根據長濱鄉耆老林保壽之說，平埔族馬卡道族人遷至加走灣頭開墾落腳後，為了紀念原鄉屏東萬巒「加走」，且與此地海「灣」結合命名而成。他提到：「約在清光緒元年，我們加走灣頭平埔族祖先從原居住地東萬巒佳佐（也稱加走）遷來，經過牡丹到大武，轉而北上寶桑、加走灣。⋯⋯馬卡道族人為了紀念原鄉加走（屏東萬巒佳佐），加上新居地加走灣綿延海灣，遂取名加走灣。」1937 年因此地有海岸長達 1.8 到 2 公里的狹長沙濱，而改名為「長濱」。從空中鳥瞰長濱鄉，外觀上南北狹長，縱達 28 餘公里，東西寬約 8 公里，東臨太平洋，西倚海岸山脈，鄉境絕大部分屬於山地或丘陵地，海岸平原狹小。長濱鄉因為有黑潮通過而成重要的漁場，每年一到三月水母丁溪有日本禿頭鯊上溯，到了三到六月則是飛魚魚汛，五到八月九孔、龍蝦和紫菜盛產，九到十二月有鬼頭刀、鮪魚、旗魚、破雨傘（芭蕉旗魚）、鰹魚、鯖魚、白帶魚等大型迴游魚類，無論是早期定居在此的長濱文化人，還是現今長濱鄉居多數的阿美族原住民，都是以漁業做為重要的經濟活動，其中飛魚更是阿美族人重要的漁產〔註101〕。

〔註101〕詳見陳德成、潘淑芳主修，尹章義總編纂：《長濱鄉志》（上冊）（台東：長濱鄉公所，2015 年 12 月），頁 2、127～129、297～298。施添福總編纂，夏黎

「金峰金崙同意義，改來改去足怪奇，後來金山無合意，決定金峰庄名字。」金峰跟金崙的意義相同，改來改去很奇怪，後來不喜歡金山，所以決定村名爲金峰。金峰鄉光復之初原屬太麻里鄉，1946 年四月獨立設鄉時，名爲金崙鄉，鄉公所設於今太麻里鄉金崙村，轄有金崙、多良、歷坵、近黃及賓茂等五村，隸屬於台東區。同年十一月，奉命改爲山地鄉，並與太麻里鄉重新劃分行政區，原太麻里鄉所轄山地排灣族之村嘉蘭、介達、比魯等三村改歸爲金峰鄉，原本金峰鄉所轄位於南迴公路兩側的金崙、多良兩村改歸太麻里鄉，鄉公所遷至嘉蘭村，並改名爲金山鄉，直屬台東縣台東區。1948 年二月台東縣撤銷區署，金峰鄉直轄於台東縣政府。1958 年，因鄉名與台北縣金山鄉同名，改名爲金峰鄉，沿用至今〔註102〕。

「一對頭目眞聰明，頭目生子包壯生，伊的意志眞堅定，隨帶愛犬去戰爭。無人敢參伊對陣，甘拜下風稱君臣，伊做酋長人承認，原住所在名達仁。」有一對頭目很聰明，生的孩子很強壯，他的意志很堅定，帶著愛犬去戰爭。沒有人敢跟他對戰，甘拜下風願意俯首稱臣，他當酋長大家都認同，原本住的地方叫做達仁。達仁鄉位於中央山脈南段，恆春半島東側，光復前屬台東郡蕃地，是排灣族分布地。達仁鄉昔日由一對夫婦頭目從高雄跨越中央山脈，越大竹高溪到今達仁鄉結廬而居，日久形成村落，逐漸繁衍，後來頭目有子名爲包壯生，帶著愛犬征佔現達仁鄉、大武鄉及金峰鄉與高雄縣的一部份，此爲達仁鄉之發源〔註103〕。達仁鄉治在安朔溪下游北岸的安朔村，舊稱阿塱衛社，是「Aziogetsu」之譯音地名，意思是聚集，即眾多族人，爲了禦敵需要，逐漸聚集於此，故名。安朔村原爲排灣族大龜文王國阿塱衛部落的傳統領域，大龜文王國是指現今屏東縣獅子鄉、牡丹鄉及部分台東縣達仁鄉境內之 Tjaquvuquvulj 社群之南排灣族人。自漢文史冊有該族群紀錄出現始以大龜文稱之，故稱爲大龜文社群；清領時期又稱爲「瑯嶠上十八番社」，日治時期後改稱爲內文社群。族內口耳相傳歷史堅信該社群自古即已發展出攻守聯盟體系，以抵禦外侮，直至 1875 年獅頭社戰役之前，基本上尚能維持該社群之政權、土地、人民與財政獨立自主，堪稱具備「酋邦」王國之雛形，其後裔

明等撰述：《台灣地名辭書》，卷三，台東縣，頁25。台灣省文獻委員會採集組主編：《台東縣鄉土史料》，頁97。

〔註102〕詳見施添福總編纂，夏黎明等撰述：《台灣地名辭書》，卷三，台東縣，頁343。台灣省文獻委員會採集組主編：《台東縣鄉土史料》，頁158。

〔註103〕詳見陳瑞隆、魏英滿：《台灣鄉鎮地名源由》，頁247。

及部分學者慣稱為大龜文王國，在其勢力最高峰時期至少曾經統轄二十三個村社。由日本文獻上記載內文社（大龜文社），1896 年森丑之助和鳥居龍藏二位學者曾由 Tjuleng 頭目的陪同下，巡視大龜文王國境內之部落，受到了各社大小頭目最高的禮遇，也看到了他們對大頭目的君臣之禮，森丑之助認為當時的內文社群還保持著封建頭目主權部落的政治環境，在宗主頭目的領導下，社會秩序井然有序，儼然是一個「王國」。大龜文王國兩大頭目家系Ruvaniyaw 部族和 Tjuleng 部族靠著謀略、外交斡旋等方式，吸收周邊部族、擴展領地，形成了具有「酋邦」王國雛形的村社組織。嚴格來說，大龜文王國就是以社群的型態存在，主社周邊各社是由各方遷徙至此，以刺桐腳（枋山）溪流的源頭為生活空間，在敵人侵擾避難大龜文社再擴散之下，逐漸形成了二十三個部落社會的區域社群。與一般原住民社群最重大的差別就是王國裡有兩個宗主頭目，對內合作共治，對外團結一致，以攻守同盟結合所轄村社共同捍衛社群領土〔註 104〕。

「蘭嶼嘛是紅頭嶼，全部事實攏無虛，火山爆發紅頭嶼，蘭花茂盛變蘭嶼。」蘭嶼也是紅頭嶼，全部都是事實沒有虛假，火山爆發所以是紅頭嶼，開滿茂盛的蘭花所以變蘭嶼。蘭嶼原稱紅頭嶼，1947 年二月七日省政府以該島嶼盛產蝴蝶蘭，故將紅頭嶼鄉改為蘭嶼。蘭嶼的地名，在史籍中最早的記載是南宋的《諸蕃誌》，當時稱蘭嶼為「談馬顏」；1618 年《東西洋考》，名之為「紅豆嶼」；1722 年《台海使槎錄》中的〈赤崁筆談〉與〈番俗六考〉中始有「紅頭嶼」之名。關於紅頭嶼的由來，有幾種說法：有一說是因島形像紅頭船浮在水上；另一說是島上山頭夕陽照射時，遠眺蘭嶼呈現紅色故稱之；還有一說則是因晴天時，能從台東遙望染有赫赫紅色之島頂；或稱該島上之山腹有多處赭土層暴露故得稱。雅美人自稱為「Pongso no Tao」，意思是「人之島」，而台東卑南族與阿美族則稱之為罣丸（buotoru 或 voto），意指「島的北部有紅頭山，南部有大森山聳立，中央明顯低下，望之就好像是兩粒並列的牛罣丸」〔註 105〕。

〔註 104〕詳見劉寧顏總纂，洪敏麟編纂：《重修台灣省通志》卷三〈住民志：地名沿革篇〉，頁 447。蔡宜靜：《荷據時期（1624~1662）大龜文王國形成與發展之研究》（嘉義：南華大學建築與景觀學系環境藝術碩士班碩士論文，2009 年 6月），頁 5、13、41、92。

〔註 105〕詳見劉寧顏總纂，洪敏麟編纂：《重修台灣省通志》卷三〈住民志：地名沿革篇〉，頁 447。施添福總編纂，夏黎明等撰述：《台灣地名辭書》，卷三，台東縣，頁 295～296。

「綠島原是火燒島，暗時燒柴做火路，然後該島總綠化，所以名稱改綠島。」綠島原本是火燒島，晚上燒柴指引道路方向，然後這個島全部都綠化，所以名字改叫做綠島。綠島原名「火燒嶼」、「火燒島」、「雞心嶼」或「青仔嶼」，有關「火燒嶼」一名的由來，有人認為是起源於島中之火燒山，因火燒山是島民放小舟出海打漁者，在山頂燒火以做為標識，而慣稱「火燒山」，該島則稱為「火燒嶼」。但實際上早期火燒島民出海捕魚，大多在島的周圍，實在不需要在山頂燒火以做為標識，倒是島上居民自古以來時常燒山墾地，故從台東望過去，就像火燒島一般。此外，關於「火燒島」一名的由來，還有其他說法：其一綠島鄉以前常發現島中山峰有赤紅色火焰，所以叫做火燒島，在《綠島鄉志》中亦有記載，在早期常見一團火球在阿眉山與觀音洞之間滾動，因而得名。其二島上岩石是由火山岩漿凝固而成，外表呈現焦褐色，上覆有紅土，看起來就像被火燒過，尤其每次遇到颱風過境，島上的樹木一片枯乾，遠遠望過去更像是被大火燒過一樣，故名。其三據傳在明末清初時，發生了一場大火幾乎燒光了半的島嶼因而得名。其四相傳在百餘年前，島民漁船在薄暮歸航時，遠望這座被夕陽染紅的島嶼，猶如被熊熊火焰圍繞，好像一幅野火燒島的景象，火燒島的名字就不脛而走。至於「雞心嶼」一名的由來則是因為島嶼的形狀很像雞心，所以叫「雞心嶼」。另外「青仔嶼」的由來，文獻上指出是形容早期漢移民初至島上時，島上原始森林密布，青翠翁鬱的樣子，所以叫「青仔嶼」，但根據當地居民指出，日治時代還可看到島上到處都是檳榔樹林，檳榔樹的閩南語發音是「青仔」，「青仔嶼」也可能是跟島上的檳榔樹有關。至於更名為「綠島」的原因，據載是戰後初期的台東縣長黃氏鴻鑒於島上山林樹木已被濫砍殆盡，影響民生甚鉅，故為了配合致力島上的綠化工作，於 1949 年八月一日呈准台灣省政府，將「火燒島鄉」改名為「綠島鄉」，旨在提倡造林保林，綠化該島，綠島一名遂沿用至今〔註106〕。

「大武紀念大武山，專住廣野的山間，巴望衛名皆銷掉，庄名大武真簡單。」大武是紀念大武山，全住在廣大的山間野外，把巴望衛這個名字全部消除掉，庄名叫做大武很簡單。大武原稱巴塱衛，過去是排灣族「巴塱衛社」所在地，「巴塱衛」來自排灣族地名「Palangoe」，根據當地排灣族人指出，

〔註106〕詳見施添福總編纂，夏黎明等撰述：《台灣地名辭書》，卷三，台東縣，頁275～276。劉寧顏總纂，洪敏麟編纂：《重修台灣省通志》卷三〈住民志：地名沿革篇〉，頁446。

Palangoe 排灣語字根為 pangwu，拿棒子打的意思。意味者因當地為沼澤地，要在當地生活必須為生活打拼的意思。另一說則是早年排灣族自中央山脈東移至巴塱衛溪口（今大武溪）附近時，為避開無法利用之沼澤濕地，需用棒子打地以鑑別之，因稱此地為「巴塱衛」。1897 年，設置「巴塱衛區役場」，隸屬台東廳「卑南撫墾局」；1901 年，日本人在台東廳下設「巴塱衛出張所」，管轄範圍包括大竹高溪以南，安朔溪以北之區域，後又改設「巴塱衛支廳」，轄區包含今大武、太麻里兩鄉；1909 年日本人將本區分為太麻里區與巴塱衛區；1920 年，本區改名為「大武庄役場」；1937 年，日政府為推行皇民化政策，更改建制設台東、關山、新港 3 郡，大武鄉屬台東郡下之大武庄，包括現今之大武及達仁兩鄉。大武鄉在日據時代名為大武庄役場，所轄除了現今的大武鄉之外，還涵蓋了達仁鄉、金峰鄉以及太麻里鄉，直至 1945 年台灣光復後才分治改為大武鄉。光復後，政府將原大武庄山區部份劃出為達仁鄉，平地部份為大武鄉，鄉治初設大武村，後為配合漁港之開發而遷至尚武村〔註 107〕。

「成功原名麻荖漏，原本就有小港口，東寧王國管來到，即改成功做庄頭。」成功原本名字是麻荖漏，原本就有一個小的港口，東寧王國管理到這個地方來，於是改村庄名為成功。成功原名「麻荖漏」，後來改為「新港」，在二次大戰後更名為「成功」，而成功鎮的新港漁港是東部地區最大的漁港，「麻荖漏」是阿美族語，其由來有三種說法：一是形容「草木枯萎」的樣子，成功沿岸一帶高台地，原來為都歷社阿美族的旱田，約 1850 年左右曾被海嘯洗過，導致草木皆枯死，此種情形叫作「raurau」。後來從花蓮港廳的叮仔荖社（即丁仔漏社）阿美族分社而來，建社時，據此為社名，稱「mararau」社，音譯為「麻荖漏」。二是說阿美族稱「烤乾之地」為「midawdaw」，由花蓮境內移來的阿美族見此地草木枯萎，似被火烤乾，故稱此地為「madawdaw」，並作社名。三是說麻荖漏社阿美族祖先因不堪卑南社壓迫，於 1760 年左右移來，由於當時家屋很小，屋頂和四周全用茅草搭蓋，有個叫做 souma 的人因在狹隘的屋中燒火，使周圍的茅草自然生熱，導致家屋燒失，景象就如將紙張展開烘乾一樣。阿美族語形容「東西在火上展開烘乾」

〔註 107〕詳見施添福總編纂，夏黎明等撰述：《台灣地名辭書》，卷三，台東縣，頁 359 ～362。大武鄉公所，網址：https://www.dwuu.gov.tw/Default.aspx，瀏覽日期：2018 年 11 月 19 日。

為「miraurao」，並據此作為社名。1920 年日本政府將麻荖漏改名為新港，1929 年興築漁港並於 1932 年竣工，成為名符其實的新港。戰後因全台有三處「新港」，省政府責令更名，台東縣鄉賢鄭品聰先生鑒於新港發展源於北郊的成廣澳，古時綠島漁民到這裡都是在成廣澳港口進出，而「成功」與「成廣」之音相近，義亦相似，另觀新港之形勢頗似安平港，為紀念民族英雄鄭成功自安平登陸，驅逐荷蘭人，建立富國基地，遂命名「成功」，而沿用至今〔註108〕。

第六節　花蓮縣

在花蓮縣的部分，陳再得用了五十六句，十四個小段落來書寫，在此分成兩個部分做討論，和前面幾個縣市相同，陳再得介紹了新舊地名的由來、地理環境、交通建設、經濟活動等相關資料在他的創作裡。

一、花蓮市等六個鄉市

首先是花蓮市、新城鄉、吉安鄉、壽豐鄉、豐濱鄉和玉里鄉等六個鄉與市：

> 花蓮本是花蓮港　最初攏無外地人　荒野社會真黑暗　後山指咱甲台東
> 清朝欽差沈葆楨　觀查後山的地形　蓮花浮在美崙頂　爭取築港名隨成
> 新城族郡個性硬　抵抗日本十八年　伊用槍子咱用箭　最後營寨被踏平
> 吉安吉野民抹貧　收成豐富心得安　地頭永遠有夠讚　然後吉野改吉安
> 壽豐原名鯉魚尾　經濟起步像塊飛　壽村豐田結做伙　壽豐變成一條街
> 豐濱貓公萬年青　意義在此帶萬年　東面拉魚靠海邊　庄名豐濱大賺錢
> 秀姑巒溪璞石閣　此款奇景世間無　即將玉里做庄號　名副其實差不多
> （〈台灣地名探源——花蓮縣〉，頁221）

「花蓮本是花蓮港，最初攏無外地人，荒野社會真黑暗，後山指咱甲台東。清朝欽差沈葆楨，觀查後山的地形，蓮花浮在美崙頂，爭取築港名隨成。」花蓮原本是花蓮港，最一開始都沒有外地來的人，這裡都是荒野，社會很黑暗，若說到後山就是在指花蓮跟台東。清朝的欽差沈葆楨，觀察後山的地形，

〔註108〕詳見施添福總編纂，夏黎明等撰述：《台灣地名辭書》，卷三，台東縣，頁49～50。台灣省文獻委員會採集組主編：《台東縣鄉土史料》，頁168。

看到蓮花浮在美崙頂，爭取建築港，名字也自然生成。花蓮位於台灣中央山脈之東，山嶺重疊，交通阻塞，過去是荒蕪之地，原住民族居住的地方，在清初曾立石劃界，禁止漢人踰越。1874 年牡丹社事件之後，因日軍侵台，清廷深覺後山番地治理的重要，為了杜絕外國勢力對後山的覬覦，始依船政大臣沈葆楨之議，開山築路以通東部，設官置守以撫原住民，後山的開發漸趨積極。1875 年十二月設置卑南廳，所轄範圍大致為當時的後山，即北至蘇澳，南至八瑤灣，是清代在後山正式設治之嚆矢。花蓮原稱「回瀾港」，據傳因花蓮溪注入太平洋處，海濤激盪，回瀾澎湃，所以稱「回瀾港」，清同治、光緒之間，船政大臣沈葆楨的奏疏中，記為花蓮港，日治時期沿用之，光復後刪除「港」字，改稱花蓮〔註109〕。

　　「新城族郡個性硬，抵抗日本十八年，伊用槍子咱用箭，最後營寨被踏平。」新城族郡個性很硬，抵抗日本有十八年之久，他們用槍跟子彈我們用弓箭，最後營寨被踏為平地。過去太魯閣族稱新城一帶為「大魯宛」，漢人譯作「哆囉滿」（或多囉滿），清嘉慶年間，淡水廳吳全率領招募佃農從蘇澳航海到新城拓荒，太魯閣社民常常出草獵首，於是築壘防禦，所以取名「新城」。另有一說在 1875 年北路統領羅大春開路至大南澳，遇到原住民抗拒，乃別闢一路，旁通新城，路成後移民在此建立新聚落，故得稱，但事實上在羅大春進入後山之前，即有「新城」一名。1896 年因一名日本士兵與太魯閣婦女通姦，引發太魯閣族人的強烈憤怒，據說這名婦女是太魯閣地區的總通事李阿隆幼弟的妻子，他的弟弟因為此事而羞憤自殺，李阿隆為了報復，也為了鞏固自己在此地的地位，暗中策劃鼓動 Haruq Nawi 和 Pisaw Pawan 兩位頭目，召集秀林（Bsuring）、古魯（Kulu）、赫赫斯（Huhus）和加灣（Qawgan）等各社的壯丁，趁夜突襲花蓮守備隊新城監視哨，並殲滅所有日軍，總計殺死結城亨少尉及手下共十三名日軍，這就是「新城事件」。日軍聞訊出動花蓮港守備隊全部兩個中隊，並招募南勢群阿美族六百人協助進攻太魯閣地區，太魯閣族人則奮勇抵抗，並在路上鋪設尖竹與鹿砦以禦敵，日軍討伐隊前進困難且又染上疫病，因此又調派更多兵力與武器，但仍無法戰勝有地利之便的

〔註109〕詳見施添福總編纂，潘文富等撰述：《台灣地名辭書》，卷二，花蓮縣（南投：國史館台灣文獻館，2005 年 12 月），頁 5、17。施添福總編纂，夏黎明等撰述：《台灣地名辭書》，卷三，台東縣，頁 2。劉寧顏總纂，洪敏麟編纂：《重修台灣省通志》卷三〈住民志：地名沿革篇〉，頁 448～449、457。

太魯閣族人。日軍因不熟悉深山峽谷的作戰方式，屢戰屢敗，於是改採懷柔政策，以厚利利誘李阿隆，勸說太魯閣族人與日本官方和解，新城事件就此落幕。但以此役爲起點，日人陸續進駐花東地區，開採林礦樟腦，開啓了之後十八年間雙方長期的抗戰，並埋下了日後太魯閣戰役的種子。1914 年，日本台灣總督佐久間左馬太親身率領日軍帶著大砲與槍枝討伐太魯閣，掠奪搜刮各社的糧食並殺害無數山胞，且放火燒毀多數的部落，直到 8 月，內太魯閣族的八個部落歸順日本，太魯閣討伐戰役結束，日本人在此設置「新城支廳」〔註 110〕。

　　「吉安吉野民抹貧，收成豐富心得安，地頭永遠有夠讚，然後吉野改吉安。」吉安跟吉野的人民不貧窮，收成豐富心就安，這塊土地永遠都很讚，然後吉野就改名爲吉安。吉安鄉過去叫做「知卡宣」，因爲阿美族在此地發現有很多薪柴，漢人譯爲「竹腳宣」或「竹腳川」，後來譯爲「七腳川」。1910 年，日本當局進行官營移民，此地成爲日本在台灣的第一個官營移民村。1911 年，因移民中以來自日本四國德島縣的人數最多，約有五十二戶二百七十五人，故以德島縣境內的「吉野川」之名，正式命名移民村爲「吉野村」。1948 年，因吉野的日本味太過濃厚，因此將吉野鄉改名爲「吉安鄉」。吉安鄉是花蓮縣最具發展力的鄉鎮，人口僅次於花蓮市，爲全縣第二，但其面積卻是花蓮市的兩倍有餘。境內多爲廣闊的沖積平原，地質肥沃、水源充沛，加上受太平洋氣流之調節，氣候溫和，地理環境條件優厚〔註 111〕。

　　「壽豐原名鯉魚尾，經濟起步像塊飛，壽村豐田結做伙，壽豐變成一條街。」壽豐原本名字是鯉魚尾，經濟起步就像在飛一樣，壽村跟豐田合在一起，變成壽豐一條街。壽豐舊稱「里鬧」，是太魯閣族語，意思是叢林。後來這裡爲阿美族南勢群的狩獵地區。後因地形之形狀而將荖溪西南、鯉魚山南

〔註 110〕詳見台灣省文獻委員會採集組編校：《花蓮縣鄉土史料》（南投：台灣省文獻委員會，1999 年 4 月），頁 25、57。徐如林、楊南郡著：《合歡越嶺道：太魯閣戰爭與天險之路》（台北：行政院農業委員會林務局，2016 年 6 月），頁 62～175。劉寧顏總纂，洪敏麟編纂：《重修台灣省通志》卷三〈住民志：地名沿革篇〉，頁 458。施添福總編纂，潘文富等撰述：《台灣地名辭書》，卷二，花蓮縣，頁 136～137。

〔註 111〕詳見台灣省文獻委員會採集組編校：《花蓮縣鄉土史料》，頁 25～26。劉寧顏總纂，洪敏麟編纂：《重修台灣省通志》卷三〈住民志：地名沿革篇〉，頁 458。施添福總編纂，潘文富等撰述：《台灣地名辭書》，卷二，花蓮縣，頁 156～158。

麓命名為「鯉魚尾」，阿美族語稱「Rinaham」，漢人稱「鯉魚尾」。有關「壽豐」一名的由來，乃取自光復前的壽村的「壽」字（或稱是來自壽山的壽字），與境內創建於 1912 年之另一日本移民村「豐田村」的「豐」字，合併為「壽豐」。在經濟方面，壽豐鄉是花蓮縣農、漁業相結合之典型地方農村，近年來逐漸以「精緻農業」為發展目標。有部分農民改種植花卉，目前已有約十數公頃的花卉培育區，所生產的玫瑰花十分有名，使得壽豐鄉有花蓮縣的「花園」之稱。在漁業發展方面，以「黃金蜆」最有名，是全台灣最大的蛤蜆專業生產區，相關產品如「蜆精」暢銷全台各地，為「一鄉一特產」之代表性產品，此外鹽寮與水璉沿海盛產龍蝦與九孔（台灣鮑魚）。在台灣光復初期畜牧業亦十分發達，以飼養豬隻及牛群為主，最高曾達一萬多頭，是花蓮縣畜牧業及肉品的主要產地。此外，由於西沿中央山脈，東跨海岸山脈，山林資源豐厚，日治時期即以生產木材及樟腦為主，是壽豐鄉主要的經濟產物之一，亦有生產蔗糖與樹薯粉。在光復初期，海岸山脈曾種植大量的香茅草與樹木，鄉民以製造生產「香茅油」與「木炭」為業，此二行業一度曾十分發達，產品供應全台，目前因農村經濟結構改變且國民生活水準提高，故已無此相關產業活動。在礦產方面，原豐田村所產豐田玉及滑石、石綿，在日治時期即享有盛名，後因價格低落與生產成本過高，故不再開採。在觀光產業部分，因大學城、大型渡假型飯店以及休閒設施紛紛設立在此，使得壽豐鄉的觀光產業凌駕於各鄉鎮之上，例如鹽寮村海洋公園及遠來飯店、志學村的東華大學、共和村的理想大地渡假村、豐坪村的怡園渡假村、池南村的森林遊樂區、鹽寮至水璉的東部海岸國家風景區等〔註112〕。

「豐濱貓公萬年青，意義在此帶萬年，東面拉魚靠海邊，庄名豐濱大賺錢。」豐濱的貓公萬年青，意義就是在這裡有萬年，東邊捕魚靠海旁邊，村名叫做豐濱賺了大錢。豐濱鄉在清代舊稱貓公，源自阿美族語「Bakon」（或作 Fakong），漢譯音為「貓公」，在清朝嘉慶年間，阿美族分布散居於此，見此地有許多野生的貓公草（萬年草），遂名其地為「貓公」，1937 年日本人改為豐濱，沿用至今。豐濱鄉位於海岸山脈東側，太平洋沿鄉境南北逶迤，除

〔註112〕詳見中華綜合發展研究院應用史學研究所總編纂：《壽豐鄉志》（花蓮：壽豐鄉公所，2002 年 1 月），頁 332。台灣省文獻委員會採集組編校：《花蓮縣鄉土史料》，頁 26。劉寧顏總纂，洪敏麟編纂：《重修台灣省通志》卷三〈住民志：地名沿革篇〉，頁 458。施添福總編纂，潘文富等撰述：《台灣地名辭書》，卷二，花蓮縣，頁 183～184、188。

少數海岸有沙灘，大部分區域均爲陡峭的岩岸地形，海岸線綿延長達數十公里，漁業的從業人口約占總人口的 20%，但近年間因魚源銳減，勞力缺乏等因素而急速降低〔註113〕。

「秀姑巒溪璞石閣，此款奇景世間無，即將玉里做庄號，名副其實差不多。」秀姑巒溪的璞石閣，這種奇景世間沒有，後來把村名改爲玉里，是名副其實，差不多的意思。玉里舊名「璞石閣」，有關璞石閣地名的由來，有飛塵、蕨草與白玉石幾種說法：在飛塵的部分，一是說來自阿美族語「Posko」，意思是「灰塵」，另有一說是來自布農族語「Bosiko」，意思是「風塵之港」。因爲秀姑巒溪流經此地，在冬天時經常天旱不雨而導致溪水乾涸、沙土飛揚；或言是布農族語形容塵沙滾滾之地，傳說住在中央山脈的布農族人，因打獵來到東部山頭，看見秀姑巒溪河床揚起陣陣飛塵，下山探究，發現是水鹿、山羊等成群的野生動物，在沙洲草原追逐奔馳，因爲寬廣河床水草茂盛，吸引各種動物棲居群聚覓食，成爲布農族人的最佳獵場。在原住民語的部分，另外亦有寫作「Potsuko」、「Posiko」或「Pociko」。在蕨草的部分，「璞石閣」是阿美族語「paheko」（或作「papako」，音譯派派可、派可或拔閣）的譯音，因爲河床平原長滿蕨類植物，阿美族語「paheko」（或作 Fahok）就是蕨草的意思。在白玉石的方面，是 1875 年駐台總兵率官兵由南投攀山越嶺，來到這裡屯兵，見秀姑巒溪滿布純白的玉石，將白玉石比喻爲「璞石」，在屯兵興築城堡取名爲「璞石閣」。另有一說秀姑巒溪中有大石，白皙如玉，砥柱中流，地方人士曾在溪邊築樓閣以眺望攬勝，樓閣名曰「璞石閣」。秀姑巒溪河床的白玉石其實是石灰石，可作爲石雕或石板的建材。除此三說之外，另有一說「璞石閣」是來自阿美族語「Papake」之譯音。1917 年，東線鐵路通車到此，璞石閣支廳改稱玉里支廳，有關玉里一名的由來，據說是因爲日本人見秀姑巒溪中大岩石白石玉多，所以改名爲玉里。另有一說則是認爲「玉里」是引自日本語的語意，「璞石」即是玉，故稱爲玉里〔註114〕。

〔註113〕詳見台灣省文獻委員會採集組編校：《花蓮縣鄉土史料》，頁 27。劉寧顏總纂，洪敏麟編纂：《重修台灣省通志》卷三〈住民志：地名沿革篇〉，頁 458。施添福總編纂，潘文富等撰述：《台灣地名辭書》，卷二，花蓮縣，頁 229、232。

〔註114〕詳見葉振輝總編纂：《玉里鎮志》（花蓮：玉里鎮公所，2010 年 12 月），頁 9～10。台灣省文獻委員會採集組編校：《花蓮縣鄉土史料》，頁 26。劉寧顏總纂，洪敏麟編纂：《重修台灣省通志》卷三〈住民志：地名沿革篇〉，頁 458。施添福總編纂，潘文富等撰述：《台灣地名辭書》，卷二，花蓮縣，頁 83～84。

二、富里鄉等七個鄉

第二部分是富里鄉、秀林鄉、萬榮鄉、卓溪鄉、瑞穗鄉、鳳林鄉和光復鄉等七個鄉：

富里意義庄有錢 開墾土地免相爭 公埔建屋眞福氣 後來公埔改富里
秀林舊名武士林 並無一定的名稱 林木青翠水又秀 秀林文雅永久留
萬榮本是長橋里 吊橋出名做一時 庄名本來用萬里 北縣重複即讓伊
卓溪乾溪原無水 在此附近的範圍 鄉名要用叨一位 竟用卓溪名實歸
瑞穗水尾水下流 恐驚有做無通收 村庄長者塊研究 瑞穗文雅名永留
鳳凰展翅美似錦 林木高大山又深 庄名吉祥能置蔭 名副其實號鳳林
馬太鞍社阿美族 地沃人健眞快樂 在此可比是天國 光華復旦名光復

（〈台灣地名探源——花蓮縣〉，頁 221～222）

「富里意義庄有錢，開墾土地免相爭，公埔建屋眞福氣，後來公埔改富里。」富里的意思是村莊很有錢，開墾土地不用相爭，公有埔地建房子眞是有福氣，後來公埔改名爲富里。富里鄉舊名公埔，有關「公埔」一名的由來有以下幾種：一是說過去這裡是公家團體或平埔族的公共牧場，用來放飼牛羊，以及放置柴草等，即非私有之埔地。二是說地名源起於 1875 年解除番境各例禁，設立卑南撫墾局石所頒布的拓墾章程中，規定每人先分田一甲耕種，另給附近原野（埔地）一甲，令其續耕。凡未著手墾殖之預備地，即稱「公埔」。所以當時將一帶土地分別稱之爲番地、公埔與民田三種。因在公埔築屋成莊，遂名「公埔」。三是說因當時社會情況不穩，山區的原住民仍然時常攻擊漢人移民，所以墾民大多集中在瑞穗鄉到關山鎮之間的區域開墾無主的原野地，由於當時富里村一帶的原野最爲廣闊，日久「公埔」遂成爲富里一帶的專稱。四是說這裡最早是阿美族人的獵場，後來平埔族人遷入與阿美族爭奪，最後雙方協議以公埔作爲分界，北方原野屬於阿美族，而南方屬平埔族的獵區，此地則爲兩族共有的獵場，故稱爲「公埔」。五是說清廷在 1875 年兵分三路入後山撫墾，大略劃分爲南路卑南、中路秀姑巒以及北路奇萊三區，由原開路防營就地屯駐治理，中、南兩路約定以今富里村爲界劃地分野，雙方不得擅自侵越，但每三年會師於此聚飲聯誼，同時在附近荒埔原野以燎獵的方式來操兵練馬，當時的二路防營便稱此地爲「公埔」。1937 年日本人以此地土地肥沃，改稱富里，台灣光復後沿習而成爲鄉名。有關「富里」一名的由來也有兩種說法：第一是說因爲這裡土地肥沃，盛產農作物，並以水稻爲主要農

產，故於 1937 年改稱為富里，取「富裕鄉里吉祥」之意。另一說則是在 1937 年地方改制時，日本人引用他們本土的一個古國名稱，將公埔改為富里，在今日本千葉縣內也有一個名為富里市的地名〔註 115〕。

「秀林舊名武士林，並無一定的名稱，林木青翠水又秀，秀林文雅永久留。」秀林舊的名字是武士林，並沒有一定的名稱，森林樹木青翠水又秀麗，秀林文雅永久的留下來。秀林取自太魯閣族社名「Busurin」（Bsuring）之譯音，社名原意是菅茅經砍伐燒毀後，再長出幼芽之處。因秀林鄉盛產大芒花草，早期太魯閣族人到此狩獵時，獵物經常躲到大芒草中而不易獲得，因此用火把此處的大芒花草全部燒掉，月餘後，芒花草又從根部重新長出許多嫩葉，且是許多動物的最愛，使獵人得以守株待兔，滿載而歸，是早期太魯閣族人的好獵場之一。在台灣光復時曾名為士林鄉，因與台北市的士林區（當時是士林鎮）同名，於 1946 年改為秀林，有山明水秀、林木蒼鬱與金玉寶石之寓意〔註 116〕。

「萬榮本是長橋里，吊橋出名做一時，庄名本來用萬里，北縣重複即讓伊。」萬榮本來是長橋里，吊橋出名一陣子，村莊名本來是用萬里，因為跟台北縣重複了所以讓給台北縣。萬榮鄉舊稱「馬里勿」，範圍涵蓋今鳳林鎮的長橋里。早期的萬榮地區是原住民阿美族的獵區以及活動範圍，他們曾居住在北面的山麓，該地區因多為上坡或緩坡地，阿美族語稱之「Mariu」，上（緩）坡地的意思。日本人將「馬里勿」譯音為「Maribasi」，漢字譯為「萬里」。1917 年興建東部鐵路時，在此處築有一道鐵橋，一般稱作「萬里橋」，戰後因台北縣已有萬里鄉，故萬里橋改為「長橋」，但大家仍習慣稱「萬里橋」（此橋在行政區域重新劃分時，被劃分為鳳林鎮的轄區）。又因山坡地上長滿野草蒺藜且森林茂密，故稱之為「森板」，日語為「Morisaka」。光復初期仍稱為「森板」，

〔註 115〕詳見台灣省文獻委員會採集組編校：《花蓮縣鄉土史料》，頁 26～27。劉寧顏總纂，洪敏麟編纂：《重修台灣省通志》卷三〈住民志：地名沿革篇〉，頁 459。施添福總編纂，潘文富等撰述：《台灣地名辭書》，卷二，花蓮縣，頁 287～289。Google 地圖，網址：https://www.google.com.tw/maps/place/%E6%97%A5%E6%9C%AC%E5%8D%83%E8%91%89/@35.5003211,139.7498409,9z/data=!3m1!4b1!4m5!3m4!1s0x60229b5fd61b9511:0x1cb677dbffe07bbe!8m2!3d35.6050574!4d140.1233063，瀏覽日期：2018 年 11 月 21 日。

〔註 116〕詳見劉寧顏總纂，洪敏麟編纂：《重修台灣省通志》卷三〈住民志：地名沿革篇〉，頁 459。施添福總編纂，潘文富等撰述：《台灣地名辭書》，卷二，花蓮縣，頁 340～341。台灣原住民族資訊資源網，網址：http://www.tipp.org.tw/index.asp，瀏覽日期：2018 年 11 月 21 日。

1946 年六月重劃鳳林鎮、光復鄉及瑞穗鄉等西部山區劃歸爲一鄉，因此地地形南北狹長，故取名爲「萬里鄉」，但因與台北縣萬里鄉同名，於 1958 年改名爲「萬榮鄉」至今。「萬榮」的由來據說是因此地位於萬里溪南岸，故取「萬」字，再加上代表吉祥的「榮」字而成，另有一說是「萬象更新，欣欣向榮」之寓意〔註117〕。

「卓溪乾溪原無水，在此附近的範圍，鄉名要用叼一位，竟用卓溪名實歸。」卓溪的乾溪原本沒有水，在這附近的範圍內，鄉名要用哪一個？竟然用卓溪實至名歸。卓溪鄉位於花蓮縣的最南區，是花蓮縣內三個原住民鄉中最大的山地鄉，居民全屬原住民布農族。日治時期屬玉里支廳理蕃課，由山區遷入各村設部落爲社，定頭目，置警察派出所管理一切。1945 年台灣光復後，清水溪以南併入富里鄉，以北併入玉里鎮；1946 年五月，實施地方自治，重劃玉里、富里之西部山地行政區域，成立山地鄉，名爲太平鄉，因與當時宜蘭縣的太平鄉（今已改爲大同鄉）同名，乃於次年 1 月以鄉公所所在地卓溪村爲名，改爲「卓溪鄉」。卓溪原稱「Panitaz」（Banita），是布農族語「高大的樹木」的意思，因布農族的前輩遷入此地時，見滿山都是又粗又高的大樹，族人就以此種大樹爲地名，但樹木在台灣光復初期被政府砍光。台灣光復後，改名爲「卓溪」。「卓溪」一名的由來有兩種說法：一是說由布農族中布農族群卓社、卡社群之「Take Vatng・Take Banuao」的「Take」音譯而來，「卓溪」的閩南語「Tok⁴kʰᵉ」與「Take」相近。另一說是因爲卓溪鄉內除了豐坪溪與清水溪之外，其餘的溪流平時沒下雨，甚至溪谷終年無水而成乾溪，又因開發過度，遇到大雨或颱風就會造成嚴重的土石流和水災，而變成濁溪。取名爲濁溪或乾溪都覺得不妥，遂取諧音而名爲「卓溪」〔註118〕。

「瑞穗水尾水下流，恐驚有做無通收，村庄長者塊研究，瑞穗文雅名永留。」瑞穗在水的尾端水往下流，很怕有做卻沒有得收，村莊裡的長者一起

〔註117〕詳見台灣省文獻委員會採集組編校：《花蓮縣鄉土史料》，頁 27。劉寧顏總纂，洪敏麟編纂：《重修台灣省通志》卷三〈住民志：地名沿革篇〉，頁 459。施添福總編纂，潘文富等撰述：《台灣地名辭書》，卷二，花蓮縣，頁 78～79、367～368、374。

〔註118〕詳見海樹兒・犮刺拉菲總編纂：《卓溪鄉志》（花蓮：卓溪鄉公所，2015 年 10 月），頁 12。劉寧顏總纂，洪敏麟編纂：《重修台灣省通志》卷三〈住民志：地名沿革篇〉，頁 459。施添福總編纂，潘文富等撰述：《台灣地名辭書》，卷二，花蓮縣，頁 379、381、386～387。花蓮縣卓溪鄉公所，網址：https://www.zhuo-xi.gov.tw/home.php，瀏覽日期：2018 年 11 月 21 日。

研究，瑞穗這個名字文雅永久的留存。瑞穗舊名水尾，因爲秀姑巒溪、清水溪、塔比拉溪、馬蘭鉤溪、紅葉溪等大小河流，都流經此地並匯合而得名，阿美族稱「可可 Kuko」，意思是平原遼闊。在日治時期改名爲「瑞穗」，因瑞穗的稻米結穗纍纍，遂以日本古代歷史神話中，「豐葦原之瑞穗國」中的「瑞穗」爲名改稱，後沿用至今。另有一說則是說因「水尾」的日語讀音「みずお」（mizuo）與日語的「瑞穗」讀音「みずほ」（mizuho）相近，故取名「瑞穗」，象徵瑞氣盈滿，五穀豐收〔註119〕。

「鳳凰展翅美似錦，林木高大山又深，庄名吉祥能置蔭，名副其實號鳳林。」鳳凰展翅美麗似錦，森林樹木高大山林又深遠，村莊名很吉祥能置蔭，所以名符其實的叫做鳳林。鳳林過去因森林茂密，木蘭繞樹滋長，形狀很像鳳凰鳥展翅，後來的漢人到此地開墾，遂以鳳林爲地名。另有一說稱鳳林在清代屬台東直隸州奉鄉轄域，因這一帶樹林茂密生長，取「鳳」與「奉」同音，稱鳳林〔註120〕。

「馬太鞍社阿美族，地沃人健眞快樂，在此可比是天國，光華復旦名光復。」馬太鞍社的阿美族，這裡土地肥沃人民健康生活快樂，在這裡就像是在天堂，名爲光復是取自光華復旦。光復鄉舊稱「馬太鞍」，傳說阿美族的祖先從「太可模」（Takomo）移居到此地，看見這一帶樹豆很多，所結的果實吃起來美味可口，樹豆在阿美族語爲「Bataan」，於是就以樹名做爲地名，稱作「馬太鞍」。1937 年日本人大改花蓮各地地名時，把馬太鞍改稱爲「上大和」。1947 年，爲紀念台灣光復，便命名爲「光復鄉」。另一說則是有鑑於「大和」爲日本上古國名且又是其民族名，所以改稱爲「光復」〔註121〕。

〔註119〕 詳見台灣省文獻委員會採集組編校：《花蓮縣鄉土史料》，頁 26。劉寧顏總纂，洪敏麟編纂：《重修台灣省通志》卷三〈住民志：地名沿革篇〉，頁 459。施添福總編纂，潘文富等撰述：《台灣地名辭書》，卷二，花蓮縣，頁 253。花蓮縣全球資訊服務網，網址：https://www.hl.gov.tw/bin/home.php，瀏覽日期：2018 年 11 月 21 日。

〔註120〕 詳見台灣省文獻委員會採集組編校：《花蓮縣鄉土史料》，頁 26。劉寧顏總纂，洪敏麟編纂：《重修台灣省通志》卷三〈住民志：地名沿革篇〉，頁 457。

〔註121〕 詳見台灣省文獻委員會採集組編校：《花蓮縣鄉土史料》，頁 26。劉寧顏總纂，洪敏麟編纂：《重修台灣省通志》卷三〈住民志：地名沿革篇〉，頁 458。施添福總編纂，潘文富等撰述：《台灣地名辭書》，卷二，花蓮縣，頁 208～210。

第三章 中部地區

在中部地區包括了苗栗縣、台中縣、台中市、彰化縣、雲林縣與南投縣等六個縣市，但陳再得在〈台灣地名探源〉中，並未述及台中市，不知何故，故以下僅針對苗栗縣、台中縣、彰化縣、雲林縣及南投縣等五個縣做討論。討論的順序將依照陳再得在〈台灣地名探源〉中的書寫順序，而每一小節又視其篇幅的大小，做二到三個部分討論。

第一節 苗栗縣

在苗栗縣的部分，陳再得用了八十四句來書寫苗栗縣的十八個鄉鎮市，與第二章的切割方式相同，依照歌仔四句為一個小段落的書寫特性，且為保留原作的書寫順序，僅以篇幅大小來做切割分段，不額外以其他方式做分段。四句一個小段落，整個苗栗縣共有二十一個小段落，所以分成三個部份來做討論。

一、苗栗市等五個鄉鎮市

第一個部份，首先提到了苗栗市、泰安鄉、南庄鄉、西湖鄉與通霄鄉等五個鄉鎮市，說明了這五個鄉鎮市的舊地名及與這些地方有相關的地理特徵或沿革發展：

> 苗栗古早貓貍社　專是熟番塊賺食　後來客人入來豎　熟番走甲無腳跡
> 苗栗客人為尚多　單單南北一條街　縣轄面積算真小　西屏一條南勢溪

泰安早年叫大安　高山交通足困難　表面政府有塊辦　卜管徹底無時間
南庄原為交換所　熟番客家分兩路　古早生活足干苦　即向南方耕草埔
大家向南來開荒　溪底有水半田園　移民有人攏無返　鬧熱組成名南庄
唐山來台開基祖　一湖開墾到四湖　庄名重複無法度　四湖終尾改西湖
通宵吞宵攏是宵　第一好地尚重要　先民地理看能曉　靠山面海免驚吆

（〈台灣地名探源──苗栗縣〉，頁 201）

「苗栗古早貓貍社，專是熟番塊賺食，後來客人入來豎，熟番走甲無腳跡。」苗栗以前叫做貓貍社，這裡居住的都是平埔族人，後來客家人來這裡開墾，平埔族人們便一個都不剩的全部離開了這裡。苗栗舊稱貓裡（或貓貍、貓裏），是「Pali」之譯音，原為平埔族道卡斯族貓裡社〔註 1〕的居住地，據說貓裡是族語中平原的意思，1889 年設縣時改稱為苗栗。十八世紀，陸續有鎮平、梅縣、饒平、五華、陸豐人等人來此拓墾，移民多數為來自廣東省嘉應州轄下鎮平、梅縣、長樂等縣之客籍人。因漢人大量入墾，平埔族人原有的社會經濟受到很大的影響，農稼墾務無法與漢人相比，而傳統的游獵粗耕又因荒捕山林開發後，獵場已不復得，因此部分平埔族們便逐漸往接近高山原住民的山區遷移〔註 2〕。

　　「苗栗客人為尚多，單單南北一條街，縣轄面積算真小，西屏一條南勢溪。」苗栗客家人最多，只有南北一條街，在苗栗縣中這裡的土地面積算很小，西邊有一條南勢溪。苗栗的客家人比例在中華民國客家委員會於 105 年度做的「全國客家人口暨語言調查研究報告」中，可以得知：符合《客家基本法》定義的客家人口比例最高的前五個縣市依序為：新竹縣（73.6％）、苗栗縣（64.3％）、桃園市（40.5％）、新竹市（34.5％）及花蓮縣（32.4％），其中新竹縣及苗栗縣有近三分之二的縣民是客家人，而在苗栗縣當中，客家人比例最高的前五個鄉鎮市則依序為：頭屋鄉（91.11％）、銅鑼鄉（90.46％）、大湖鄉（89.87％）、苗栗市（89.74％）、獅潭鄉（89.04％）。因此客家人數最

〔註 1〕道卡斯族主要分布在鳳山溪以南到大甲溪以北，約今日新竹縣、苗栗縣、台中縣大甲鎮以北的區域。主要分成三大社群：竹塹社群、後壠五社、蓬山八社，貓裡社屬於後壠五社之一。詳見詹素娟、張素玢：《台灣原住民史：平埔族史篇（北）》，頁 209～210。

〔註 2〕詳見洪敏麟：《台灣舊地名之沿革》第二冊（上），頁 240～242。蔡培慧、陳怡慧、陳柏州撰文，金炫辰繪圖：《台灣的舊地名》，頁 94。詹素娟、張素玢：《台灣原住民史：平埔族史篇（北）》，頁 233～237。

多的是新竹縣，其次才是苗栗縣〔註3〕。苗栗縣面積約為 1820.31 平方公里，在苗栗縣各鄉鎮市中，苗栗市的土地面積排第二小，約為 37.89 平方公里，而最小的是竹南鎮的 37.56 平方公里。苗栗市主要河川除了東方有後龍溪之外，西方則有後龍溪支流南勢溪通過〔註4〕。

「泰安早年叫大安，高山交通足困難，表面政府有塊辦，卜管徹底無時間。」泰安早期叫做大安，這裡幾乎都是高山，交通十分不易，表面上看起來政府好像有想要改善，但實際上都說沒時間可以處理。泰安這個地方過去沒有鄉名，於 1945 年台灣光復後為大安鄉，屬新竹縣管轄，1950 年撤廢區署，改隸苗栗縣管轄，又因大安與台中縣大安鄉同名，乃於 1954 年，易以近音字，客家語「大」與「泰」同音（tai），且有國泰民安之意，更名為泰安鄉。泰安鄉地勢由東南向西北降低，以雪山為最高點，海拔達三千八百八十四公尺，鄉界上的雪山、大雪山、大霸尖山等標高均在三千公尺以上，鄉境內兩千公尺的高山遍佈，峻嶺深谷，雄偉壯觀，為雪山山脈、鹿場大山山脈及馬拉邦山脈盤互地區。泰安鄉對外聯絡道路，北五村（八卦、錦水、清安、大興、中興村）為苗 61 線、苗 62 線、苗 62-1 線；南三村（士林、象鼻、梅園村）為中象道路、梅象道路、士象道路及大安道。或經台 3 線、後汶公路至公館交流道而接中山高速公路，或經台 3 線由卓蘭、東勢至豐原交流道。境內因山川阻隔，村與村之交通聯絡極為不便〔註5〕。

「南庄原為交換所，熟番客家分兩路，古早生活足干苦，即向南方耕草埔。大家向南來開荒，溪底有水半田園，移民有人攏無返，鬧熱組成名南庄。」南庄以前是交換所，平埔族人與客家人分兩個地方，以前生活是很辛苦的，所以就往南方耕作、開拓荒埔地。大家一起往南邊來開拓荒土，溪流裡面有水，開拓了大片的田園，來這裡的移民有的就沒有回去了，後來就在這裡組成村莊叫南庄。1805 年左右，有粵人黃祈英來到苗栗斗換坪（今頭份鎮斗煥、新華二里）這個地方，與原住民進行交易，久而久之獲得信賴，賽夏族田尾

〔註3〕 詳見客家委員會全球資訊網，網址：https://www.hakka.gov.tw/，瀏覽日期：2018
年 10 月 18 日。

〔註4〕 詳見洪敏麟：《台灣舊地名之沿革》第二冊（上），頁 240～241。陳正祥：《台
灣地名辭典》，頁 204～205。

〔註5〕 詳見洪敏麟：《台灣舊地名之沿革》第二冊（上），頁 361。泰安鄉公所，網址：
http://www.taian.gov.tw/taian_township/。教育部台灣客家語常用詞辭典，網址：
https://hakka.dict.edu.tw/hakkadict/index.htm，瀏覽日期：2018 年 10 月 18 日。

社〔註6〕原住民遂邀請他入番界〔註7〕田尾（今南庄鄉田美、獅山二村各一部份），後來黃祈英娶賽夏族田尾社頭目的女兒作爲妻子，仿傚原住民的習俗，改名爲斗乃。1815年，黃祈英與朋友們一起開墾三灣荒埔（今苗栗三灣鄉），一路往南開墾，更溯中港溪進入南庄鄉境，南庄鄉境內多山丘，平地狹窄，有中港溪上源之大南河及大東河通過，耕地面積僅占總面積之8%，其中水田佔55%，其餘皆爲旱田〔註8〕，以水稻爲最主要作物。因此地乃位於田尾之南方村莊，故名爲南庄〔註9〕。由筆者所查得的資料可知，陳再得先生說的交換所應位於今苗栗縣頭份鎮的斗換坪，而非南庄。而熟番一般而言皆指平埔族人，但南庄鄉內多數爲高山族賽夏族人，因賽夏族人與平埔族道卡斯族毗鄰而居，故此處應爲誤認。

「唐山來台開基祖，一湖開墾到四湖，庄名重複無法度，四湖終尾改西

〔註6〕賽夏族屬高山族，應爲生番，然此處陳再得先生卻說熟番，應爲誤認，將賽夏族誤認爲平埔族道卡斯族（熟番）。按：南庄鄉原住民人口據2007年10月底的統計有2,284人，其中賽夏族有1,648人，約占72.15%，爲南庄原住民之大宗。賽夏族「SaySiyat」清代漢人稱爲「南庄化番」，最早伊能嘉矩、粟野傳之丞稱之爲「Amutoura」，認爲是平埔族道卡斯族的支族，但根據賽夏族學者趙正貴的說法，「Amutoura」應寫成「Ammamotoila」，在賽夏族語中「Amma」是前綴，表示「將」的意思，「moto」意指客家人，「ila」是尾語「了」的意思，在賽夏族語中常常互相講「變成客家化或漢化了」爲「motoila」，因此「Amutoura」詞義爲「將變成客家人」，指南庄地區將變成客家人的那群人，伊能、粟野把賽夏族人的期望語誤以爲族名。另外，根據南賽夏族人朱仁貴的說法：當時族人和平埔族人毗鄰而居，當外人詢問來自何處？居住在平埔族「道卡斯番社」的族人常以該社名回答，因此賽夏族爲平埔族道卡族的支族之說法應是誤認。詳見陳運棟編纂：《南庄鄉志（上）》（苗栗：苗栗縣南庄鄉公所，2009年11月），頁150。

〔註7〕番界之劃定始於1722年，當時僅於某些入山之重要路口，豎立些許界石。番界之外即屬於生番地，漢人不得進入界外的生番地開墾，但執行成效不彰。1750年及1760年皆曾重新劃定番界，後於1790年在更靠近山地的地方劃定新番界，但由於漢人入侵生番地越來越廣，番界亦一次次的朝生番地的方向劃定，故以1722年和1790年的番界爲準，分爲三區，熟番居中，兩側則爲漢人與生番。詳見王泰升、薛化元、黃世杰：《追尋台灣法律的足跡：事件百選與法律史研究》（台北：五南圖書，2014年11月二版），頁54。

〔註8〕在閩南話中，「田」是指「水田」，「園」是指「旱田」。參見教育部台灣閩南語常用詞辭典，網址：https://twblg.dict.edu.tw/holodict_new/default.jsp，瀏覽日期：2018年10月19日。

〔註9〕詳見洪敏麟：《台灣舊地名之沿革》第二冊（上），頁304～305、329～332。安倍明義：《台灣地名研究》，頁138～139。陳運棟編纂：《南庄鄉志（上）》，頁144～145、153～154。

湖。」從唐山〔註10〕過來台灣的祖先，從一湖開墾到變成四湖，因為庄名已經跟其他地方重複了，沒有辦法之下，所以最後改叫西湖。十八世紀初期，廣東梅縣人古蘭祥的後裔從通霄入墾此地，最主要的墾務則是在十八世紀中末才開始興盛。「湖」的意思是山中盆狀低地，因西湖溪沿岸，從下游而上，有頭湖、二湖、三湖、四湖、五湖一直到九湖，四湖位於今西湖鄉接近中央的位置，故西湖舊稱四湖，但因為四湖與雲林縣四湖鄉鄉名重複，1954年八月改以同音字「西湖」為地名〔註11〕。

　　「通宵吞宵攏是宵，第一好地尚重要，先民地理看能曉，靠山面海免驚吆。」通霄與吞霄都有霄，第一個好地方是最重要的，先民們會看地理，這裡靠山又面海不用怕會挨餓。通霄原作吞霄，主要有兩種說法，其一為過去這裡是平埔族道卡斯族吞霄社〔註12〕分布地，吞霄即為社名的譯音，另一說法則是因過去南勢溪水深可停泊商船，為銅鑼、三義、苗栗等地貨物「吞」吐「銷」售中心，閩南語「霄」與「銷」發音相同，因此又稱「吞銷」或「吞霄」。後因南勢溪逐漸淤淺，商務不如往日繁榮，某年，新竹州長蒞臨視察，有感於「吞霄」地名之不雅，正巧就地北望，見虎頭山高聳入雲霄，乃改為現今之「通霄」。通霄西瀕台灣海峽，地勢西低東高，境內丘陵起伏，平原狹窄，海岸地帶多風成沙丘。境內耕地中，水田約佔56%，其餘為旱田，有五里牌水圳灌溉。主要農作物有水稻、甘藷、花生、玉米、樹薯等，沿海居民則從事捕撈業、精鹽業等〔註13〕。

二、頭份鎮等七個鄉鎮

　　第二個部分介紹了頭份鎮、頭屋鄉、獅潭鄉、苑裡鄉、後龍鎮、竹南鎮及公館鄉等七個鄉鎮，說明其舊地名及相關地理特徵與發展沿革：

〔註10〕唐山是海外華僑對中國的稱呼。此一稱呼的來源，有一說為以前海外各地的中國人多來自背山面海的閩粵，愈向內地深入，山勢愈高，整個中國在印象中成了高不可測的大山，再與歷史上聲威遠播的唐朝相聯，遂有唐山一稱。早期台灣民間亦稱中國大陸為「唐山」。參見教育部台灣閩南語常用詞辭典，網址：https://twblg.dict.edu.tw/holodict_new/default.jsp，瀏覽日期：2018年10月19日。

〔註11〕詳見洪敏麟：《台灣舊地名之沿革》第二冊（上），頁265～267。

〔註12〕道卡斯族主要分成三大社群：竹塹社群、後壠五社、蓬山八社，吞霄社屬於蓬山八社之一。詳見詹素娟、張素玢：《台灣原住民史：平埔族史篇（北）》，頁209～210。

〔註13〕詳見洪敏麟：《台灣舊地名之沿革》第二冊（上），頁255～256。中華綜合發展研究院應用史學研究所總編纂：《通霄鎮志》（苗栗：苗栗縣通霄鎮公所，2001年），頁4～5。

頭份先民來開墾　開墾了後照份分　現在庄名第一份　自古至今足單純
頭屋原名崁頭屋　來自廣東客家族　溪邊地平好開拓　後來崁頭改頭屋
獅潭山勢如獅形　山前深潭水眞深　兩位地勢來合併　獅潭庄名自然成
苑裡舊名是蓬山　清朝乾隆的年間　田園青翠風景讚　即將苑裡代蓬山
後龍後嚨攏同款　明朝末年帶熟番　東寧王國過來管　漢人趕走伊熟番
竹南原名是中港　新竹南方改竹南　下南鐵道有車站　分做兩線透落南
公館辦公足重要　防禦山胞設隘寮　守望相助總能曉　施設時間在明朝

（〈台灣地名探源——苗栗縣〉，頁 201～202）

「頭份先民來開墾，開墾了後照份分，現在庄名第一份，自古至今足單純。」頭份的先民們來開墾，開墾了之後就依照份數來分配，這裡是第一份，所以叫做頭份，從以前到現在名字都是如此單純。頭份舊稱頭份，1739 年泉州人林耳順與陸豐人羅士朋、吳用忠，鎮平人羅其章、湯宗欽，梅縣人溫北旺、溫榮吉、溫壽山、溫建山等客籍墾首三十餘人從香山地方南下，與土著和約入墾，建番婆（蟠桃）、山下、後莊、菁埔等十二莊，1751 年鎮平人林洪、吳永忠等人率兩百餘人開闢田寮莊，進而建頭份、二份、三份、四份、五份等村莊，頭份之地名由來於墾首們劃分墾成土地之代號，頭、二、三、四、五……等，頭份即配份中之第一份土地。1920 年曾改爲頭分，台灣光復後再改回舊名頭份﹝註14﹞。

「頭屋原名崁頭屋，來自廣東客家族，溪邊地平好開拓，後來崁頭改頭屋。」頭屋原本叫做崁頭屋，來自廣東客家族群，溪邊的地很平很好開拓，後來崁頭改名叫做頭屋。頭屋位於後龍溪以東及其支流老田寮溪兩岸地帶，老田寮溪在錦水、頭屋兩丘陵之間的沿岸有許多河階地形。崁頭屋地名起源於在第一個河階崖上所建的房屋，後來在此形成村莊，「崁」是上下平坦地之間的小崖，崁頭屋即在崖頭下之聚落。乾隆年間廣東省鎮平縣人湯孔任、巫玉生、巫玉長即來自楊梅地方之五華人古揚基、古招基、古厚基、古尾基等兄弟來此推展墾殖事業。1920 年頭屋鄉隸屬新竹州苗栗郡頭屋庄，1945 年底改爲新竹縣苗栗區頭屋鄉，1950 年廢除區署，改爲苗栗縣頭屋鄉﹝註15﹞。

「獅潭山勢如獅形，山前深潭水眞深，兩位地勢來合併，獅潭庄名自然成。」獅潭山地形像是獅子的形狀，山的前面有一個水很深的深潭，兩個地

﹝註14﹞ 詳見洪敏麟：《台灣舊地名之沿革》第二冊（上），頁 300～302。
﹝註15﹞ 詳見洪敏麟：《台灣舊地名之沿革》第二冊（上），頁 286～287。

形樣貌合併起來，獅潭的庄名就自然就形成了。獅潭鄉的鄉名由來有兩個說法，一是取自獅潭鄉北方獅頭山的「獅」字與獅潭溪之溪水深湛碧綠爲「潭」，兩字合在一起爲「獅潭」；另一說法則是在今獅潭鄉永興與百壽兩村的交界上，有一座小山，形狀像獅子伏臥在後龍溪上游之深潭，故以爲名〔註16〕。

　　「苑裡舊名是蓬山，清朝乾隆的年間，田園青翠風景讚，即將苑裡代蓬山。」苑裡以前的名字是蓬山，在清朝乾隆年間，這裡的田園青翠且風景很讚，後來以苑裡這個地名來取代蓬山。苑裡舊稱蓬山，爲平埔族道卡斯族日北社、苑裡社、房裡社（又稱蓬山社）、貓盂社社地所在，屬蓬山八社。苑里舊稱蓬山此一說法最早是來自余文儀的《續修台灣府志》，余氏在書中指出「房裡莊即蓬山莊」，爲最早將蓬山與苑裡的關係緊密連結的地方志書，其輯撰年代爲 1764 年（乾隆二十九年）。1945 年台灣光復後，改屬新竹縣苗栗區苑裡鎮，1950 年底撤除區署，屬苗栗縣苑裡鎮。苑裡鎮內北有苑裡溪，南有房裡溪，二者爲農田灌漑用水來源，整體的土地爲沖積平原，土壤質地良好，氣候大體而言終年溫暖，具有農作物生長的優良條件，再加上山青、水淨及土沃，苑裡爲苗栗縣內主要農業的生產區〔註17〕。

　　「後龍後壠攏同款，明朝末年帶熟番，東寧王國過來管，漢人趕走伊熟番。」後龍與後壠都是一樣的，明朝末年帶領平埔族原住民們，後來東寧王國過來管理這裡，漢人趕走了原本在這裡的平埔族人。後龍舊稱後壠，亦有稱後壟，「壟」指的是田埂、田界，而壠則爲「壟」的異體字，後壠即是村莊後方有長條壠狀土丘；另外有一說指後壠地名由來是因爲此處爲平埔族道卡斯族後壠社之所在地，1920 年更名爲後龍。1661 年（明永曆十五年），鄭成功驅走荷蘭人，入主台灣後，設官施政，同年六月，派遣各陣營軍隊駐紮各個主要溪流汛口，《從征實錄》記載：「六月，藩駕駐承天府，遣發各陣營歸汛。左先鋒札北路新港仔、竹塹，以援剿後鎮、後衝鎮、智武鎮、英兵鎮、虎衛右鎮繼札屯墾。」文中的新港仔、竹塹即後龍鎮新港地區（今校椅、埔頂、新民、復興等里）及新竹市一帶，實施軍民合一的軍隊屯墾。1662 年元月，明鄭實施「輔番」行政，派人分管社事，專司「番政」。各社設置通事，並徵收社餉，包括後龍鎮內新港仔社及後壠社在內等三十四社。1681 年八月，

〔註16〕詳見洪敏麟：《台灣舊地名之沿革》第二冊（上），頁 356～357。
〔註17〕詳見洪敏麟：《台灣舊地名之沿革》第二冊（上），頁 246～250。苑裡鎮志編
　　　纂委員會：《苑裡鎮志》（上冊）（苗栗：苑裡鎮公所，2002 年），頁 148～150、
　　　371～372。

因清朝政府圖謀台灣，傳聞意圖襲擊台北，鄭克塽乃派軍駐紮基隆及淡水，因駐紮軍隊需要物資均從南部運送上來，夏天風向不利海運，便以平埔族爲挑夫，採取陸運，但平埔族本不善挑運，且運送之人力、牛隻、物力均由平埔族負擔，再加上明鄭軍人不斷以鞭撻方式驅使搬運，原住民不堪虐待便集體作亂，殺害各社通事，而新港仔、竹塹等社皆響應之，後來鄭克塽招撫原住民來結束此次衝突，但新港仔社與其他各社皆死傷慘重。事件後受招撫者回到原社居住，另外新港仔等社的反抗者則遷徙至今三灣、獅潭、南庄等鄉之山區〔註18〕。

「竹南原名是中港，新竹南方改竹南，下南鐵道有車站，分做兩線透落南。」竹南原本的名字是中港，因爲在新竹的南方所以改叫竹南，往南的鐵路有設立車站，這裡往南的鐵路分成兩個支線。竹南原爲平埔族道卡斯族中港社所在地，屬於後龍五社之一，中港溪河口爲最早墾殖地帶，中港地名之起源據地理學家富田芳郎所云：因位於淡水與鹿港之間之大港，故以爲名。而據許葉金於《中港慈裕宮簡介》一書中，則說：「中港爲一漢語地名，昔日大陸人民坐船來台，由於當時對台灣全島的地理不甚明瞭，以致誤認爲中港之位置在於台西海岸線西北面之中央，故命名爲中港」。後因竹南地理位置位於新竹市之南方，故改名爲竹南。竹南鎮有縱貫鐵路海線南北貫穿，並有縱貫鐵路山線交會於此，台灣鐵路縱貫線最北端從基隆開始，到竹南後分爲山線與海線，山線即台中線，從竹南經台中到彰化；海線亦屬縱貫線，從竹南經大甲到彰化〔註19〕。

「公館辦公足重要，防禦山胞設隘寮，守望相助總能曉，施設時間在明朝。」公館辦公很重要，爲了防禦山地原住民所以設隘寮，大家守望相助總能互相幫忙告知，設立的時間點是在明朝的時候。公館鄉原名公館街，昔日俗稱「隘寮下」或「隘寮腳」。先民開墾公館，時受由八角崠山區東來的原住民騷擾，於1870年（清同治九年）在淡水廳下苗栗縣境內設官隘四處，即銅

〔註18〕詳見洪敏麟：《台灣舊地名之沿革》第二冊（上），頁308～313。中華綜合發展研究院應用史學研究所：《後龍鎮志》（苗栗：後龍鎮公所，2002年），頁88～90。教育部重編國語辭典修訂本，網址：http://dict.revised.moe.edu.tw/cbdic/，瀏覽日期：2018年10月23日。

〔註19〕詳見洪敏麟：《台灣舊地名之沿革》第二冊（上），頁290～293。交通部台灣鐵路管理局，網址：https://www.railway.gov.tw/tw/index.html，瀏覽日期：2018年10月23日。

鑼灣隘、芎中七隘、大坑口隘、蛤仔市隘，其中三隘設於公館，招集隘勇守衛，聚落剛好在隘寮的下方，所以稱公館街為「隘寮下」。又因公館四周山丘環繞，中間是由後龍溪沖積而成的苗栗河谷平原，南北狹長，中間地勢低平，形似蛤仔，也稱為「蛤仔市」。公館乃是拓墾完成後，墾首地主等築租館於此，辦理墾務而得名〔註20〕。

三、卓蘭鎮等六個鄉鎮

最後一部分提及卓蘭鎮、三灣鄉、大湖鄉、銅鑼鄉、造橋鄉及三義鄉等六個鄉鎮之舊地名由來及地方特色：

卓蘭罩蘭地真好　野生蘭花歸山坡　原來熟番箸塊做　客人甲伊舉硬戈
客人大乳羨小子　客家人多伊打贏　卓字棄四恰有影　永遠卓蘭做庄名
三灣三處大河灣　境內起伏無平權　唐山移民來不斷　附合地形名三灣
大湖天然好條件　飼蠶放絲有風聲　地形似湖真有影　永遠大湖做庄名
銅鑼宛如銅鑼狀　物產豐富像稻倉　收穫四季不曾斷　地頭命名銅鑼庄
捐款造橋越過溪　方便來往的問題　移民一年一年多　造橋不敢再收回
三義原名三叉河　上北就是透銅鑼　靠近台線十三號　三義庄名抹當無

（〈台灣地名探源──苗栗縣〉，頁202～203）

「卓蘭罩蘭地真好，野生蘭花歸山坡，原來熟番箸塊做，客人甲伊舉硬戈。客人大乳羨小子〔註21〕，客家人多伊打贏，卓字棄四恰有影，永遠卓蘭做庄名。」卓蘭、罩蘭是個很好的地方，野生的蘭花種滿整個山坡，原來是平埔族人在這裡耕作，客家人和平埔族人作對唱反調。客家人人多欺負人少，因為客家人數比較多所以打贏了，後來將罩這個字去掉四只剩下卓，從此以後這裡的地名就叫做卓蘭。卓蘭昔稱「塔連」或「搭連」，亦有稱「塔仔林」，是平埔族巴宰海族〔註22〕族人自稱地名Tarian之譯音，據說當初開墾至此時，

<hr>

〔註20〕詳見黃鼎松：《公館鄉志》（苗栗：公館鄉公所，1994年），頁36。
〔註21〕羨，或記為「爐」，密蓋著使不透氣。一般俗話常用「大奶鎮死囝（大胸部壓死孩子）」來形容人多欺負人少或仗勢欺人的情況，此處亦同。參見陳益源、陳必正、陳芳慶：《陳再得的台灣歌仔》，頁202。
〔註22〕巴宰族（Pazeh），亦有稱巴宰海族、巴則海族或拍宰海族，為清代中部地區歷史舞台上最活躍的民族；以岸裡、朴仔離、阿里史、烏牛欄四大社群為主，分佈在環繞豐原，北起大甲、南到潭子、東至東勢、西迄大肚山，大安溪與大肚溪之間的地域。詳見原住民委員會全球資訊網，網址：https://www.apc.gov.tw/portal/index.html，瀏覽日期：2018年10月25日。

看見芝蘭遍野，就命名為罩蘭，是美麗原野的意思。又因卓的上面冠上「四」這個字有礙發展，遂去掉「四」這個字，於 1920 年更改為卓蘭。1783 年曾有客籍移民從東勢角企圖入墾，但因番害嚴重而終止。客家族群最初進入罩蘭埔，最大的理由是欲開墾成水田的土地，但後來因樟腦利益日漸高漲與山地解禁，更加速地方紳民大舉以集團武力的方式進墾罩蘭山地，原住民北勢群被迫只能遷移〔註 23〕。

「三彎三處大河灣，境內起伏無平權，唐山移民來不斷，附合地形名三彎。」三灣就是有三個大河灣，境內土地高地起伏不平，從唐山過來的移民都沒有間斷，為了符合這裡的地名所以就叫做三灣。三灣鄉地形崗巒起伏，河流彎曲，大部分為丘陵地形，小部分為河階與台地，甚少為平原和盆地。三灣鄉之地名起源於中港溪河道之曲流地形，中港溪源流於南庄鄉，自獅頭山與象鼻山間蜿蜒西流，穿梭在山巒雜錯的丘陵之間，由於受到地層的影響，溪流的走向相當曲折，河流旁邊的滑走坡所造成的平坦河階地是先民設庄墾殖的最佳地點。就字面上來說，「三」是一個數目，也可以說是排序，「灣」為陸上河道彎曲處，第一個灣為「頭灣」（水頭屋至小份美地區），因位於三面環繞曲流之內側，又稱內灣；第二個灣為「二灣」（九勝埔對岸）；第三個灣即「三灣」，乃位於中港溪中游第三個河灣之聚落，另外第四個大灣為「四灣」（南庄鄉田美、南富二村）。十八世紀末林爽文抗清之役失敗，有敗部殘兵逃入三灣鄉西南隅今大坪村（大坪林）拓墾。1812 年有廖姓墾戶入墾永和山，與當地土著爭戰，建立今永和村。1815 年黃祈英溯中港溪來到這裡，首先開闢三灣荒埔。彰化人張大滿與蔡細滿入墾大河底，1926 年三灣民隘奏請派撥屯把總與屯兵駐防，民人入墾日增，後形成三灣聚落〔註 24〕。

「大湖天然好條件，飼蠶放絲有風聲，地形似湖真有影，永遠大湖做庄名。」大湖的環境天然有很好的條件，傳聞這裡飼養蠶產蠶絲，地形看起來真的很像是一個湖，從此以後這裡就叫做大湖。大湖鄉名由來是因四周高山環繞，內為台地緩斜面，形如一個大盆地，所以叫做大湖，「湖」為山間小盆地。1855 年，銅鑼新雞隆庄人吳立傳到大湖鄉山中打獵受困，侄吳定新聞訊

〔註 23〕詳見洪敏麟：《台灣舊地名之沿革》第二冊（上），頁 336～339。陳瑞隆、魏英滿：《台灣鄉鎮地名源由》，頁 107。陳運棟編纂：《卓蘭鎮志》（上冊）（苗栗：卓蘭鎮公所，2014 年 8 月），頁 62。

〔註 24〕詳見陳運棟編纂：《三灣鄉志》（苗栗：苗栗三灣鄉公所，2005 年），頁 170、193。洪敏麟：《台灣舊地名之沿革》第二冊（上），頁 318～319。

馳援，無意間發現此處四面環山，中呈盆地，芒花翻滾，綠樹成海，因此稱之為大湖。大湖鄉三大特產為蠶絲、樟腦油及香茅油，大湖鄉氣候溫和，雨量充足，桑樹終年常綠，野桑分布豐富，養蠶的條件得天獨厚。1886 年梁成枏出任撫墾委員，曾為劉銘傳推行養蠶事業，在其〈新開庄〉這首詩裡曾寫下「諸葛生涯八百桑」的詩句，可知早在百年前，大湖地區即有蠶業生產。1936 年日本政府農林省蠶絲試驗場蠶業專家更在此設置台灣蠶業飼育所，而大湖農工的前身為農蠶專修學校，是全台唯一培育蠶業人才的搖籃。由此可知蠶桑文化，為大湖鄉的特色與重要資產。1993 年，政府宣布廢耕桑園，鼓勵轉作，大湖鄉之蠶業隨之完全停辦，成為歷史名詞〔註25〕。

　　「銅鑼宛如銅鑼狀，物產豐富像稻倉，收穫四季不曾斷，地頭命名銅鑼庄。」銅鑼這裡看起來就像是銅鑼的形狀，這裡物產十分豐富就像是存放稻米的倉庫一樣，這裡一年四季都有收穫不曾間斷，後來就叫做銅鑼庄。銅鑼鄉名由來最早源自於「銅鑼灣」一詞，銅鑼灣即今銅鑼村、福興村及朝陽村之一部分，在銅鑼斷層線谷中，在西湖溪溪谷東岸，雙峰山往北延伸之餘脈，海拔 140 至 150 公尺之間。此帶地形平坦，北面連南勢坑分割台地，西繞苗栗丘陵，南屏雙峰山塊餘脈，三塊山麓線圍成圓弧形，狀似樂器銅鑼，又因其三面環山，一面開口，成一灣狀，故稱銅鑼灣，1920 年改稱銅鑼。銅鑼鄉為典型的台地地形，周圍山巒圍繞，中間低平，以雙峰山塊為界，以西受西湖溪之切割沖積，形成向西北傾斜的肥沃田疇。在銅鑼鄉的農業生產中，稻米的生產是農產作物之首。稻米一年可以收兩期：一期作於三月到四月之間插秧，七月到八月之間收穫；二期作在七月到八月之間插秧，十月到十一月之間收穫，1978 年為了解決稻穀倉容的問題，購買朝陽村土地一公頃作為稻穀倉庫，以容納銅鑼鄉產量豐富之稻穀〔註26〕。

　　「捐款造橋越過溪，方便來往的問題，移民一年一年多，造橋不敢再收回。」捐款來造橋以便可以橫跨過溪流，這樣對來往很方便，移民一年比一年多，後來這個橋就沒有收回來了。1731 年，即有客籍墾民入墾尖山西麓一帶，再進入造橋火車站一帶昔稱「老庄」之處開墾定居。昔日庄內漢人，必須渡過「坪埔」附近深峻險惡的河流，到對岸山林採集山產，包括水果、竹

〔註25〕詳見大湖鄉誌編纂委員會：《大湖鄉志》（苗栗：大湖鄉公所，1999 年），頁163、535～541。洪敏麟：《台灣舊地名之沿革》第二冊（上），頁343～344。
〔註26〕詳見銅鑼鄉誌編纂委員會：《銅鑼鄉志》（苗栗：銅鑼鄉公所，1996 年），頁96、284、289。

筍、山藥等食物維生，或前往尖山地區交換民生物資。因當時沒有橋可以通行，只能搭船或泅水，冒險渡河，極為不便。早期拓墾先民為了橫渡阻隔兩邊的南港溪，總是三不五時在淺灘取岸邊的大竹子作成竹排，或搭建便橋，方便人、貨往來兩岸。又由於南港溪河床常受海潮增漲及暴洪影響，涉渡極為不便，竹木搭建之便橋常被沖毀，因而當時的人常問：「你要去哪？」，回應者則答說：「要去做橋（客家話與造橋諧音）。」甚至時常傳呼吆喝：「大家來造橋喔！大家來造橋喔！」因而「來去造橋喔！」其聲不絕於耳，久而久之遂成「造橋」地名，且成為一種歷史記憶〔註27〕。

「三義原名三叉河，上北就是透銅鑼，靠近台線十三號，三義庄名抹當無。」三義原本叫做三叉河，最北邊就是靠近銅鑼，這裡靠近省道台十三線，三義這個庄名是不能沒有的。三義原本叫做三叉河，其鄉名源自於三義鄉境內有打哪叭溪、打木溪（水尾溪）與大坑溪等三溪會流，形成三叉狀，故有其名。1945年年底改為新竹縣苗栗區三叉鄉；1950年廢除區署，改為苗栗縣三叉鄉；1953年改為苗栗縣三義鄉。三義鄉位於苗栗縣南端，北邊為銅鑼鄉，南邊是台中縣后里鄉，東邊以關刀山脈為界，與大湖鄉為鄰，西以火炎山脈為界，與通霄鎮為鄰。省道公路台十三線的起迄點為內湖到豐原，沿途經過的地名有竹南、頭份、造橋、頭屋、苗栗、銅鑼、三義及后里〔註28〕。

第二節　台中縣

在台中的部分，陳再得用八十句，共二十個小段落來書寫台中縣二十一個鄉鎮市的新舊地名介紹與各鄉鎮市的地理特徵、地名由來、發展沿革、交通建設與經濟活動等，這一節同樣是以小段落數來做劃分，分成三個部份來做書寫。

一、豐原市等七個鄉鎮市

第一個部份介紹了豐原市、清水鎮、外埔鄉、石岡鄉、新社鄉、大里市

〔註27〕詳見張雙旺等編輯：《造橋鄉志》（苗栗：苗栗縣造橋鄉公所，2009年12月），頁62～63。

〔註28〕詳見徐永欣：《三義鄉志》（上冊）（苗栗：三義鄉公所，2009年），頁88、119～120。中華民國交通部公路總局，網址：https://www.thb.gov.tw/，瀏覽日期：2018年10月29日。

及太平市等七個鄉鎮市的介紹，另外在介紹外埔鄉的時候，陳再得有提及一樣是位於台中縣的后里鄉、大安鄉及大甲鎮。

豐原本是葫蘆墩　水利灌溉足單純　收成兩期有夠穩　無風無搖四季春
清水原是牛罵頭　西屏一條南北溝　山明水秀水眞透　人才輩出人眞賢
后里過西是外埔　直透大安的陸路　經過大甲拜媽祖　翻頭月眉看糖鋪
講起石岡甲新社　專是客人塊賺食　新社鄉內有山崎　石岡的人恰好額
大里代庄改大里　專種甘蔗甲蕃薯　地方的人有福氣　現在變成大里市
太平原是烏松頭　西面隔離旱溪溝　自從大橋造了後　由鄉變市免人賢

（〈台灣地名探源──台中縣〉，頁 203）

「豐原本是葫蘆墩，水利灌溉足單純，收成兩期有夠穩，無風無搖四季春。」豐原原本是葫蘆墩，水利灌溉很單純，收成固定有兩期，這裡沒有風雨四季如春。根據史料記載，豐原在開墾之前，草萊遍野，松柏叢生，所以平埔族巴宰海族以「Huluton」稱之，即松柏林之意。據說豐原之舊地名「葫蘆墩」就是「Huluton」的譯音，也有人說是因爲今墩腳與下南坑有三小丘，形如葫蘆，所以叫做葫蘆墩。豐原市氣候溫和，年平均溫度大約爲攝氏二十二度，田地爲沙土壤，灌溉及氣候均佳，適宜農作物的栽植，尤其以盛產葫蘆墩米而聞名，早晚兩季產水稻約 12406.720 公斤，素有台灣中部「米倉」之稱。水利灌溉屬台中農田水利會豐原工作站轄區，下設九小組，以推展農田灌溉工作，灌溉用水大多引自葫蘆墩、八寶兩圳〔註29〕。

「清水原是牛罵頭，西屏一條南北溝，山明水秀水眞透，人才輩出人眞賢。」清水原本是牛罵頭，溪邊有一條通南北的水溝，這裡山明水秀水很清澈，人才輩出能力很好。清水舊稱牛罵頭，是牛罵社社名之轉用，先民初墾於牛罵社，牛罵社是平埔族拍瀑拉族（Papora）社名 Gomach〔註30〕之譯音漢

〔註29〕詳見陳炎正主編：《豐原市志》（台中：豐原市公所，1986 年 10 月），頁 49、75、399～407。蔡培慧、陳怡慧、陳柏州撰文，金炫辰繪圖：《台灣的舊地名》，頁 102。

〔註30〕拍瀑拉族（Papora），主要有大肚、水裡、沙轆、牛罵四社；地理分佈上，係在大肚溪以北、清水鎮以南、大肚台地以西的海岸平原。牛罵社（Gomach）社名始見於 1648～1657 年間的荷蘭戶口表，位置約爲今清水鰲峰、靈泉、清水、文昌、南寧、西寧、中興等里。詳見洪敏麟：《台灣舊地名之沿革》第二冊（下）（南投：台灣省文獻委員會，1999 年 6 月二版），頁 145～146。原住民委員會全球資訊網，網址：https://www.apc.gov.tw/portal/index.html，瀏覽日期：2018 年 10 月 30 日。

字。1920 年因境內東半部之大肚台地山麓處（牌仔口）有湧泉，水質清澈，故改稱為清水。清水位於台中縣西部，大肚台地與台灣海峽間的清水隆起海岸平原北部一帶，東倚大肚山脊，與神岡鄉相接，西臨台灣海峽，北隔大甲溪與外埔鄉、大甲鎮、大安鄉相銜接，南連梧棲鎮、沙鹿鎮，以自然環境而言，在地理上得天獨厚，有山之險、海之利。清水由於開發的早又位處交通要津，人員流動多，再加上大量墾殖，商業活動十分熱絡。早期來台落腳於社口的楊、蔡兩大家族，在富甲一方後，與地方仕紳倡建文廟與鰲峰書院。有清一代，這裡出了一名舉人及數十名秀才，成了中台灣文風鼎盛之處。也因為交通便利及資訊流通快速，日治時代，清水除了仍然保有前述特色，也出現許多抗日和民族自覺運動的重要參與者，以及接受各類新學所培養而成的才俊。戰後眷村移民的遷入，為清水加進更多人文元素，在濃厚文化氣息及各種有利條件長期薰陶之下，人才濟濟，無論在教育、政治、經濟、司法、醫療、藝文、宗教……，都有秀異表現〔註31〕。

「后里過西是外埔，直透大安的陸路，經過大甲拜媽祖，翻頭月眉看糖鋪。」后里的西邊是外埔，有條直達大安的路，經過大甲要拜媽祖，回來來到月眉看糖鋪。鄉名「外埔」是一種概括的稱呼，指的是在外面的荒埔地，「埔」指的是平坦的荒地，與在內的后里鄉之「內埔」區別。外埔鄉位於台中縣西北部，北以大安溪與苗栗縣苑裡鎮為界，南臨大甲溪，西以鐵砧山與大甲鎮為鄰，東則以后里台地與后里鄉交接。外埔鄉主要聯外道路為東南連接后里鄉，西北連接大甲鎮之甲后路，即縣道132，縣道132 線的路線起迄點為大安港至后里，沿途經過大安、大甲及外埔〔註32〕，沿著縣道132 向西走就是往大安方向，沿途會經過大甲，大甲最有名的媽祖廟就是鎮瀾宮〔註33〕，每年

〔註31〕詳見陳瑤塘主編：《清水鎮志》（台中：清水鎮公所，1998 年 8 月），頁 29～30、71。彭瑞金總編纂：《重修清水鎮志》（下卷）（台中：清水區公所，2013 年 8 月），頁 840。洪敏麟：《台灣舊地名之沿革》第二冊（下），頁 145～146。

〔註32〕詳見張勝彥總編纂：《外埔鄉志》（上冊）（台中：外埔鄉公所，2004 年 9 月），頁 39。張勝彥總編纂：《外埔鄉志》（下冊）（台中：外埔鄉公所，2004 年 9 月），頁 572～574。洪敏麟：《台灣舊地名之沿革》第二冊（下），頁 164。中華民國交通部公路總局，網址：https://www.thb.gov.tw/，瀏覽日期：2018 年 10 月 30 日。

〔註33〕大甲鎮瀾宮自古以來即是台灣媽祖信仰的重鎮，不僅是人民團結互助的所在，更是信仰、文化及政經的中心，具有慰藉民眾心靈、安定社會的功能；因此長期以來，鎮瀾宮全體董監事均秉持著「取諸社會、回饋社會」之理念，關懷社會、熱心公益，每年參與推動各類社會公益及文化藝術活動。詳見財

來往香客絡繹不絕；向東走就是往后里方向，沿途會經過月眉糖廠〔註34〕，糖廠就在 132 縣道旁。

　　「講起石岡甲新社，專是客人塊賺食，新社鄉內有山崎，石岡的人恰好額。」說道石岡跟新社，這裡都是客家人，新社鄉裡有山坡，石岡的人比較有錢。石岡的地名由來說法不一，其中的一種說法是；石岡原名「石缸仔」，由於從金星村地向北流的二條河流，在石缸仔的南面會合。谷口開寬的形狀像「缸」，而這裡的土層薄，又有很多石頭，所以就叫作石缸仔，因為所謂的「缸」，即是大陶缸的河洛語。還有一種說法，是說在大甲溪和食水料溪匯流處稱為米粉寮，也是指石岡地區的意思。台中縣各鄉鎮客家人所佔人口比例，以新社鄉佔 95％為最高，其次為石岡鄉 85％，東勢鎮為 73％，豐原市則為 57％。石岡鄉一帶從事農業生產者漸次興盛，尤其是朴子口的一部份，石岡、九房厝、社寮角等商戶逐漸衰微。打擊最大的，即是距今約一百六十餘年前，居住在石岡地區的居民，擁有錢財上萬的有九人，上千的亦有十八人。新社鄉地形相當複雜，區域分為山地及丘陵台地二個主要分區。丘陵台地範圍包括下列地區：一為水井台地：位於北屯區、豐原區與本區交界處之下南坑東方與馬力埔之西面，海拔介於 560 公尺至 620 公尺之間，呈由南向北之長條形。二為崑山（七分）階地：位於水井台地之北側，西臨豐原區、石岡區與本區交界處，北臨十分階地，東臨新社階地，海拔介於 560 公尺至 520 公尺之間，呈倒菱形。三為十分階地：位於崑山階地之北，石岡區仙塘坪之南，

團法人大甲鎮瀾宮全球資訊網，網址：http://www.dajiamazu.org.tw/，瀏覽日期：2018 年 10 月 30 日。

〔註34〕月眉糖廠位於台中市后里區，創立於西元 1909 年（日治時期）由日本人小松楠彌氏創廠，並取名為「大甲製糖所」，屬日糖興業株式會社，台灣光復後由台灣糖業股份公司月眉糖廠接收生產，西元 1999 年因環境變遷停止壓榨並轉型為觀光糖廠。月眉觀光糖廠雖已停止壓榨製糖，但龐大的機組、饒富特色的建築結構及全國唯一的囪底隧道，仍然吸引人們來探訪。整個園區，除了古蹟處處，由於活用歷史空間，大跨距純檜木樑架無任何柱子建構之倉庫，已改設成賣場，除了販賣台糖產品外，並有各地的小吃特產。園區還有可愛小型動物區以及親水步道之錦鯉魚池，提供親子互動的場所，並有百年的珍貴寒帶黑松及銀杏、百年樟樹，陳列古代農家文物提供學校作戶外教學。製糖在日治時代是重要產業，西元 1945 年 3 月至 6 月，聯軍為封鎖台灣對沖繩的支援，而大量轟炸台灣有著高聳煙囪的糖廠，有著高聳煙囪的糖廠顯然為醒目的標的，所以今日月眉糖廠的煙囪仍遺留著彈痕累累。詳見月眉觀光糖廠，網址：https://www.tscleisure.com.tw/tourism/yuemei/about.htm，瀏覽日期：2018 年 10 月 30 日。

東臨新社階地，海拔介於 540 公尺至 550 公尺之間。四爲大南階地：位於水井台地之東南，東臨水底寮，西臨中興嶺，南至新五村（協成里），北至新一村（大南里），爲本區最大之階地，海拔介於 460 公尺至 560 公尺之間，呈紡錘形。最後是新社階地：位於食水料之西，西臨月湖，南至新七村（東興里），北至山頂，爲本區第二大之階地，亦爲本區商業、文化最繁榮之地區，海拔介於 465 公尺至 400 公尺之間〔註35〕。

「大里杙庄改大里，專種甘蔗甲蕃薯，地方的人有福氣，現在變成大里市。」大里杙庄改名爲大里，這裡全都是種甘蔗跟番薯，住在這裡的人有福氣，現在這裡變成了大里市。大里杙是大里市的舊稱，以狹義來說則專指今大里、新里兩村。地名可能是平埔族洪雅族〔註36〕社名轉譯而來，據地方相傳：這裡早期因舟楫之便，竹筏船可從大肚溪溯流來此，以其河運在此設樁（俗稱杙）於岸，而形成渡船頭（港埠），因此而得名，1920 年易名爲大里，1945 年十月爲台中縣大屯區大里鄉，1950 年撤廢區署後，爲台中縣大里鄉，1993 年七月，大里鄉人口數已逾 15039 人，達縣轄市改制規定，並於同年十一月升格爲縣轄市改爲大里市。大里市位於台中平原南端，居民多數以務農爲生，農產品以稻米爲主，菸葉及酸菜爲輔。農地利用以一年雙期稻作爲主，全年水稻生產面積 1398 公頃，由於受工商業繁榮影響，大部分農民皆屬於兼業農民，又因氣候、土壤等因素影響，配合政府稻田轉作雜糧等作物之面積極爲零星，故大里市主要農作物生產以雙期稻爲主，果樹、雜糧、蔬菜爲輔，且種植面積均不大，分布亦不集中〔註37〕。

「太平原是烏松頭，西面隔離旱溪溝，自從大橋造了後，由鄉變市免人賢。」太平原本叫烏松頭，西邊有一條旱溪，自從造了大橋之後，這裡由鄉變成市，沒有人嫌棄。太平東邊以雪山支脈的大橫屏山脈與南投國姓鄉爲鄰；西部和北部，以旱溪、大里溪和廍子溪爲界，與台中市相接；東北部有新社鄉；西南部則連接大里市和霧峰鄉。旱溪發源自於豐原市公老坪，在太平市

〔註35〕詳見王峙萍總編纂：《石岡鄉志》（台中：石岡鄉公所，2009 年），頁 91～94、110。台中市新社區公所，網址：https://www.xinshe.taichung.gov.tw/，瀏覽日期：2018 年 10 月 31 日。

〔註36〕洪雅族（Hoanya），分佈在北起台中縣霧峰、南迄台南新營以北的地帶，可以分成 Lloa、Arikun 兩支，約有十三社。詳見原住民委員會全球資訊網，網址：https://www.apc.gov.tw/portal/index.html，瀏覽日期：2018 年 10 月 30 日。

〔註37〕詳見陳炎正：《大里市志》（台中：大里市公所，1994 年 3 月），頁 3～7、17～18。洪敏麟：《台灣舊地名之沿革》第二冊（下），頁 103～104、184～186。

西北方輕輕劃過，流經精武橋（精武路）、東門橋（振興路）、東昇橋（十甲東路），最後於六順橋（六順路）下游附近匯流入大里溪，是太平市與台中市的界河，也是太平市進出台中市的重要關口。太平的舊地名傳聞有很多，有「鳥松頭」、「鳥榕頭〔註38〕」、「鳥銃頭〔註39〕」等，雖各有來源典故，但都欠缺強而有力的證據，故眾說紛紜。1920 年爲大平，後由於東側山地經常有原住民出草，故有番仔溝、番仔路……，太平林家〔註40〕曾在三汀山之至高點搭設望高寮，派駐民眾，保護墾農，後因雙方和睦相處，而改名太平；另有一說：甲午戰敗，清廷割讓台灣，日軍抵台時，在中部各地都受到民兵頑強抵抗，到達太平時，並未遭受任何抗拒，故改名太平鄉；1996 年八月，因太平鄉人口數超過十五萬人，遂改制爲縣轄市，改爲太平市〔註41〕。

二、后里鄉等七個鄉鎮

　　第二個部分介紹了后里鄉、潭子鄉、神岡鄉、大肚鄉、大雅鄉、東勢鎮與霧峰鄉等七個鄉鎮：

> 后里本來是内埔　鄉鎮同名變糊塗　屏東内埔不讓步　再改后里求前途
> 潭子原名潭仔墘　靠近豐原市身邊　專箸台中做生意　早慢由鄉便成市
> 神岡恰早叫新廣　紀念故鄉是有通　新廣神通攏甭講　乾脆大家用神岡
> 大肚副產爲尚多　一粒山頭一條溪　爭差卜賣無人買　大肚早年名烏溪

〔註38〕鳥松即赤榕，俗稱鳥榕。地方耆老相傳在入山口福德祠附近有一棵大榕樹或早期創建村莊於兩棵大榕樹下，另有一說是太平林家宅前有二棵巨大鳥榕，眾人爲了示敬，故稱之。但在古文書内並無以「鳥松頭」稱太平。除耆老之談外，日治時期日本人文獻亦稱太平過去叫做「鳥松頭」。再者在河洛語中，「松」與「榕」音同「chhang」第五聲，然「銃」則爲「chhang」第三聲。詳見廖瑞銘總編纂：《太平市志》（上冊）（台中：台中縣太平市公所，2006 年 4 月），頁 254。

〔註39〕鳥銃頭是早期的兵器（火器），在太平近内山山腳，早期是土牛界外，生番出沒之地，後雖漢人進入開墾，但東邊不遠山區的原住民，始終是一大威脅，由屯番及大黃竹坑隘寮、校栗林隘寮，可知防禦的重要，故居民爲求自保而擁鳥銃，故稱之鳥銃頭。詳見廖瑞銘總編纂：《太平市志》（上冊），頁 253。

〔註40〕太平林家是霧峰林家的其中一支，是霧峰林家的第四房——林石的四子林棟在十八世紀末來太平這個地方開墾。林棟育有五子，其與五子林志芳從塗城遷至太平庄、車籠埔庄等地，建立了「太平林家」。詳見廖瑞銘總編纂：《太平市志》（上冊），頁 372。

〔註41〕詳見《太平市志》（上冊），頁 58、70、253、387。台中市太平區公所，網址：https://www.taiping.taichung.gov.tw/，瀏覽日期：2018 年 11 月 1 日。

原名壩仔改大雅　本鄉全部屬荒地　忍耐百年即起價　佃農變成大頭家
東勢原名匠寮庄　伐木制柴做山園　日本明治設水庫　東勢愈結愈大庄
霧峰原名阿罩霧　林家出文兼出武　本族有分頂下厝　甲寅發跡展工夫
（〈台灣地名探源──台中縣〉，頁 203～204）

「后里本來是內埔，鄉鎮同名變糊塗，屏東內埔不讓步，再改后里求前途。」
后里本來叫做內埔，鄉名跟鎮名一樣會搞糊塗，屏東的內埔不願意讓出這個
名字，所以這裡就改成了后里。后里原稱內埔鄉，因爲在外埔鄉之內方（東
方），所以叫做內埔，後因與屏東內埔鄉同名，於 1955 年改爲后里鄉，鄉名
取自今后里、厚里二村舊大字，因漢族移民，在平埔族拍宰海族蔴薯社背後
創建村里，所以叫做后里〔註42〕。

　　「潭子原名潭仔墘，靠近豐原市身邊，專箸台中做生意，早慢由鄉便成
市。」潭子原本名字是潭仔墘，在豐原市附近，大部分都是在台中做生意，
遲早會由鄉變成市。潭仔墘又稱爲潭仔唇，狹義來說，潭仔墘專指今潭子鄉
潭北、潭秀、潭陽等村，而清代文獻史料，則泛稱潭子鄉爲潭仔墘庄。地名
由來是與地形有關，因此處位於柳川（邱厝仔溪）上游段凹岸蝕基坡，有一
處深水區好像一個「潭」，在水之際稱爲「墘」，位在「潭」邊的聚落原稱「潭
仔墘」庄，1920 年簡化爲「潭子」。潭子北接豐原市與神岡鄉爲界，東鄰台中
市大坑風景區，西連大雅鄉，南界台中市北屯區。潭子鄉與台中市及豐原市
相鄰，工商業上稱發達，1973 年一月在潭子鄉成立經濟部加工出口區，當時
政府爲了平衡發展工業以及和緩中部地區人口外移的情況，所以在 1969 年八
月將興建中的台中潭子工業區改建爲台中加工出口區〔註43〕。

　　「神岡恰早叫新廣，紀念故鄉是有通，新廣神通攏甭講，乾脆大家用神
岡。」神岡以前叫做新廣，紀念故鄉是可以的，新廣的神通都不用講，後來
大家就用神岡這個名字。「新廣」爲「神岡」之諧音，先民開墾之初，來此開
墾者多數是客籍移民，神岡這一帶的入墾者，可能以廣東省嘉應州鎮平縣神
岡社移民爲主體，其所建村庄稱爲「神岡莊」，諧音即爲「新廣莊」。地名由
來又有一說，地方相傳，在漳泉械鬥發生時，粵人聚集於此，能保安全，乃

〔註42〕詳見洪敏麟：《台灣舊地名之沿革》第二冊（下），頁 76～77。
〔註43〕詳見洪敏麟：《台灣舊地名之沿革》第二冊（下），頁 92～93。陳炎正編著：《潭
　　　子鄉志》（台中：潭子鄉公所，1993 年 6 月），頁 34、62、285～286。內政部民
　　　政司地方行政區域簡介，網址：https://www.moi.gov.tw/dca/02place_002_18.aspx，
　　　瀏覽日期：2018 年 11 月 1 日。

是出於今神岡路十六號八仙寺李先祖之指示，即「神」所「講」的，由「神講」的「Sinkon」，取其諧音爲「神岡」〔註44〕。

　　「大肚副產爲尙多，一粒山頭一條溪，爭差卜賣無人買，大肚早年名烏溪。」大肚的副產爲最多的，有一個山有一條溪，就差要賣沒人要買，大肚早年名字叫做烏溪。大肚鄉位於大肚台地的西南末端與清水隆起海岸平原的南段部分，南以大肚溪與彰化縣境內之八卦台地及彰化隆起海岸平原相鄰。大肚鄉境內擁有平坦微斜的高台面，錯綜起伏的斜坡山谷坑谷；微微隆起中的海岸平原；悠悠貫流、左右氾濫且滿布沙洲的大肚溪，形成多樣化的地形景觀。其中以東南隅的萬壽山（294.09 公尺）爲最高，西北角成功村寮仔聚落西方的大肚溪岸附近，1.3 至 3.7 公尺爲最低，整個地勢從東南向西北低降。大肚鄉原名「烏溪」，因爲大風雨過後常夾帶著小丘的黑石往溪流而下，遠望是烏漆漆的一片，所以叫做烏溪。1920 年爲大肚庄，1945 年爲台中縣大甲區大肚鄉，1950 年廢除區署後，爲台中縣大肚鄉〔註45〕。

　　「原名壩仔改大雅，本鄉全部屬荒地，忍耐百年即起價，佃農變成大頭家。」原本名字是壩仔後來改成大雅，這裡全部都是荒埔地，忍了百年後來土地價錢調漲，這裡的佃農變成了大老闆。大雅鄉舊稱「壩仔」，就狹義而言，則專指現今大雅村之街坊附近一帶。早期原爲平埔族拍宰海族岸裡社群之阿河巴（或作阿河壩）荒埔（神岡、大雅舊稱），1723 年粵東大埔籍客家人張達京組織張振萬墾號，以「割地換水」的方式，開鑿貓霧捒下埤，以平埔族人原有「阿河巴」而命名爲「壩仔」，此後墾務日漸興盛，故地名由來，似與原住民之音譯有關。客家語把未開墾的大塊埔地叫做「大壩雅」，相當於閩南語之「埔仔」，1920 年簡化爲「大雅」，隸台中州豐原郡大雅庄。交通建設以 1936 年興建的台中機場（又稱公館機場）最爲重要，其地點在埔仔墘（六寶村），同年大日本航空株式會社開闢台中至台北、台南、高雄、馬公、花蓮的航線。戰後時期，1945 年大雅由台中縣豐原區管轄，並改稱大雅鄉，此名稱一直沿用至台中縣市合併。1956 年在美軍顧問團的協助下，徵收台中機場與周邊土地（佔用土地包含沙鹿、清水、神岡及大雅等），興建清泉崗機場，成爲中部

〔註44〕詳見洪敏麟：《台灣舊地名之沿革》第二冊（下），頁 82～85。

〔註45〕詳見：洪敏麟總編輯：《大肚鄉志》（台中：大肚鄉志編纂委員會，1993 年 12 月），頁 113。洪敏麟：《台灣舊地名之沿革》第二冊（下），頁 184。陳瑞隆、魏英滿：《台灣鄉鎮地名源由》，頁 117。

最重要的空軍基地〔註46〕。

「東勢原名匠寮庄，伐木制柴做山園，日本明治設水庫，東勢愈結愈大庄。」東勢原本名字叫做匠寮庄，砍伐木頭製柴做成山園，日本明治時期建設水庫，後來東勢變成越來越大的村莊。東勢初稱「匠寮庄」，因早期有匠首百餘名，在此地築寮，從事伐木及製材等工作，所以叫做「匠寮」或「枋寮」。後來叫做東勢角，意思是在東邊的角落地帶，因為客語的「勢角」與閩南語的「角勢」同義，是角落的地方的意思。1920 年刪去「角」這個字，改稱為東勢〔註47〕。

「霧峰原名阿罩霧，林家出文兼出武，本族有分頂下厝，甲寅發跡展工夫。」霧峰原本名字叫做阿罩霧，林氏家族有會文的也有會武的人才，家族有分成頂厝跟下厝，林甲寅發達展現他的厲害之處。霧峰在一開始叫做貓羅新庄，1920 年改名為霧峰，在改名為霧峰之前稱作阿罩霧，地名出自於平埔族社名 Ataabu 之譯音，另有一說是因為東半部丘陵地帶經常有霧籠罩，所以取其義命名為阿罩霧。1754 年，平和縣人林石渡海來此，一開始住在大里杙庄，後來率同族人向平埔族贌耕，建阿罩霧庄。1786 年，林爽文抗清之役起，隔年福康安駐丁台庄，圍攻大里杙街並毀燒街肆，災後林黃端（林石之長媳）帶著兩個孩子林瓊瑤跟林甲寅移居至阿罩霧庄，當時霧峰鄉仍為番地，土地肥厚豐腴，但原住民不善打理，也不懂得耕種，林甲寅便購地開墾。因林甲寅頗富經略之才，披荊斬棘多所開發，後代亦多有所成就，霧峰林家一族名播遠近。霧峰林家是清代至日治時代台灣中部的大士紳家族之一，主要可以分成兩個支系：其一為頂厝系，以文名著稱，清代有林文欽獲得舉人頭銜，日治時代則有林獻堂、林幼春叔姪與全台文人籌組櫟社，是台灣著名文社之一；其二為下厝系，以武功聞名，尤其以林文察、林朝棟父子最為著名，清代林文察官至水陸提督，而其子林朝棟亦官至二品，且受當時台灣巡撫劉銘傳授權，掌管台灣中、北部的樟腦事業〔註48〕。

〔註46〕詳見洪敏麟：《台灣舊地名之沿革》第二冊（下），頁97～99。台中市大雅區公所，網址：https://www.daya.taichung.gov.tw/，瀏覽日期：2018 年 11 月 1 日。台中市文化資產處歷史建築，網址：http://www.tchac.taichung.gov.tw/history buildinglist?uid=34，瀏覽日期：2018 年 11 月 2 日。詳見大紀元新聞網，2017 年 10 月 30 日，標題：「尋覓大遷徙遺跡」，網址：http://www.epochtimes.com/b5/17/10/30/n9785025.htm，瀏覽日期：2018 年 11 月 2 日。

〔註47〕詳見洪敏麟：《台灣舊地名之沿革》第二冊（下），頁190～191。

〔註48〕詳見洪敏麟：《台灣舊地名之沿革》第二冊（下），頁110～113。陳炎正：《霧

三、沙鹿鎮等七個鄉鎮

最後一部分提及了沙鹿鎮、大安鄉、梧棲鎮、烏日鄉、大甲鎮、龍井鄉
及和平鄉等七個鄉鎮：

<blockquote>
沙鹿原名迴馬社　專門打獵塊賺食　搭建鹿寮箸塊豎　糴米買菜不免賒

清朝嘉慶患大難　看見紅燈在溪間　無意駛入大安港　脫險命名為大安

台中港區所在地　古早古早名鰲西　五條水路入水口　後來庄名改梧棲

雙人行到烏溪邊　日照溪底雙個天　烏溪內底有日頭　烏日庄名按呢生

鐵砧山腳地理好　大甲出名媽祖婆　劍井水質鹽份薄　鐵砧山頂好七桃

龍井原名龍目井　兩口古井水眞甜　龍目井水治百病　來往信徒年門年

地方不時無平靜　事件不斷來發生　安撫政策眞好用　然後停止名和平
</blockquote>

（〈台灣地名探源──台中縣〉，頁 204～205）

「沙鹿原名迴馬社，專門打獵塊賺食，搭建鹿寮箸塊豎，糴米買菜不免賒。」
沙鹿原本名字叫做迴馬社，都是靠打獵來維持生活，搭建鹿寮在這裡住，買
米買菜不用賒帳。沙鹿舊稱沙轆，地名由來於平埔族拍瀑拉族之社名「Salach」
之譯音。1722 年，御史黃叔璥、吳達禮巡按北路平埔番至沙轆社而返，從此
沙轆社亦稱為「迴馬社」，有關迴馬社之由來據番俗人考云：「以余與吳待御
北巡至此迴也。」沙鹿鎮原是沙轆社的生活範圍，生活方式以狩獵粗耕及捕
魚活動為主。狩獵又以捕鹿為最主要，這與台灣自然環境沒有老虎、獅子等
猛獸有關，再加上草木旺盛、很少有霜雪，極適合鹿隻生存，因此鹿產特別
多。遠在明末漢人移民入台之初，漢人即常以米、鹽、雜貨等物品與原住民
交換狩獵之物。今沙鹿鎮的鹿峰、鹿寮二里一帶舊稱為「鹿寮」，鹿峰里是「上
鹿寮」，鹿寮里是「下鹿寮」，因此地昔日捕鹿者曾築寮於此〔註49〕。

「清朝嘉慶患大難，看見紅燈在溪間，無意駛入大安港，脫險命名為大
安。」清朝的嘉慶皇帝遇到大難，看見有紅色的燈在溪間，無意間就將船開
進了大安港，後來脫離了險境這裡便取名為大安。大安地名出自於過去在大
安鄉境內的港口名，因此港可安全碇泊，所以叫做大安港。亦有稱海翁窟港

峰鄉志》（台中：霧峰鄉公所，1993 年 8 月），頁 12～13、285。私立長榮大
學：《新修霧峰鄉志》（上）（台中：霧峰鄉公所，2009 年 10 月），頁 424。私
立長榮大學：《新修霧峰鄉志》（下）（台中：霧峰鄉公所，2009 年 10 月），頁
1550。

〔註49〕詳見洪敏麟：《台灣舊地名之沿革》第二冊（下），頁 153～156。王仲孚總編
纂：《沙鹿鎮志》（台中：沙鹿鎮公所，1994 年 1 月），頁 118、155、276。

或螺施港，「海翁」即鯨魚，「窟」指儲水深窪地，因海上眺望鐵砧山，有如鯨魚之浮於水面，再加上港口深闊，所以叫做海翁窟港；至於「螺施港」（或作勞施港、羅施港），「螺施」是螺殼上迴旋紋，以此來比喻船隻出入航道繞轉的樣子。有關大安地名的由來，還有其他說法，根據地方父老相傳，1808年嘉慶君南巡，船出楊子江即遇雷電交加，風浪大作，船舵失掌，任其漂流，驚險萬狀，時夜將半，天無星光，地更無光，一片漆黑，忽見二盞微弱燈光導引，遂安然駛入港內，嘉慶君上岸後大喜曰：「必有神助，此乃大吉之地大安之港也」，此乃承蒙嘉慶君敕賜更名爲大安港之由來〔註50〕。另外，《和安宮誌》亦有記載：嘉慶13年（1808年）六月，嘉慶君微服南巡，船行出楊子江，狂風暴雨、雷電交加，頓時迷失方向，就在眾人驚恐之餘，有兩盞微弱燈火指引方向進入螺絲港，平安入港以後，君贊「必有神助」，道：「此乃大吉之地、大安之港」〔註51〕。而在《台中縣鄉土史料》中也有這則傳說：相傳清朝嘉慶皇帝南遊，船出楊子江後，突遇大風暴，正在危急之際，突然看到一對白燈，經白燈之引導得以安全入港。其部下上岸後問此港何名，曰：「羅施港。」嘉慶則聽成「勞施港」，以其名不雅，故云：「此港良好，此乃大安港也。」大安之名自此沿用至今〔註52〕。

「台中港區所在地，古早古早名鰲西，五條水路入水口，後來庄名改梧棲。」台中港所在的地方，以前的名字叫做鰲西，有五條河水的入水口，後來村莊的名字改爲梧棲。梧棲鎮位於台灣中部，台中縣的西部沿海，爲台中港的門戶重鎮。因位於牛罵溪出海的五水汊口，故舊稱「五汊港」。而地方賢達雅士更取「鳳飛梧不棲，非靈泉不飲」的雅意，將「五汊」音雅化爲梧棲，又因梧棲位於鰲峰山之西，故又稱「鰲西」〔註53〕。

「雙人行到烏溪邊，日照溪底雙個天，烏溪內底有日頭，烏日庄名按呢生。」兩個人走到烏溪的旁邊，太陽照到溪的底部映照出兩個天，烏溪裡面

〔註50〕詳見洪敏麟：《台灣舊地名之沿革》第二冊（下），頁169～170。林文龍著：《台灣掌故與傳說》（台北：台原出版社，1994年6月第一版第二刷），頁47。文化部iCulture，網址：https://cloud.culture.tw/，瀏覽日期：2018年11月4日。

〔註51〕詳見聯合新聞網，2017年09月01日，標題：「跟著嘉慶君走趟奇幻之旅，愛上大安海口味」，網址：https://udn.com/news/story/6964/2675047，瀏覽日期：2018年11月4日。

〔註52〕詳見呂順安主編：《台中縣鄉土史料》（南投：台灣省文獻委員會，1994年12月），頁130。

〔註53〕詳見王仲孚總編纂：《梧棲鎮志》（台中：梧棲鎮公所，2005年5月），頁46。

有兩個太陽，所以烏日的名字是這樣來的。有關烏日鄉民的沿革探源，眾說紛紜，版本多樣。第一是「鄉徽」說：這是烏日鄉公所於1969年所制定的鄉徽，烏日鄉公所於1989年所發行的《烏日鄉公所簡介》的意義說明是，鄉徽中的一隻「烏鴉」仰頭展翅，除了代表鄉名之外，也象徵烏日鄉正如瑞鳥在空中自由翱翔般欣欣向榮。第二是「黑鄉」說：很多周邊鄰鄉的居民當跨入烏日鄉界時，就感覺烏日鄉的天空比其他鄉來得烏蒙灰黑。而誤以為這就是烏鄉名的來源。這種看法的形成，恐怕是台灣光復後才有，但烏日在台灣光復前就已經存在。因為台灣光復後，隨著台中市的繁榮，烏日鄉成了台中市的衛星工業區，因此工廠林立，空氣汙染嚴重，又因應人口住戶增加的建材需求，烏溪沿河兩岸砂石場林立，灰沙到處飛揚。第三是「湖日」說：烏日鄉昔日山明水秀，風景秀美，山水環抱，由大肚溪向大里溪溯遊之際，清晨煦日東昇，倒映寬廣水面，水廣如湖，湖中映日，故稱「湖日」，如今烏日鄉確實留有「湖日」的地名。1895 年台灣割讓日本，因「湖日」的閩南語音與「烏日」略似，日本人誤以為「湖日」為「烏日」。事實上，日本人在 1920 年才對台灣地方行政區域有作大幅度的確定和更改，經過更改的 160 多處地名都沒有「烏日」，因此日人誤把「湖日」更改為「烏日」的說法是不正確的。第四是「凹入」說：烏日的地勢低窪，筏仔溪流至今之烏日村時，畫一大圓弧後才注入大里溪。大里溪又流入大肚溪，每個支流在低「凹」處匯「入」本流的地方，是人口聚集處，因此有人將這些聚落命名為「凹入」。所以「烏日」或「湖日」其實是閩南語「凹入」的諧音字。第五是「土語」說：根據林衡道的口述歷史《鯤島探源》，第二冊有關於烏日的地名，他說：「台中縣烏日鄉，原名湖日，是一個由平埔族語轉音的地名，閩南語的「湖」與「烏」同音…。」另外根據地理學家洪敏麟所著的《台灣舊地名沿革》裡，也提及「鄉名烏日或作湖日，其由來有云，出自平埔族語之譯音」〔註54〕。

　　「鐵砧山腳地理好，大甲出名媽祖婆，劍井水質鹽份薄，鐵砧山頂好七桃。」鐵砧山下的地理很好，大甲最出名的就是媽祖婆，劍井的水質鹽分低，鐵砧山上是個遊玩的好地方。大甲是由大甲溪、大安溪沖積而成的沖積扇平原，是個「雙龍抱珠、旗鼓相當」之好地理、好風情的好所在。享譽中外的「鎮瀾宮」就是那顆明珠，南北兩端滾滾長流的大甲溪和大安溪猶如雙龍蜿

〔註54〕詳見廖美珠主撰：《烏日鄉志・歷史篇》（台中：烏日鄉公所，2004 年 10 月），
　　　　頁 22～25。洪敏麟：《台灣舊地名之沿革》第二冊（下），頁 125。

蜓環抱入海,加上「南水美、北鐵砧」這兩座小山,自然形成旗陣、鼓地,所以說大甲鎮是好山、好水、好人情的好地方。大甲鎮瀾宮〔註 55〕是大甲地區五十三庄的信仰中心,本地的居民向外移民時,經常會攜帶媽祖的神像與香火前往移居地供奉,至今亦建立了不少的廟宇,例如埔里雙寮雙吉宮、芳苑漢寶鎮安宮、基隆聖安宮等。由於大甲媽祖靈蹟赫奕、神庥廣被,庇佑鄉民四時無災、八節有慶、闔境平安,因而香火鼎盛,信徒遍及全台和世界各地,儼然成全球的媽祖信仰中心。大甲鎮上的鐵砧山面積達五十甲,標高雖然只有兩百三十六公尺,卻是台灣西部最靠近海邊且最高的山,是一座遍布自然生態、歷史人文史蹟兼具與藝術文化相結合之寶山。大甲鎮地景因有鐵砧山而豐富,而鐵砧山因有「劍井」,而使小山聞名於世。「鐵砧劍井」於 1961年列為台中縣八景之一,是全台著名觀光勝地。劍井昔稱「國姓井〔註 56〕」,位於半山腰,標高 180 公尺,直徑約為 3 台尺,水深半尺餘,清澈如鏡。由於水質清澈潔淨、甜美甘醇,平日上山散步運動或踏青的旅客,無不汲取此泉水回家泡茶〔註 57〕。

　　「龍井原名龍目井,兩口古井水真甜,龍目井水治百病,來往信徒年閂年。」龍井原本名字是龍目井,兩口古井的水都很甜,龍目井的井水能治百病,來這裡的信徒一年接著一年。龍井一名出自於今龍泉村龍目井巷之古井

〔註 55〕大甲鎮瀾宮位於大甲鎮順天路 158 號,基本轄區有大甲、大安、外埔、后里等五十三庄,建廟時間是在 1732 年,功體的主神是天上聖母,即媽祖娘娘。相傳 1730 年福建省莆田縣湄洲嶼人氏林永興,自湄洲祖廟朝天閣奉請天上聖母神像來台,抵達大甲並定居,當時移民篤信湄洲媽祖,紛紛前來參拜,聖蹟昭著。地方縉紳見香火鼎盛,徵得林氏同意,擇地於現址,於 1732 年初建草寮奉祀。日後地方發展,信眾日增,地方仕紳連昆山捐地建廟,正式命名為「鎮瀾宮」,供奉天上聖母為地方守護神,廟宇於 1752 年完成。1770 年,林對丹捐建,官方稱之為「天后宮」,1787 年,大甲西社平埔族人獻地,武舉人台灣北路淡水營都司陳峰毫、地方人士吳偏等人發起重修。道光年間大甲巡檢宗觀廷與地方縉紳、大甲團練局五十三庄正副庄正重修、增建戲台,迨至 1888 年林鳳儀擴建,將戲台增築為山川殿,圍出天井,整修廂房,今日「鎮瀾宮」的規模才大體完成。詳見廖瑞銘總編纂:《大甲鎮志》(下冊)(台中:大甲鎮公所,2009 年 1 月),頁 1308。

〔註 56〕據傳說鄭成功隨身攜帶陰陽寶劍,一把歸於台北之劍潭,另一把落在鐵砧山之國姓井,為使「國姓井」與台北「劍潭」能南北相輝映,1953 年重修國姓井時,監察院于右任院長特地將其改名為「劍井」,並親書「劍井」二字,立石為誌。廖瑞銘總編纂:《大甲鎮志》(下冊),頁 1606。

〔註 57〕詳見廖瑞銘總編纂:《大甲鎮志》(下冊),頁 1309、1604～1606。

「龍目井」，1920 年改稱為龍井。有關於龍目井的傳說，在《彰化縣志》中記載：「龍目井，在邑治北十七里，其泉湧起數尺，如噴玉花，山下田數百畝，皆資此泉灌溉。色清味甘，里人多汲焉。旁有兩石，狀若龍目，故名。里人環井居，竹籬茅舍亦饒幽致」。或有一說，稱龍井即魚井，以一年四季皆可捉到大魚，且井旁有一大石狀似龍在噴水，故名「龍目井」。位在龍泉村龍目井巷的龍目井，林藜的《蓬壺擷勝錄》說，該井是在一百多年前，由一外籍神父所開鑿，井水清澈見底。另有一說，相傳該井泉水湧自老樟的樹根中，先民開拓早期，就發現了它；直到日治時期，才將樟樹根部挖去，築成井狀，上加蓋子以保持井水衛生。相傳此井水可治眼疾，試過的人很多，據說也收過奇效。在龍目井的東北方有番婆井，早期為水裡社平埔族婦女的聚集地，早晚在這裡洗衣服，並汲水為日常生活使用。新整修後的龍目井，近年已成為觀光客休閒旅遊必訪的景點，附近民眾在茶餘飯後也會聚集在這裡聊天、下棋，共享悠閒時光〔註 58〕。

　　「地方不時無平靜，事件不斷來發生，安撫政策真好用，然後停止名和平。」這裡常常都不平靜，事情不斷的在發生，安撫政策很好用，後來就停止了紛爭名字叫作和平。和平鄉原是泰雅族原住民居住的地方，地廣人稀。1920 年，日據時代原屬東勢郡，劃為山地理蕃行政區，所有民政、教育、衛生和行政業務都由警察綜理，因為山胞民族性堅強，對日本人的佔據，經常反抗，日本人起初用懷柔政策無效，繼而改採鎮壓，想以武力統治。那時候，把全區編為三個外警區，強制山胞集體移住，以便於政治上的控制、經濟上的搾取，一直到 1945 年台灣光復後，始劃為台中縣行政區域之一，並命名為「和平」〔註 59〕。

第三節　彰化縣

　　在彰化縣的部分，陳再得用了一百零八句，共二十七個小段落來寫彰化縣內二十六個鄉鎮市之新舊地名、地理環境、歷史沿革、傳說故事、人文藝術與經濟活動等，在此分成三部分，每部分有九個小段落來做討論：

〔註 58〕詳見洪敏麟：《台灣舊地名之沿革》第二冊（下），頁 177。鄭清海等：《龍井百年志》（台中：龍井區公所，2011 年 10 月），頁 203、219。

〔註 59〕詳見台中市和平區公所，網址：https://www.heping.taichung.gov.tw/，瀏覽日期：2018 年 11 月 4 日。

一、彰化市等八個鄉鎮市

首先是彰化市、芳苑鄉、大城鄉、芬園鄉、員林鎮、溪湖鎮、二水鄉及北斗鎮等八個鄉鎮市:

彰化舊名是半線	東側伊靠八卦山	清朝時代名就換	顯彰皇化出大官
芳苑早年番仔挖	溪門塞鄭無礁瓦	戊戌年間水眞大	冬尾時天風飛沙
沙崙一層過一層	日本時代改沙山	再改芳苑有恰慢	台灣光復的年間
大城古早大城厝	紀念人名眞特殊	那人來自泉州府	耕農兼塊教功夫
芬園本是貓羅社	專是熟番塊賺食	後來漢人搬來豎	將園種茶變好額
員林原是下仔林	一條長林像牛擔	庄名三字嫌不雅	政府即改爲員林
溪湖古早無幾户	東螺溪邊有凹窩	農民對地眞照顧	拉彎取直變溪湖
二水號做二八水	濁水清水合做堆	流到庄南做一位	東螺西螺又分開
北斗舊名叫寶斗	戊戌年間出溪流	歸庄的厝移退後	即將寶斗改北斗

(〈台灣地名探源——彰化縣〉,頁 205)

「彰化舊名是半線,東側伊靠八卦山,清朝時代名就換,顯彰皇化出大官。」彰化舊地名是半線,東邊是八卦山,清朝時地名就換了,彰顯皇民化出大官。彰化市的地形可分爲兩個地形區,東南部的八卦台地(又稱八卦山脈)與西北、東北部的平原區,原名「半線」,因爲早期這裡是平埔族巴布薩族(Babuza)半線社居住之地。1723 年(清朝雍正元年),清廷因爲朱一貴事件,爲鞏固其統治,從諸羅縣分出大甲溪以南、虎尾溪以北土地,設置彰化縣,其縣名由福建巡撫王紹蘭之彰化縣城碑記中云:「實獲眾心,保城、保民,彰聖天子丕昌海隅之化歟」,由此可知,「彰化」一名含有「彰顯皇化」之意〔註60〕。

「芳苑早年番仔挖,溪門塞鄭無礁瓦,戊戌年間水眞大,冬尾時天風飛沙。沙崙一層過一層,日本時代改沙山,再改芳苑有恰慢,台灣光復的年間。」芳苑早年叫作番仔挖,溪門填滿沒有乾的瓦石,戊戌年間有很大的水,冬天快結束時這裡有風飛沙。沙崙一層又一層,日治時期改名叫做沙山,後來改叫芳苑有比較慢,是在台灣光復的時候。芳苑鄉昔作「番仔挖」,因爲這一帶原是平埔族巴布薩族居住地,又有一條溪河道彎折入海,「挖」的閩南語讀作「oat」,意思是轉折不直。1920 年因爲這一帶有許多海岸沙丘,所以改稱爲「沙山」。台灣光復後以當地舉人洪算諒之府宅名「芳苑」作爲鄉名。1898 年(歲

〔註60〕 詳見周國屏等主撰,國立彰化師範大學地理系編纂:《彰化市志》(上冊)(彰化:彰化市公所,1997 年 8 月),頁 13、30。

次戊戌）發生了濁水溪氾濫，即戊戌年大水災，東螺溪流域災情嚴重，大水從舊濁水溪（東螺溪）衝出來。河流從南投縣的濁水往西流，到彰化縣二水鄉的鼻仔頭，往西北方向流經北斗鎮、埤頭鄉進入二林鎮，又往西進入芳苑鄉後，再偏西北方向由福興鄉的麥嶼厝出海。日治時期，為了防止沙山、二林兩地北邊嚴重的沙害問題，所以沿著舊濁水溪南岸，遍植合歡樹及木麻黃來阻擋風沙，結果形成了一大片的防風林，面積有一千多公頃。戰後日本人離開後，對防風林的管理沒有約束力，很多民眾任意砍伐，沒多久防風林便失去功效。結果每到冬天，季節風一來，芳苑鄉、二林鄉一帶地方又開始風沙大作，嚴重時，大白天走在郊外，伸手不見五指，很多農田亦遭掩埋，到處沙丘林立。直到 1951 年芳苑鄉第一屆民選鄉長林清溪規劃種植防風林，將木麻黃樹分布種植在農地裡，稱作「耕地防風造林」。芳苑鄉境內的沙丘在舊濁水溪之上，有草湖沙丘跟埤北沙丘。草湖沙丘的範圍西邊從崙腳村向東延伸到下王功寮，北由舊濁水溪岸向南經萬合到山寮，全長大約八公里，寬約數百公尺，最寬達 1.5 公里，高度在 5 公尺左右，最高可達十餘至二十公尺；埤北沙丘由草湖南經埤北至二林西南岸，南北長 3.5 公里，東西寬約數百公尺之範圍內有許多沙丘，高約 2.5 至 5 公尺。1926 年後，由於濁水溪的整治，主流導向西螺溪，堤防之興建使舊濁水溪的規模變小，相對的沙源供應減少，因此沙丘的分布範圍變小，規模也變小，離岸較遠或規模較小的沙丘因沙源不足而分布零散，甚至消失。1962 年後，埤北一帶的沙丘明顯縮小，也因為農地的開發以及農發會輔導農民沙丘地的灌溉技術，大部分的沙丘被闢為蔗田、蘆筍園、瓜田，甚至加以土壤改良闢為稻田，因此現已難看出原有之沙丘遍布的景象〔註61〕。

　　「大城古早大城厝，紀念人名眞特殊，那人來自泉州府，耕農兼塊教功夫。」大城以前叫做大城厝，紀念人名很特殊，那個人來自中國泉州，除了會耕種還會教別人功夫。大城鄉起於康熙末年至雍正年間，由福建泉州人來此開墾，所以居民大多信奉王爺與保生大帝。傳說有一名叫「魏大城」者首先遷入本地，故以人名為地名。另有一說則是先民們入墾於此，聚集形成大

〔註61〕詳見洪麗完總編纂：《二林鎮志》（下冊）（彰化：二林鎮公所，2000 年 6 月），頁 606。林俊全著：《芳苑鄉志—地理篇》（彰化：芳苑鄉公所，1997 年 12 月），頁 63～65。魏金絨著：《芳苑鄉志—歷史篇》（彰化：芳苑鄉公所，1997 年 12 月），頁 43。洪敏麟：《台灣舊地名之沿革》第二冊（下），頁 398～400。

集村，築土壘以禦防盜匪，故稱為大城〔註62〕。

「芬園本是貓羅社，專是熟番塊賺食，後來漢人搬來豎，將園種菸變好額。」芬園原本是貓羅社，這裡都是居住原住民平埔族，後來漢人搬來這裡，把地拿來種植菸草賣了很多錢，變很有錢。有關芬園鄉名由來，據傳在清朝年間，有人在此地種植菸草（閩南語稱菸為芬或薰），故稱「芬園」，初作「芬園新莊」。但當時所種植之菸草，可能並非一般人常抽的香菸的菸草，而是鴉片煙，也就是罌粟（或稱阿芙蓉或合敷融），1884 年法人之役，南北禁港，商船杜絕，鴉片不至，於是嘉、彰各處多有種植者，芬園一名應該就是在此時誕生。這一帶昔日為平埔族原住民洪雅族貓羅社居住之地。1660 年開始有福建人移入墾殖，到了 1725 年，則有大墾首吳洛率佃入墾，鑿圳闢田；隨後，又有泉州府同安縣人拓荒於八卦台地上，創建同安厝莊，後改稱同安寮〔註63〕。

「員林原是下仔林，一條長林像牛擔，庄名三字嫌不雅，政府即改為員林。」員林原本是下仔林，一條長長的森林形狀看起來像牛擔，庄名三個字覺得不太好聽，後來政府將此地改為員林。關於員林地名的由來有幾種說法：第一洪敏麟認為墾殖當時，墾民從四方啓林闢地，留下圓形林地，稱為員林仔，後來在此建村莊，乃做為地名。第二陳國典認為員林最早的移民絕大多數來自粵東、閩南之客家人或福佬客，碉堡式的圓樓仔是其典型住宅型式。初至異鄉墾荒，自然建造和原鄉相同的住屋，但受限人力、物力和技術無法像原鄉的圓樓仔那般堅固與美觀，形狀圓如「籃仔」。或因閩、粵不睦，故蔑視而稱之為「圓籃仔」；或只是因為腔調的差異，福佬系的漳州人將「圓樓仔」聽成「圓籃仔」，「籃」因同「林」（福佬語），「林」好記好寫，故以林代籃，變成為「圓林仔」。又圓樓仔外圍都種有樹林，沿著弧形護龍而種植成的圓形圍林，主要原為水土保持和保護牆壁，為此也可能因屋及林，以「圓樓仔」外圍的圓形樹林而命名。後來成為街肆就稱為「員林仔街」，簡稱為「員林街」、「林仔街」。第三員林古作「圓林」，為粵東客家張姓在乾隆時期開發，早期是有城牆的街市，原稱為員林仔街，後簡化為員林街。第五

〔註62〕詳見洪敏麟：《台灣舊地名之沿革》第二冊（下），頁 405。大城鄉公所，網址：https://town.chcg.gov.tw/dacheng/00home/index7.asp，瀏覽日期：2018 年 11 月 5 日。

〔註63〕詳見洪敏麟：《台灣舊地名之沿革》第二冊（下），頁 303、305。蔡相輝總編纂：《芬園鄉志》（彰化：芬園鄉公所，1998 年 3 月），頁 86。

姚瑩在 1821 年所作的台北道里記一文，稱「下林仔」，即員林仔之訛，或謂：
「員林仔：員（英梔切）、林（拿）、仔（啞），或作下林仔」，因初闢之時，
原爲樹林茂盛之地，居民在墾餘之圓形森林築屋成村，故得名，謂之圓林仔，
後簡化爲員林仔。1945 年改爲台中縣員林區員林鎮，1950 年撤廢區署時，
改屬彰化縣員林鎮〔註64〕。

　　「溪湖古早無幾戶，東螺溪邊有凹窩，農民對地眞照顧，拉彎取直變溪
湖。」溪湖以前這裡沒住幾戶人家，東螺溪邊有一個地勢低限的土地，農民
對這裡的地都很照顧，截彎取直變成溪湖。溪湖鎮位於彰化縣內略中央的位
置，有舊濁水溪（或稱東螺溪、麥嶼厝溪）支流環流於此，又因四周有許多
沙丘，裡面地勢低窪，就像湖一樣，取其「溪」和「湖」，合爲溪湖。又據溪
湖鎮公所提供的資料，所謂的溪指的是「大突溪」，是昔日舊濁水溪的主河道，
「湖」指的是「崙仔厝湖」和「沙仔湖」，分別位於溪湖糖廠鐵道兩旁，現已
不復見。因此地地勢低窪，河水氾濫時常淹沒成湖，水退去便形成溪流、沼
澤和湳田，西邊有沙丘和農舍的溪澤湖田稱爲「崙仔厝湖」，東面河砂沖積的
溪澤湖田則稱爲「沙仔湖」，因爲地形溪澤湖田，故稱爲「溪湖庄」。1945 年
改爲台中縣員林區溪湖鎮，1950 年撤廢區署屬彰化縣溪湖鎮。溪湖鎮界大多
以河道及灌溉水圳爲主，東邊沿著北勢圳、仁安路與埔心鄉毗鄰，西邊幾乎
以舊濁水溪爲界和二林鎮相鄰，南面分別隔著舊濁水溪與埤頭鄉鄉望外，也
以海豐排水及其溝渠與田尾鄉爲界，北面大致以埔鹽幹線排水路緊鄰埔鹽
鄉，惟東南側與永靖鄉交界地帶並無明顯的地景可區分鎮界。除了舊濁水溪
是自然界線外，絕大多數是人文界線，由此我們可知，溪湖鎮灌溉溝渠等水
利設施十分普及，是農業發展的一大助力〔註65〕。

　　「二水號做二八水，濁水清水合做堆，流到庄南做一位，東螺西螺又分
開。」二水叫做二八水，濁水和清水合在一起，流到村莊的南邊便合在一起，
東螺跟西螺又分開。二水舊稱二八水，最早見於 1760 年的「乾隆年間台灣番

〔註64〕詳見洪敏麟：《台灣舊地名之沿革》第二冊（下），頁 310～312。中華綜合發
　　　　展研究院應用史學研究所總編纂：《員林鎮志》（彰化：員林鎮公所，2010 年
　　　　12 月），頁 105～106。
〔註65〕詳見蔣敏全總編纂：《溪湖鎮志》（彰化：溪湖鎮公所，2012 年 12 月），頁 51、
　　　　78～79、102～103。洪敏麟：《台灣舊地名之沿革》第二冊（下），頁 318～319。
　　　　溪湖鎮公所，網址：https://town.chcg.gov.tw/xihu/00home/index8.asp，瀏覽日
　　　　期：2018 年 11 月 5 日。

界圖」，圖上標有「二八水庄」，地名由來於「二八水圳」（二水鄉人習慣稱「二分水圳」或「二分仔圳」），二八水圳大約興築於 1719 年到 1721 年之間，是兩條重要水利設施的聯絡水圳，穿過清代時二水鄉的過圳庄（今合和、上豐、過圳、五伯、光化、文化、二水等村），也就是從集集線火車車庫，流經文化村、二水街、光化村到員集路的二八水橋，不過目前已看不見完整的水圳。這條水圳剛好是二水的中心，也就是昔日二八水庄的範圍，二水舊地名的由來應該就是源自於此。二水鄉的最南端在二水鄉合興村與南投縣竹山鎮的交界處，距離縱貫鐵路跨越濁水溪處東方約 175 公尺處的沙洲，即八堡圳〔註66〕放水路與濁水溪交界處南方約 50 公尺處。二水鄉降水量雖然不多，但因位於濁水溪沖積扇平原，有濁水溪及其分流舊濁水溪流經。濁水溪自南投縣名間鄉流入二水鄉的東南緣，部分河段是與南投縣竹山鎮、雲林縣莿桐鄉及林內鄉之界河。濁水溪主流河道源自合歡山主峰與中峰之間的佐久間鞍部，稱爲霧社溪，流至南投水里東南的龍神橋附近，匯入支流陳有蘭溪，自此以下爲中游河段，流至二水鄉鼻子頭附近，河道極爲狹窄，出了鼻子頭隘路後，河床變寬，流路分歧，爲下游河段，又稱爲西螺溪。舊濁水溪在歷史上又稱東螺溪（寶斗溪）的北斗溪、濁水溪和麥嶼厝溪，是濁水溪流出八卦台地與斗六丘陵之間的鼻子頭隘口後，所形成的諸分流之一，在二水鄉南端的合興村自主流分出〔註67〕。

「北斗舊名叫寶斗，戊戌年間出溪流，歸庄的厝移退後，即將寶斗改北斗。」北斗舊地名叫做寶斗，在戊戌年間有溪流流出，整個村莊的房子都向後移，後來寶斗改名爲北斗。北斗舊稱寶斗，一般認爲地名由來是因爲這裡街道縱橫交錯整齊，看起來很像骰子，也就是「寶斗仁」，所以命名爲寶斗。

〔註66〕八堡圳是清代台灣最大的水圳，是彰化縣重要的水利設施，也是古老的埤圳之一。圳頭取水口在倡合村（頂厝仔）橫仔寮東方。由圳水灌溉區域遼闊，含括彰化縣屬十三堡半中的八個堡，因此逐漸稱以八堡圳，並沿用至今。八堡圳自鼻子頭分爲二圳，即一圳和二圳，一圳原稱施厝圳，因水源取自濁水溪，故又稱濁水圳；二圳又稱十五庄圳，原取水口在金埠寮（橫仔寮），與施厝圳取水口約在同一地點，向南分出水源。另外還有橫互於東西向施厝圳與十五庄圳之中的二八仔圳，二八仔圳舊稱二八水圳，圳渠是南北向，主要向南導入灌溉二八水庄附近農田，因日治時代縱貫線鐵路二水站的設立，圳渠兩側水田已成建地，今日的二八仔圳指在二八仔自八堡二圳分水引灌的支渠。詳見周宗賢總編纂：《二水鄉志》（彰化：二水鄉公所，2002 年 5 月），頁 51〜52。

〔註67〕詳見周宗賢總編纂：《二水鄉志》，頁 16、48、173〜175。

但事實上，在建立街肆之前，當時這裡尚爲一片田園，並無寶斗仁一般的景象，這裡原本是平埔族巴布薩族東螺社居住地，東螺社社名（Dabale Baoata）的平埔族語音與「寶斗」這兩個字的閩南語發音相近，「寶斗」一名可能由此而來。後來地方仕紳依據天象地理，以寶斗以南一里多有文昌祠（後來遷移至今文昌里之地，現已倒塌），因此符合「北斗魁前六星」的象徵，另外在南邊二十餘里，又有斗六作爲朝山，又應了「南斗六、北斗七」的象徵，於是改名爲「北斗」。但是大家還是習慣叫「寶斗」，因此雖然改名「北斗」，但是叫的還是「寶斗」的音。1806 年，因東螺街遭漳泉械鬥殃及，加上洪水爲患，於 1821 年遷建新市街於現址。1898 年（歲次戊戌），濁水溪沿岸發生「戊戌大水災」，因濁水溪支流清水溪上游草嶺潭潰決，流路北移，洪水回歸舊濁水溪故道，使舊濁水溪（東螺溪）成爲濁水溪下游的主流。北斗街全街浸水，溪水漲勢如奔馬，沙仔崙（田中舊街）、曾厝崙（田尾鄉）、北勢寮土地大量流失〔註68〕。

二、二林鎮等九個鄉鎮

　　第二部分是二林鎮、田尾鄉、田中鎮、埔心鄉、埤頭鄉、竹塘鄉、溪州鄉、線西鄉及鹿港鎮等九個鄉鎮：

二林古早是儒林　漢文每人都眞深　顧全庄名爲己任　爲何政府改二林

田尾田中無田頭　相連一條浮水溝　庄頭原在無移走　圳水不斷著塊流

埔心原名大埔心　東面隔界是員林　高速公路在西面　除掉大字名埔心

埤頭部落在溪邊　這遍土地有夠平　後來庄頭人帶鄭　庄名由來按尼生

〔註69〕

竹塘古早蘆竹塘　蘆竹生在池中央　開墾做田甲做園　然後庄名變竹塘

溪州原來浮圳地　庄頭頂下兩條街　溪頭二條合做伙　溪底土地抹外隘

<hr>

〔註68〕　詳見張哲郎總編纂：《北斗鎮志》（彰化：北斗鎮公所，1997 年 1 月），頁 140、145、157。洪敏麟：《台灣舊地名之沿革》第二冊（下），頁 371。

〔註69〕　「埔心原名大埔心……庄名由來按尼生」等八句在陳益源、陳必正、陳芳慶編：《陳再得的台灣歌仔》一書中並沒有出現，筆者在對照書中收錄的〈台灣地名探源〉中所提到的鄉鎮市時，發現缺少了埔心及埤頭兩處地名，進一步查證資料後，發現在陳再得先生編著、許明山先生珍藏的《台灣鄉土詩歌集錦》中有收錄〈台灣地名探源〉此首歌仔，經過比對後，筆者發現在《台灣鄉土詩歌集錦》中，有此八句歌仔詞，因此筆者認爲，應是當初編輯《陳再得的台灣歌仔》此書時有所缺漏，故筆者在此將此八句補上。

線西就是下見口　南側一條番仔溝　自與伸港分了後　全鄉只有八庄頭
鹿港號做鹿仔港　來自泉州晉江人　大小生意做會動　無做生意做粗工
文人全島出尚多　藝術師傅踢倒街　中央院長伊有做　國際企業佔頭魁
（〈台灣地名探源——彰化縣〉，頁205～206）

「二林古早是儒林，漢文每人都真深，顧全庄名為己任，為何政府改二林。」二林以前是儒林，漢文每個人都認識很深，是自己的責任，為什麼政府要改名為二林。二林一名最早見於荷蘭東印度公司檔案中之記載「Gilim」，是平埔族巴布薩族二林社的所在地，二林社之平埔族語為「Gilim」，「Gi」與國字「二」的閩南語發音相同，而「Lim」的閩南語發音與國字「林」相同，故「二林」為平埔族語「Gilim」之譯音。此外，有關二林地名起源，流傳於民間的說法尚有以下幾種：一是由牛林轉變而成二林，主要是二林原本為荒蕪之地，到處都是野竹叢林，雜草蔓生。漢人初履此地，發現當地有甚多野牛出沒其間，所以取名為「牛林」，由於牛林的音、義不雅，所以以二林代替牛林。二是「儒林」，因為「儒」字的閩南語發音與「二」相似，而且「二」也比較簡單好記，因此改為二林。但也有人認為二林應當是原本的名稱，清朝嘉慶年間，彰化縣令楊桂森到二林這個地方，發現這裡文風鼎盛，連販賣豆漿油條的小販都能吟詩作對，驚嘆之餘，認為這地方足可稱為「儒林」，儒林之名因而傳開。第三種說法主張在漢人移居之前，二林當地有兩處樹林，漢人入墾以後，將它取名為二林。也有人說是因為當地有兩棵大樹，所以叫做二林。此外也有人說現在的二林自來水廠東南方，原本是一個大土崙，土崙上面有兩棵大樹，附近地帶舊地名為「番社」，也就是原來的二林社所在。二林社名的由來是因為那兩棵大樹，而土崙的土後來因被挖去填地基、蓋房子，所以被剷平了。然而不管是「牛林」、「儒林」、兩處森林或兩位林姓漢人入墾等說法，均無文獻上相關的根據，應為望文生義、穿鑿附會之說〔註70〕。

「田尾田中無田頭，相連一條浮水溝，庄頭原在無移走，圳水不斷箸塊流。」有田尾、田中沒有田頭，田尾跟田中之間有一個浮水溝相連，村莊還是在那裡沒有移走，圳溝的水一直不斷地流著。在全台的鄉鎮市中，在彰化

〔註70〕詳見洪麗完總編纂：《二林鎮志》（上冊）（彰化：二林鎮公所，2000年6月），頁257。洪麗完總編纂：《二林鎮志》（下冊），頁605。洪敏麟：《台灣舊地名之沿革》第二冊（下），頁377～379。

縣有田中鎮、田尾鄉，但找不到以田頭為名的鄉、鎮、市〔註71〕。1680 年到1719 年間，彰化平原開鑿八堡一圳、二圳灌溉系統，系統轄內設八個堡，田尾因地型狹長，分隸東螺東堡、東螺西堡及武西堡，而田中鎮則屬武東堡及一部份之東螺東堡，田中及田尾有八堡二圳連接灌溉著。田尾鄉位在彰化縣略中央偏東南處，在濁水溪沖積扇北緣，地名由來於此地為八堡二圳之水田末端處的村莊，因而叫田尾；而田中鎮在彰化縣東南部，東倚八卦台地之南段，西南部屬濁水溪沖積扇，中間為彰化隆起海岸平原，鄉名田中昔作田中央，其由來係居民在水田之中央築屋成村莊，因而得名，1920 年刪去「央」字，改稱田中〔註72〕。

　　「埔心原名大埔心，東面隔界是員林，高速公路在西面，除掉大字名埔心。」埔心原本名字是大埔心，東邊是員林，高速公路在西邊，把大字拿掉名字就變成了埔心。埔心鄉於 1661 年屬一府二縣之東都承天府天興縣（1664年改為天興州）；1684 年改隸福建省台灣府諸羅縣；1723 年由諸羅縣劃出虎尾溪以北至大甲溪以南之地，設彰化縣治，彰化縣轄十六堡，埔心鄉屬於武西堡，並以「大埔心」為最大的村莊；1920 年實施地方官治大改革，埔心鄉屬台中州員林郡坡心庄（「坡」與「埔」的閩南語音相近）；1945 年底改為埔心鄉。埔心鄉位於彰化縣之中心點，東接員林鎮，西毗溪湖鎮，南連永靖鄉，北與大村鄉及埔鹽鄉為鄰。省道縱貫線由埔心鄉東南角穿越，國道中山高速公路在埔心鄉西側，沿著溪湖交界處南北延伸，此兩條交通大動脈一東一西橫互，聯絡這兩條大動脈的是東西走向寬 16 米的員鹿路，但因交通流量甚鉅，1981 年新闢 24 米寬的外環道中正路，以紓解過量的交通流量，另有西北東南走向的磁鳳路，連接大溪路經梧鳳村斜向東南，通往瓦磁厝附近與員鹿路交叉，再分向員林、永靖，整個埔心的交通運輸便是由這幾條主要的道路所承擔〔註73〕。

〔註71〕參見中華郵政全球資訊網，網址：https://www.post.gov.tw/，瀏覽日期：2018年 11 月 6 日。

〔註72〕詳見洪敏麟：《台灣舊地名之沿革》第二冊（下），頁 325～327、387～388。農田水利入口網，網址：http://doie.coa.gov.tw/index.php，瀏覽日期：2018 年11 月 6 日。彰化農田水利會，網址：https://www.chia.gov.tw/chiawww/，瀏覽日期：2018 年 11 月 6 日。田尾鄉公所，網址：https://town.chcg.gov.tw/tianwei/00home/index7.asp，瀏覽日期：2018 年 11 月 6 日。

〔註73〕詳見曾慶國主編：《埔心鄉志》（彰化：埔心鄉公所，1993 年 9 月），頁 51～52、56、297。洪敏麟：《台灣舊地名之沿革》第二冊（下），頁 353～355。

「埤頭部落在溪邊，這遍土地有夠平，後來庄頭人帶鄭，庄名由來按尼生。」埤頭在溪流的旁邊，這片土地地勢很平，後來村莊裡有人帶頭，庄名就是這樣來的。埤頭鄉位於彰化縣南部，濁水溪沖積扇上，北有舊濁水溪貫流，南部接近今濁水溪北岸，全域屬平原。鄉名由來於農田灌溉是取自莿仔埤圳的水，而村莊是建立在莿仔埤圳之圳頭上，所以叫做埤頭〔註74〕。

「竹溏古早蘆竹溏，蘆竹生在池中央，開墾做田甲做園，然後庄名變竹溏。」竹塘以前叫做蘆竹溏，蘆竹生長在池子的中央，開墾除了種田也種植園林，後來庄名就變成竹塘。竹塘鄉在彰化縣西南方，隔濁水溪與雲林縣為鄰。地當濁水溪沖積扇中心地帶，係東螺溪、西螺溪、新舊虎尾溪沖積而成，鄉名「竹塘」昔稱「內蘆竹塘庄」，以便與二林鎮外竹里舊名「外蘆竹塘」有所區別。1920年改稱竹塘庄；1946年將庄改為鄉，得為今名。竹塘，初見於清道光年間彰化縣令周璽所著之彰化縣志中。其由來有二說：一即本區多低窪水塘地，佈滿天然植物，俗名曰：「蘆竹仔」或「蘆狄」，故先民來此開墾，由地形景觀取為「蘆竹塘」，隨後又依據靠海遠近謂「內蘆竹塘」，然後再簡化為「竹塘」。又有一說竹塘這裡盛產竹木又密佈水塘，因以得稱，故有謂舊名竹頭，日本人改稱為「竹塘」〔註75〕。

「溪州原來浮圳地，庄頭頂下兩條街，溪頭二條合做伙，溪底土地抹外隘。」溪州原來是灌溉水道通過的地方，村莊的前半部有兩條街，溪流的上游兩條合在一起，溪流下游的土地不會多窄。昔日濁水溪出二水隘口之後分為四條分流，由北而南依序為東螺溪、西螺溪、虎尾溪、北港溪，至日治時期，東螺溪是主流，溪州鄉位於東螺溪與西螺溪之間的浮覆地〔註76〕，即氾濫平原，因是溪中之沙洲，故名「溪洲」，後來才改為「溪州」〔註77〕。

〔註74〕詳見洪敏麟：《台灣舊地名之沿革》第二冊（下），頁392～393。彰化農田水利會，網址：https://www.chia.gov.tw/chiawww/，瀏覽日期：2018年11月6日。

〔註75〕詳見洪敏麟：《台灣舊地名之沿革》第二冊（下），頁410～411。竹塘鄉公所全球資訊網，網址：http://www.chutang.gov.tw/，瀏覽日期：2018年11月7日。

〔註76〕按河川管理辦法第一章第六條第八點，浮覆地係指「河川區域土地因河川變遷或因施設河防建造物，經公告劃出河川區域以外之土地」。參見水利法規查詢系統，網址：http://wralaw.wra.gov.tw/wralawgip/index.jsp，瀏覽日期：2018年11月7日。

〔註77〕詳見洪敏麟：《台灣舊地名之沿革》第二冊（下），頁415～417。溪州鄉公所，網址：https://town.chcg.gov.tw/hsichou/00home/index8.asp，瀏覽日期：2018年11月7日。

「線西就是下見口，南側一條番仔溝，自與伸港分了後，全鄉只有八庄頭。」線西就是下見口，南邊有一條番仔溝，自從跟伸港分開之後，整個鄉只有八個村庄。線西鄉位於彰化縣西北端，西臨台灣海峽，北沿伸港鄉，東接和美鎮，南以番雅溝爲界與鹿港鎮相鄰。1909 年公佈街社區制劃爲下見口區，隸屬台中廳彰化支廳；1920 年街庄制度實施後，下見口、新港兩區合併爲線西庄，隸屬台中州彰化郡；1946 年，改爲線西鄉，管轄二十一村，隸屬台中縣彰化區；1950 年七月一日新港鄉（1959 年七月一日更名爲伸港鄉）自線西鄉分出；同年十月二十一日縣市行政區調整，改隸彰化縣，稱爲彰化縣線西鄉。線西鄉依天然地形狀況劃分爲八個村，分別是線西、頂庄、寓埔、塭仔、溝內、下犁、頂犁、德興等八個村〔註 78〕。

「鹿港號做鹿仔港，來自泉州晉江人，大小生意做會動，無做生意做粗工。文人全島出尙多，藝術師傅踢倒街，中央院長伊有做，國際企業佔頭魁。」鹿港叫做鹿仔港，來自泉州晉江這裡的人，大大小小的生意都很會做，沒有做生意就做粗重的工作。文人全台灣最多的地方，藝術師多到可以踢倒一條街，有人當過中央院長，在國際企業中佔有數一數二的位置。鹿港原名鹿仔港，位於台灣中部鹿港溪口北岸，彰化縣之西北端，西瀕台灣海峽。有關地名的由來有幾種說法：一即因地當中部地區米穀輸出港，因方形的米倉叫做「鹿」（圓形的米倉叫做「廩」，方形的叫做「鹿」），鹿港之名是因有眾多米倉之港口；二則說是港口初闢時，鹿麋成群，初獵鹿以輸出鹿角、鹿茸、鹿皮、鹿脯，所以叫做鹿港；三則是說因早期河口港之形狀像鹿，所以叫做鹿港；四則是因鹿港一帶早年爲平埔族巴布薩族（Babuza）盤據之地，由平埔族語「Rokau-an」用福佬語音譯而來。據地方傳云，最早移入鹿港鎮的墾民來自福建省興化府，其次是來自泉州、漳州的墾民，最後到達的是潮州諸邑人。在清朝康熙中葉，彰化平原已經有不少的漢人入墾，當時半線社（今彰化市）原籍福建省泉州府晉江縣的墾首施東（又名施秉、鹿門），除了從事墾殖事業之外，也經營糖業販與日本，發財致富。施氏死後，其子施世榜繼承父業，

〔註 78〕詳見見洪敏麟：《台灣舊地名之沿革》第二冊（下），頁 275～276。施添福主持，鹿港鎮志纂修委員會：《鹿港鎮志・地理篇》（彰化：鹿港鎮公所，2000年 6 月），頁 23。中華綜合發展研究院應用史學研究所總編纂：《伸港鄉志》（彰化：伸港鄉公所，2002 年 10 月），頁 122～123。線西鄉公所，網址：https://town.chcg.gov.tw/xianxi/00home/index7.asp，瀏覽日期：2018 年 11 月 7日。

自 1709 年開始，匯集資金，開始興築施厝圳，費時十年，於 1719 年竣工。
鹿港是中部地區開發較早的地方，長期以來人文薈萃、人才輩出，1824 年富
紳舉人林廷璋、貢生陳世英等人有感於鹿港文運日開，只因非縣治所在，學
子無就學場所，於是上書海防同知鄧傳安，率領「鹿仔港八郊」（泉、廈、南、
油、糖、布、染和簕等郊）發起捐建。三年後書院落成，取名「文開」，以紀
念明末來台傳授漢學的先賢沈光文。文開書院自道光至光緒年間，大開鹿港
文風，爲地方造就許多人才，共有八位進士、十六位舉人和百餘位秀才，成
爲鹿港地區的文化搖籃。在藝術方面，自教育部於 1985 年舉辦民族藝術薪傳
獎以來，鹿港鎮已在傳統工藝類產生六位薪傳獎得主，分別是木雕李松林、
燈籠彩繪吳敦厚、神雕吳清波、傳統雕刻施鎮洋、神雕施至輝、錫藝陳萬能，
顯見傳統工藝豐富的鹿港，所表現的傳統工藝藝術成就，頗受肯定〔註 79〕。
另外在鹿港的名人還有，曾任第一屆監察院院長（任職期間爲 1987 年三月十
二日到 1993 年一月三十一日）的黃尊秋〔註 80〕先生，以及宏碁公司的創辦人
施振榮先生。施振榮先生於 1976 年創立宏碁，宏碁在 1976 年到 1986 年間推
廣微處理機的應用，製造並外銷資訊產品，並在 1987 年到 2000 年間塑造了
自有品牌，邁向國際化，是全球頂尖的資通訊公司之一〔註 81〕。

三、和美鎮等九個鄉鎮

最後是和美鎮、社頭鄉、伸港鄉、福興鄉、秀水鄉、花壇鄉、大村鄉、

〔註79〕 詳見黃秀政主持，鹿港鎮志纂修委員會編纂：《鹿港鎮志・沿革篇》（彰化：鹿
港鎮公所，2000 年 6 月），頁 127〜128。吳文星主持，鹿港鎮志纂修委員會編
纂：《鹿港鎮志・人物篇》（彰化：鹿港鎮公所，2000 年 6 月），頁 1。施添福
總編纂：《台灣地名辭書》，卷十一，彰化縣（上）（南投：國史館台灣文獻館，
2004 年 12 月），頁 156。李鎮岩：《台灣的書院》（台北：遠足文化，2008 年 1
月），頁 98。彰化縣鹿港鎮公所全球資訊網，網址：https://www.lukang.gov.tw/
home.aspx，瀏覽日期：2018 年 11 月 9 日。台灣中評網，標題「台灣走親：鹿
港進士舉人密度高風水大揭密」，網址：http://www.crntt.tw/crn-webapp/，瀏覽
日期：2018 年 11 月 9 日。
〔註80〕 根據南投地方耆老指出：黃尊秋先生原爲鹿港人，後來搬到水里定居，落籍
於水里鄉。詳見台灣省文獻委員會口述歷史專案小組編著：《南投縣鄉土史料》
（南投：台灣省文獻委員會，1993 年 6 月），頁 374。監察院全球資訊網，網
址：https://www.cy.gov.tw/mp.asp?mp=1，瀏覽日期：2018 年 11 月 9 日。
〔註81〕 詳見王樵一：《施振榮：逆境再起》（台北：超邁文化國際，2007 年 6 月），頁
17。Acer 台灣，網址：https://www.acer.com/ac/zh/TW/content/home，瀏覽日
期：2018 年 11 月 9 日。

埔鹽鄉及永靖鄉等九個鄉鎮：

　　和美原名卡里善　和平美滿像神仙　公道生意眞有變　制藥織布伊搶先
　　社頭原爲大武社　平埔熟番塊賺食　客人河洛搬來豎　逐個賺甲眞好額
　　線西分鄉名伸港　大肚溪口塊出帆　工業發達討海放　第一聰明伸港人
　　福興古名福興庄　粘在鹿港下菜園　卜尋庄頭眞好問　依在鹿港的南方
　　秀水原名叫臭水　水尾積水溝無開　溝路開透變秀水　環境清幽地眞肥
　　花壇原名茄苳腳　旭日未出天清霞　制磚工廠密密密　土質優良有爭差
　　大村舊時講大庄　連遍攏是葡萄園　姓賴代代有上算　首屆議長大村庄
　　埔鹽恰早埔鹽庄　歸片攏是反鹹園　氣候地靈牽輪返　荒埔變成好菜園
　　永靖舊名關帝廟　主祀帝爺無不著　庄頭爭鬥爭無宿　關公顯聖即定著

（〈台灣地名探源──彰化縣〉，頁 206～207）

「和美原名卡里善，和平美滿像神仙，公道生意眞有變，制藥織布伊搶先。」和美原本的名字叫做卡里善，和平美滿像神仙一樣，做生意公道，製藥廠與織布廠搶先在此設立。和美鎮位於彰化縣西北沿海平原地帶，境內有大肚溪、洋子溪、番雅溝、萬寮溪、月眉溪等溪流。東南臨彰化市，南連秀水鄉，西南傍鹿港鎮，西接線西鄉，西北面接伸港鄉，東北界大肚溪與台中縣大肚、龍井兩鄉隔溪相望。和美鎮原名「卡里善」，爲平埔族原住民巴布薩族（Babuza）族語，意思是熱與冷的交界地，氣候溫和清美之境。1920 年爲和美街，地名由來據說是有勸誠漳泉械鬥之意，另有一說是由平埔族巴布薩族社名「勝狸散」訛轉而來，即 Lolisan→Hobisan→Hobisoa。1945 年改爲和美鎮。和美全域爲海拔三十公尺以下的平原地，在工業方面，因抗戰期間，爲供應彰化市布商批賣所需，紡織工業興起，特色產業有紡織、製傘、食品業等，均曾馳譽海內外。在 1950 年以前，台灣的製藥機構僅有日人遺留的十幾處，1950 年以後，由於台灣政治局勢逐漸穩固，民間的投資意願提升，至 1956 年止，台灣藥廠數目遽增至 128 家。當時政府尚未對製藥制定相關之法令，製藥工業自由發展，不受限制，除了少數稍具規模的藥廠之外，大多數都是家庭工廠，根據 1957 年的統計資料顯示，當年度台灣的藥房藥鋪共 11870 家，最多的是台北市有 1386 家，其次彰化縣有 1353 家；在 1960 年彰化縣甚至以 1547 家超越台北市的 1538 家，所以彰化縣早期與台北市皆存在著很多的藥房與藥鋪。戰後，台灣製藥業受到日治時期現代西藥品的影響，跟著產生質變，許多較現代化的藥廠陸續在台中、彰化地區成立。這些藥廠多有藥房或藥劑師

的背景，日後轉型爲一般成藥或中藥製劑的現代藥廠，但也有不具藥房背景而以家庭配置起家的藥廠，如伸港鄉溪底村柯氏家族成立之藥廠，如長生堂、長安堂、正長生、木村藥化等〔註82〕。

「社頭原爲大武社，平埔熟番塊賺食，客人河洛搬來豎，逐個賺甲眞好額。」社頭原本是大武社，這裡居住平埔族原住民，客家人從河洛搬來這裡住，大家在這裡賺錢賺到變得很有錢。社頭過去是平埔族大武郡社所在地，有關社頭地名由來，有一說是明末清初，漢人開始渡海來台開墾這片美麗新天地。因漢人習慣稱呼平埔族人聚集的部落爲「社」，而「社頭」即代表當時這裡乃爲大武郡社頭目首領居住之地，因此得名。另一說則是因先民在大武郡社之上頭處建立村莊，故曰「社頭」。有關社頭地方漢人之入墾，開始於康熙末年詔安縣柳全風，南靖縣呂如璋；到了雍正年間，詔安縣柳全盛來墾；雍正、乾隆之際有南靖縣蕭奮派下蕭輝賢等人，蕭滿泰派下蕭仕盛等人舉族先後入墾；乾隆年間有詔安縣柳淑潘，漳浦縣石曰郡、石井、趙若美等人繼續來墾；至1831年再有南靖縣蕭貞吉入墾〔註83〕。

「線西分鄉名伸港，大肚溪口塊出帆，工業發達討海放，第一聰明伸港人。」線西的分鄉叫做伸港，大肚溪口能夠出航，工業發達所以放棄捕魚，最聰明的就是伸港人。伸港鄉在日治時期屬於線西庄，1950年七月一日由線西鄉分出，稱爲新港鄉，但因與嘉義縣新港鄉同名，於1959年七月一日改稱爲伸港鄉。伸港鄉位於台灣中部地區，在彰化縣的西北端、大肚溪下游的南岸，北隔著大肚溪與台中縣龍井鄉相鄰，東隔著大肚溪與台中縣大肚鄉相接，東南邊是彰化縣和美鎮，南邊是彰化縣線西鄉，西邊面臨台灣海峽。因大肚溪發源於中央山脈西麓，迂迴谷間凡80公里，即至台中縣霧峰鄉萬斗六附近注入平原，經台中縣龍井鄉流入海，是台灣第四大河流，流域面積廣大，約20.256平方公里，年平均流量爲每秒118.92立方公尺。大肚溪在日治時代初期，河口兩岸都能停泊帆船，從事沿岸水上的運輸，之後泥沙淤積日趨嚴重，河口亦隨之一變再變，直到在溪北設立龍井堤防、溪南設伸港堤防溪流才比

〔註82〕詳見洪敏麟：《台灣舊地名之沿革》第二冊（下），頁265～267。吳秋儒：《台灣古早藥包》（台北：博揚文化事業，2012年5月），頁69～70、80～84。和美鎮公所，網址：https://town.chcg.gov.tw/hemei/00home/index7.asp，瀏覽日期：2018年11月7日。

〔註83〕詳見洪敏麟：《台灣舊地名之沿革》第二冊（下），頁357～359。社頭鄉公所，網址：https://town.chcg.gov.tw/shetou/00home/index8.asp，瀏覽日期：2018年11月7日。

較穩定。伸港鄉濱海漁業發達，日治時期由於沿海魚量豐富，故近海漁業繁盛，捕魚成為鄉民的專業，此外鄉民也從事水產養殖事業，尤其是養蚵最盛，其中以蚵寮村村民從事這項行業最多。此外，在工業方面，日治時期時，伸港鄉的工業就業人口仍屬少數，在台灣光復後，鄰近的和美鎮發展出聞名遐邇的「和美織仔」，帶動鄰近鄉鎮的紡織工業，至此以後，織布機的引入，從手工到機械，奠下伸港鄉紡織事業基礎，也創造出許多人的財富〔註84〕。

「福興古名福興庄，粘在鹿港下茉園，卜尋庄頭真好問，依在鹿港的南方。」福興以前的名字叫做福興庄，位置就在緊鄰在鹿港的下面，要詢問這個村莊很好問，它就在鹿港的南方。福興在彰化縣西北部，在鹿港溪與麥嶼厝溪入海處，西邊瀕臨台灣海峽，北以鹿港溪及八堡一東圳和鹿港鎮為界，東邊是秀水鄉，南方則是以漢寶溪和芳苑、埔鹽兩鄉相隔。鄉名由來於清初福建省泉州府人陸續入墾此地，在此落居成村，希望能在此建莊並興隆，故稱為福興〔註85〕。

「秀水原名叫臭水，水尾積水溝無開，溝路開透變秀水，環境清幽地真肥。」秀水原本名字叫臭水，水都積在一起因為水溝沒有開通，水溝通路開通後變成秀水，環境清幽土壤肥沃。秀水鄉鄉名由來相傳因這裡開拓較晚，八堡圳通水時，墾域尚未及此，因此排水不良，容易積水並發出臭味，所以原本叫做「臭水」，後來以近音雅字「秀」代替，改稱秀水。另有一說稱秀水鄉原稱透水，有清水流入濁水溪的意思，因八堡圳流經秀水灌溉農田，圳水和溪水「相透（摻合）」，故稱「透水」，後於清朝嘉慶年間將左邊部首刪去，改稱「秀水」，沿用至今。秀水鄉位於彰化隆起海岸平原中央偏北，鄉境東北有洋子厝排水，西南有員林大排水斜貫，地理環境東西狹南北長，屬於狹長形，地勢平坦，是純樸的農村〔註86〕。

〔註84〕詳見洪敏麟：《台灣舊地名之沿革》第二冊（下），頁279。中華綜合發展研究院應用史學研究所總編纂：《伸港鄉志》，頁18～19、123、328、346。

〔註85〕詳見洪敏麟：《台灣舊地名之沿革》第二冊（下），頁283。施添福總編纂：《台灣地名辭書》，卷十一，彰化縣（上），頁501～502。福興鄉公所，網址：https://town.chcg.gov.tw/fuxing/00home/index7.asp，瀏覽日期：2018年11月8日。

〔註86〕詳見洪敏麟：《台灣舊地名之沿革》第二冊（下），頁290～291。安倍明義：《台灣地名研究》，頁160。施添福總編纂：《台灣地名辭書》，卷十一，彰化縣（下）（南投：國史館台灣文獻館，2004年12月），頁521、525。秀水鄉公所，網址：https://town.chcg.gov.tw/hsiushui/00home/index7.asp，瀏覽日期：2018年11月8日。

　　「花壇原名茄苳腳，旭日未出天清霞，制磚工廠密密密，土質優良有爭差。」花壇原本的名字叫做茄苳腳，清晨太陽還沒出來的時候天空顏色紅紅的而且很清澈，製作磚塊的工廠很密集，土質是不是優良是有差別的。花壇鄉昔作茄苳腳，因清朝時代，於今花壇村舊福延宮南邊有一棵茄苳老樹枝葉茂盛，昔日徒步往來彰化及員林途中必於此樹下稍歇，再繼續前進，故來往行人稱此地名為「茄苳腳」，1920 年全台實施地方行政區域的改革，因「茄苳腳」之「茄苳」台語發音「Ka-tang」與「花壇」之日語發音「Kadan」近似，所以改名為花壇。另有一說則是相傳在 1920 年間，日本一位親王來台灣巡視地方，御用火車停靠茄苳腳驛，站長用日語頻呼站名「Kadokyaku」（茄苳腳的日語發音），剛好「茄苳腳」的日語發音與「下等客」的日語發音相同，車上的親王聞聲不悅並加以詰問，才知道此地地名為「茄苳腳」，而非有意辱罵，乃下令將此不雅之名更改，因茄苳的日語發音與「Kadan」發音相似，而「Kadan」日語翻譯成中文就是花壇、花圃的意思，所以就把茄苳腳改為花壇。花壇鄉的磚瓦產業已有近百年的歷史，自日治時期即發展傳統工業及磚瓦業，鄉內有一半以上的村落在八卦山台地上，因八卦山台地的土質是由礫石層與粘土層交互排列形成，易於開採，且土質適合用於製作紅磚，因此早在日治時期就有台灣煉瓦株式會社在此設立分工廠。在株式會社成立之後，引進了新式的製磚技術，擴大經營投資台灣的紅磚製造業，並在全台灣設立了三十五處的磚廠。1934 年台灣煉瓦株式會社在長沙村赤塗崎設立花壇工場，引進德國人於 1865 年發明的霍夫曼窯（俗稱八卦窯）的燒磚新技術，因生產的紅磚速度快又品質優良，所以廣受歡迎。1935 年墩仔腳中部大地震震毀了許多用土埆、竹管建築的民宅，日本政府提出加強磚造房屋的口號，要求改建紅磚厝，紅磚的需求大增，使得花壇庄原產薄瓦的瓦窯廠逐漸改建成燒紅磚的竹筒窯。但由於竹筒窯的燒製方式不理想，霍夫曼窯的經費又過於龐大，窯廠業者便自行研發改進，改以目仔窯來燒製紅磚。由於花壇庄生產的紅磚是用最適合燒磚的優質土燒製，所燒出的紅磚色澤紅豔、硬度較強，因此頗受各地建築工程的歡迎，產量與日俱增。在台灣光復後，1970 到 1980 年代台灣經濟起飛時期，建築所需的紅磚需求殷切，當時由橋頭村至三家春山坡，每天都可以看到高聳的煙囪長煙裊裊，據彰化縣磚瓦商業同業公會的統計資料，1974 年到 1981 年之間，全彰化縣的磚窯廠會員數量維持在六十家以上，1982 年有五十五家，1983 年有四十五家，而花壇鄉

在 1980 年時更有高達三十四家磚窯廠加入公會。依據經濟部工業局的工廠資料，花壇鄉在 1974 年到 1984 年間，每年營運中的磚窯廠有三十到四十家，由此可見 1974 年到 1984 年之間是花壇鄉磚窯業的鼎盛時期，長沙村、橋頭村及三家春等地磚窯廠林立，數十隻大型煙囪矗立，形成特殊的產業景觀。但從 1991 年之後，隨著傳統建築的式微、新式鋼筋混凝土建材的大量使用，以及環境意識的興起，八卦山台地實施水土保持措施和禁止採土的政策，使得磚窯業者紛紛歇業或土地轉為他用，如今僅剩下七家窯廠還堅守著燒瓦製磚的古老行業〔註87〕。

「大村舊時講大庄，連遍攏是葡萄園，姓賴代代有上算，首屆議長大村庄。」大村以前叫做大庄，這裡有連遍的葡萄園，姓賴的人家一代代都有符合標準很優良，第一屆議長在這個大村莊。大村鄉過去稱作燕霧大庄或燕霧內庄，因位於燕霧山下（即八卦台地），移民聚集形成一大集村，所以叫做大庄（庄與村同義），1920 年改稱大村。有關大村鄉之拓墾，最早開始於清朝康熙末葉，有福建省漳州府平和縣賴景春、賴景錄、賴完者入墾於此；到了雍正年間，有平和縣賴棟直、賴珍明、賴錠及詔安縣游文翁等人來墾；乾隆初葉有平和縣賴樸園、吳忠朴、吳由，詔安縣黃國帖、黃國查、游心正，廣東縣吳查某，永定縣盧奕勳、盧奕佑等人入墾。大村鄉以賴、黃、游、吳等姓氏居多，其他姓氏居次。開基祖賴樸園（十四世）於清乾隆初自福建省漳州府平和縣心田鄉渡海來台，入墾燕霧下堡（今大村），賴樸園生平好學，於家鄉教學授徒外，為求自身上進，但年已上花甲而未上榜亦不氣餒，每逢考期必往赴試，卻因此得與考試官面熟，在嘉慶二十三年（1818 年）再度參加考試，其意志堪為後人敬佩，求上進之毅力感動主考官，並知其為人良善，忠貞愛國之情，且年雖花甲之數，仍不忘讀書修品，雖文章來臻上乘，但其大局實有可取之處，且感其為國效力，造福鄉梓之情，非只圖富貴之徒可比，體念其耐心，特以專案呈奏聖上，賜予魁職銜，有官階職份，可為地方做事以示恩賜，翌年稟奏皇上，竟獲恩准，特頒「副魁」匾額，現仍高懸賴環翠堂，並賜半對旗桿座。另外十六世賴步雲、賴登雲兄弟同於清咸豐九年（1859年）高中武舉人第 54 及 55 名，院門門額上掛有「武魁」匾額，正廳掛有「兄弟同榜」匾額，且考中武舉人有兩座旗桿台，再加上賴樸園的半座，共兩座

〔註87〕詳見洪敏麟：《台灣舊地名之沿革》第二冊（下），頁 297～298。謝英從等撰述：《花壇鄉志》（彰化：花壇鄉公所，2006 年 8 月），頁 121、345、352～354。

半旗桿台在今貢旗村〔註88〕。大村鄉歷屆鄉長中，第一到第十五屆都是賴姓〔註89〕，而彰化縣首屆議長賴維種更是大村鄉人。大村鄉經濟主要是農業，主要農作物是水稻與葡萄，1960 年左右，大村鄉民自台中高價購入「巨峰」鮮食葡萄苗栽後，以栽培管理釀酒葡萄的經驗，潛心研究，發現該品種的生長情況極好，遂於 1961 年後，有計畫的購入種苗，擴大栽培，成為彰化平原「巨峰」葡萄栽培的核心地區〔註90〕。

「埔鹽恰早埔鹽庄，歸片攏是反鹹園，氣候地靈牽輪返，荒埔變成好茉園。」埔鹽以前叫做埔鹽庄，整遍都是被海水浸泡過土壤鹹鹹的地，氣候地氣輪流轉動，荒埔變成了好茉園。有關埔鹽鄉地名的由來有三種說法：其一是埔鹽鄉在還未開發以前，是一片荒野草原，是平埔族巴布薩族的居住地。大約在三百多年前，先民從福建泉州來到這裡拓墾，見到當時地面被耐鹽植物「蒲鹽菁」（又作埔鹽菁）所覆蓋，冬天時寒冷且乾燥，鹽分隨著水分上升至地面，水分蒸發後，土地呈現一片白茫茫的獨特景象，因此將地名取為「埔鹽」。然而經查證後，蒲鹽菁生長在南投山區，按理說不太可能遍布平地，因此此一說法令人存疑。其二是清初漢人渡海來到這裡時，大片土地仍是一片荒蕪，根據老一輩傳下來的說法，埔鹽原本是一大片草埔地，因為含鹽分量比較高，所以有「埔鹽」這地名。其三是說曾有陳姓鄉民到福建省南安市省親，當地有一個村落叫「西埔村」，早期地名叫「部岩」。當地人說，許多部岩人遷居彰化縣，可能就是當今的埔鹽鄉。根據推測，部岩人渡海來台開墾，因墾地沒有名稱，所以就取個與故鄉同名的地名。但因為鄉音太重或不識字，便以音相近者來命名，所以「部岩」就變成了「埔鹽」。埔鹽鄉地勢低平，氣

〔註88〕詳見台灣省文獻委員會採集組編校：《彰化縣鄉土史料》（南投：台灣省文獻委員會，1999 年 9 月），頁 301。文化部 iCulture，網址：https://cloud.culture.tw/，瀏覽日期：2018 年 11 月 12 日。文化部台灣社區通，網址：https://communitytaiwan. moc.gov.tw/，瀏覽日期：2018 年 11 月 12 日。

〔註89〕大村鄉第一、二屆鄉長是賴披沙，第三、五屆是賴定春，第四屆是賴維漢，第六屆是賴嘉勇，第七、八屆是賴滄燦，第九屆是賴必階，第十、十一屆是賴宗炘，第十二、十三屆是賴錫卿，第十四、十五屆是賴炳輝。詳見王志宇：《大村鄉志》（彰化：大村鄉公所，2015 年），頁 198。

〔註90〕詳見洪敏麟：《台灣舊地名之沿革》第二冊（下），頁 334～335。施添福總編纂：《台灣地名辭書》，卷十一，彰化縣（下），頁 608～609。安倍明義：《台灣地名研究》，頁 161。彰化縣議會全球資訊網，網址：https://www.chcc.gov. tw/home.aspx，瀏覽日期：2018 年 11 月 8 日。大村鄉公所，網址：https://town.chcg. gov.tw/dacun/00home/index7.asp，瀏覽日期：2018 年 11 月 8 日。

候相當溫和，年平均溫度大約攝氏二十一度，年平均降雨量 1260.6 公釐，五、
六月夏季及颱風季節雨量較多。在土壤方面，全鄉有 18.10% 的壤土，1.9% 的
砂質壤土，壤土保水、保肥、排水和通氣，再加上自清代即有八堡圳與埔鹽
陂（埔鹽施姓業戶所修築，引八堡圳的水來灌溉好修庄等數百甲的田地）的
竣工，灌溉渠道密布，因此此地自清代以來就十分適合農業的發展，並以稻
作農業為主〔註91〕。

「永靖舊名關帝廟，主祀帝爺無不著，庄頭爭鬥爭無宿，關公顯聖即定
著。」永靖以前叫做關帝廟，主要祭祀關帝爺沒有錯，村莊的爭鬥總是爭鬥
不停，關公的顯靈便鎮壓了這些紛爭。永靖鄉舊稱關帝廳（或作觀地廳），
因瑚璉有輔天宮，主祀關聖帝，所以叫做關帝廟。在日治時代前期一直叫做
關帝廟，1920 年才改為永靖。有關「永靖」一名的由來，有四種說法：一是
1813 年廣東省潮州府的墾民在此地建立街市，當時的墾民將此地命名為「永
靖」，意在期勉能與附近居民和平共處，永久安靖。永靖二字本為永靖街市
的名稱，大約是今日的永東、永西二村，後來便以街市名為鄉鎮名。二是在
1813 年，由當時的彰化知縣楊桂森所命名。三是因這裡以前火災頻繁，舊屋
常被燒毀而需蓋新屋。當地居民苦於火災之患，故改地名為「永靖」，其意
為「永久安靖」，並於永靖街與中山路的交叉口種榕樹，以及在永靖街兩端
建立「永奠宮」及「永福宮」，用以鎮壓火災，據說從此以後火災才逐漸減
少。四是因這裡地勢低窪容易積水，一遇到颱風或是暴風雨，就會釀成水災，
導致農作物收成不佳，所以命名為「永靖」，期望「止息水患，永保安寧」〔註
92〕。有關關公顯聖平息紛爭的由來，筆者經查找資料，發現資料顯示是三
山國王曾顯靈平息紛爭，而非關公：永靖鄉竹仔腳過去曾發生邱呂冤的械鬥
事件，大約在 1864 年，北斗北勢寮有一個叫做呂潘的人因為借款的問題與
邱禮福家族發生衝突，於是請來溪湖崙仔腳庄的庄民將邱姓殺死，後來斷斷
續續爭鬥了大約九年，到了 1873 年崙仔腳庄民入侵，竹仔腳村廟主祀神三
山國王突然附身，變現千軍萬馬，嚇退了入侵者，後來告到縣官處，各自負

〔註91〕詳見洪敏麟：《台灣舊地名之沿革》第二冊（下），頁 340～341。施添福總編纂：
　　　　《台灣地名辭書》，卷十一，彰化縣（下），頁 646～648。彰化縣埔鹽鄉公所，
　　　　網址：https://www.puyan.gov.tw/home.aspx，瀏覽日期：2018 年 11 月 8 日。
〔註92〕詳見洪敏麟：《台灣舊地名之沿革》第二冊（下），頁 346～349。施添福總編
　　　　纂：《台灣地名辭書》，卷十一，彰化縣（下），頁 713。永靖鄉公所全球資訊
　　　　網，網址：http://www.yungchin.gov.tw/，瀏覽日期：2018 年 11 月 9 日。

擔損傷費用後事件落幕〔註93〕。

第四節　雲林縣

　　雲林縣的部分，陳再得用六十八句，共十七個小段落來書寫雲林縣的二十個鄉鎮市，故此節分成兩個部分做討論。

一、斗六市等十個鄉鎮市

　　第一部分有斗六市、大埤鄉、莿桐鄉、二崙鄉、崙背鄉、土庫鎮、四湖鄉、口湖鄉、麥寮鄉及褒忠鄉等十個鄉鎮市：

斗六原是斗六門	北斗斗南的中央	星宿之門六大門	棄門變成斗六庄
大碑本是大碑頭	水壩激水上圳溝	直透灌溉到海口	大碑的名變庄頭
莿桐故名莿桐巷	庄民專是世俗人	巷內尊奉鄭國姓	祈求每年的好冬
唐山四姓來開墾	同時巧合二粒崙	舊名布嶼名無順	名副其實改二崙
庄頭結在崙後面	崙背就是此原因	崙做目標恰好認	信仰該崙有崙神
土庫古名是塗褲	初來連遍專草埔	此地最驚天落雨	路面歸坿專泥土
四個湖泊稱四湖	以西一條出海路	出口一個小漁港	凹湖鄉名叫口湖
麥寮西面海豐港	來自大陸海豐人	全部小麥種透透	庄名麥寮照起工
褒忠舊名埔姜崙	抵抗土匪起義軍	皇上表揚褒忠區	流傳庄中給子孫

　　（〈台灣地名探源——雲林縣〉，頁207～208）

「斗六原是斗六門，北斗斗南的中央，星宿之門六大門，棄門變成斗六庄。」斗六原本是斗六門，在北斗跟斗南的中間，星宿的門有六個大門，去掉門就變成了斗六庄。關於斗六地名的由來，有好幾種說法：第一種說法是以星座方向而命名，因斗六位在北斗星之南，有織女星座，共有六顆星，地理位置剛好在北斗街的南方，所以稱爲「斗六」。另一種與星座有關的說法則是認爲斗六的地理位置，剛好在南斗星宿下方，南斗星有六大門，所以稱斗六門。第二種說法則是民間傳說，傳說在清朝時期，要決定諸羅縣址的所在地，當時斗六與諸羅（今嘉義）爭執不下，於是清朝政府決定以土地的肥沃程度來決定，雙方拿等量的泥土來稱重，比較結果，嘉義一斗土的重量等於斗六土一斗六升，於是決定將縣治設在嘉義，這是「斗六」地名的由來。至於兩地

〔註93〕詳見台灣省文獻委員會採集組編校：《彰化縣鄉土史料》，頁439。

的土爲什麼會有這樣的差別？據說是因爲斗六人是用純土，而嘉義人的泥土中加了鹽，又含有較多的水份。第三種說法則是說在日治時期，日本人澤井直三郎所著的「台灣地名解」中，說斗六是由「人名」轉化爲地名。第四種說法是說斗六市平原靠近山區，古時候野鹿成群，客家話「打鹿」，是堂堂正正的漢語古音，而糊塗的滿清官吏聽成了斗六，再加上尾音重了一點，就變成了「斗六門」。今斗六市的三光里，依據史料所述，舊稱「柴裡」，是客家人最早開發的地段，在附近還有一條「柴裡溪」，「柴裡」的閩南語發音，正是客家話「財來」的諧音。第五種說法則是今斗六東市場附近舊稱「蕃社」，是平埔族洪雅族居住的地方，在豐年祭時，常常齊聲歡呼「Tromn」，因此命名爲斗六門，後來省略門字，就變成了斗六〔註94〕。

　　「大碑本是大碑頭，水壩激水上圳溝，直透灌溉到海口，大碑的名變庄頭。」大埤原本是大碑頭，水壩蓄積了水在圳溝裡，這個水一路灌溉到出海口，大埤的名字變成了村莊。大埤舊稱大埤頭，地名的由來說法有三種：第一，在荷據時期，荷蘭人於大埤頭與田子林間築一埤作爲儲水用，當時人稱此埤爲「紅毛埤」，而大埤頭正好位於埤頭處，因此叫做大埤頭。第二，因爲聚落在荷包連圳埤頭處，所以叫做大埤頭。第三，根據地方耆老指出，大埤以前稱作大埤頭是因爲當時有一個埤相當的大，範圍達上中下埤及紅毛埤，範圍大到連白天也不敢走過去，所以叫大埤頭〔註95〕。

　　「刺桐故名刺桐巷，庄民專是世俗人，巷內尊奉鄭國姓，祈求每年的好冬。」莿桐以前叫做莿桐巷，村民都是一般的人，巷子裡面有尊奉國姓爺鄭成功，祈求每年都能有好收成。莿桐的古地名叫做「莿桐巷」，「莿桐」一名源自於「甘厝庄」，當時甘厝庄整條道路都是莿桐樹，大約有一公里左右，因此名爲莿桐。另有一說則是說莿桐之名是源於今之莿桐村，莿桐村以前叫做「莿桐巷庄」，清朝時這裡還只是羊腸小巷，巷子旁種滿了莿桐樹，因此叫做莿桐巷庄，1920年才將「巷」字去除，改稱爲莿桐庄。此兩種說法雖然說的

〔註94〕詳見施添福總編纂，陳國川等撰述：《台灣地名辭書》，卷九，雲林縣（南投：國史館台灣文獻館，2002年9月），頁211。台灣省文獻委員會採集組主編：《雲林縣鄉土史料》（南投：台灣省文獻委員會，1998年11月），頁12～13。雲林縣斗六市公所，網址：http://www.dl.gov.tw/home.php，瀏覽日期：2018年11月13日。

〔註95〕詳見施添福總編纂，陳國川等撰述：《台灣地名辭書》，卷九，雲林縣，頁325。台灣省文獻委員會採集組主編：《雲林縣鄉土史料》，頁172～173。

村莊不同，但都是與莿桐樹有關〔註96〕。莿桐鄉麻園村的德天宮奉祀鄭成功，建於 1871 年，日據末期，日人強迫省民信仰日神天照大神，強制毀害德天宮而改作為集會所，原來奉祀在廟內所有神像悉數燒毀，是時林內信徒將部份神像迎接他處，至世界二次戰爭結束，日本戰敗無條件投降，信仰又恢復自由，村信徒捐獻修復，重新雕刻神像，且亦將隱藏神像獻出並供奉於廟內，至 1963 年五月因廟基過低，由信徒捐款將廟基提高兩尺半，以免水患，為此，香火日益鼎盛，是麻園村村民的信仰中心〔註97〕。

「唐山四姓來開墾，同時巧合二粒崙，舊名布嶼名無順，名副其實改二崙。」唐山有四個姓氏的先祖來開墾，剛好這裡有兩個小山丘，以前叫做布嶼但不順，後來就依當地地形改名為二崙。1701 年，福建省漳州府詔安縣廖朝孔兄弟五人渡海來台拓墾二崙地區，其后海令鬆綁，又吸引了一批批的族人前來拓墾，散居於田尾、湳仔、三和、來惠、楊賢、義庄等村以及西螺鎮各里、崙背鄉港尾等地。之後又有李姓先民來台開拓油車、大義、港後、永定等村；鐘姓先民開拓定安、永定村；楊姓先民開拓楊賢村。二崙以前叫做布嶼堡，1920 年改為二崙庄，1950 年改為二崙鄉。有關二崙鄉鄉名的由來，是和二崙鄉內的沙丘地形有關，鄉境內南邊有兩座小沙丘，稱為小二崙；北側的大義崙庄內有兩座規模較大的沙丘則稱為「大二崙」〔註98〕。

「庄頭結在崙後面，崙背就是此原因，崙做目標恰好認，信仰該崙有崙神。」村莊的位置坐落在小山丘的後面，叫做崙背就是這個原因，小山丘當作一個目標物很好認，村民們信仰這個小山丘有一個神明。崙背鄉名的由來是因在今南陽村仁愛路以北，南光路以東的交接口，台灣自來水公司崙背營運處的東側，崙背國小的南邊有一座大型沙崙（即沙丘），位於沙丘以南的聚落叫做「崙前」，沙丘以北的聚落則叫做「崙背」，意思是在沙崙的背面。至於陳再得提及的崙神，筆者未找到相關的文獻資料，也許過去真有這種說法，

〔註96〕詳見台灣省文獻委員會採集組主編：《雲林縣鄉土史料》，頁 224。施添福總編纂，陳國川等撰述：《台灣地名辭書》，卷九，雲林縣，頁 178。

〔註97〕詳見施添福總編纂，陳國川等撰述：《台灣地名辭書》，卷九，雲林縣，頁 177。文化資源地理資訊系統，網址：http://crgis.rchss.sinica.edu.tw/，瀏覽日期：2018 年 11 月 13 日。莿桐鄉公所，網址：http://www.cihtong.gov.tw/，瀏覽日期：2018 年 11 月 13 日。

〔註98〕詳見施添福總編纂，陳國川等撰述：《台灣地名辭書》，卷九，雲林縣，頁 115。雲林縣二崙鄉公所全球資訊網，網址：http://www.ehlg.gov.tw/home.aspx，瀏覽日期：2018 年 11 月 13 日。

陳再得在此保留了當時他所聽聞的說法〔註99〕。

　　「土庫古名是塗褲，初來連遍專草埔，此地最驚天落雨，路面歸垺專泥土。」土庫以前叫做塗褲，一開始來到這裡全部都是荒草，這裡最怕的就是下雨，下雨完之後路面上全部都是泥土。土庫舊稱「塗褲」，有關土庫地名的由來有幾種說法：第一，土庫位於二十三莊交易中心及通往鹿港、北港、民雄、嘉義、台南之南北交通要道，尤其土庫鎮出產麻油、土豆油、醬油、五穀、農產品等，居民建造許多土造穀倉，故而得名。第二，平埔族語「TUKU」（亦有一說為「DOCO」）其發音與早期農家糊土的儲藏設施（塗褲、土庫）諧音相近；又以竹為支架外，塗糊土橢圓型，有四足的「土庫」，又稱古亭笨，因而得名。第三，土庫昔日為鹿港通往北港、新港、民雄、嘉義、台南必經要道，沿路兩旁地勢高聳，中央低窪，道路十分狹隘，乾燥季節時塵土飛揚，每逢下雨即路面泥濘，人馬車輛行經此處雙腳深陷泥沼，牛車輪帶動污泥黃土，會把旅客沾得滿衣褲腳，有如穿著塗褲（台語是土庫），於是台語諧音順理成章以「塗褲莊」為地名〔註100〕。

　　「四個湖泊稱四湖，以西一條出海路，出口一個小漁港，凹湖鄉名叫口湖。」四個湖泊叫做四湖，西邊就是出海口，出海口有一個小漁港，鄉名從凹湖變為口湖。在水林鄉、口湖鄉及四湖鄉境內，有許多潟湖遺跡形成的湖泊，先民於湖岸邊高地建立聚落，因四湖鄉境內大約在今湖西村到四湖村之間有四個湖，故稱為四湖。另一說則是說因四湖鄉的四周圍有天然廣大的湖泊圍繞，先民沿湖而居形成聚落，因此稱為四湖。四湖鄉北以舊虎尾溪和台西鄉、東勢鄉為界，南鄰口湖鄉，東南以牛挑灣溪和水林鄉接壤，東連北港鎮及元長鄉，西邊則是台灣海峽。在四湖鄉與口湖鄉的交界處有一個箔子寮漁港，在三條崙的南方不遠處。箔子寮漁港曾經是雲林縣唯一不積沙的港灣，古時是舟船雲集、貿易鼎盛的商港，後來因泥沙淤積盛況不再，如今在箔子寮最多的是虱目魚魚塭，到處是牡蠣養殖的淺水海灘，以及無處不在，養有鰻魚與蝦類的水塘〔註101〕。有關口湖鄉的地名由來，據口湖鄉地方耆老所言，

〔註99〕詳見見施添福總編纂，陳國川等撰述：《台灣地名辭書》，卷九，雲林縣，頁99。台灣省文獻委員會採集組主編：《雲林縣鄉土史料》，頁373～374。

〔註100〕詳見施添福總編纂，陳國川等撰述：《台灣地名辭書》，卷九，雲林縣，頁497。雲林縣土庫鄉公所，網址：http://www.tuku.gov.tw/main/index.php，瀏覽日期：2018年11月13日。

〔註101〕詳見施添福總編纂，陳國川等撰述：《台灣地名辭書》，卷九，雲林縣，頁437

北港以西沿海地區有許多潟湖，也就是通稱的沙洲，到了口湖鄉境內，可以看到海，形成一個口型的樣子，因此叫做口湖。另有一說則指出北港溪口之北至五條溪有一個大潟湖，稱爲樹苓湖、象鼻湖或象苓湖，聚落在通往陸地之口，先民於湖岸邊高地建立聚落，乃以湖爲地名，先有舊口湖（今下口湖），其餘因種植芝麻稱爲烏麻園（湖東村全部，口湖村一部分），後來泛稱爲「口湖」〔註102〕。

「麥寮西面海豐港，來自大陸海豐人，全部小麥種透透，庄名麥寮照起工。」麥寮的西邊是海豐港，從大陸來的海豐人，在這裡全部種滿了小麥，庄名就叫做麥寮沒有偷工減料。麥寮鄉位於雲林縣的西北角，北以濁水溪與彰化縣大城鄉爲界；南以新虎尾溪與雲林縣台西鄉、東勢鄉及褒忠鄉爲鄰；東鄰崙背鄉，西則濱臨台灣海峽。海豐港位於麥寮鄉西邊，是漢人最早的開發重心，康熙年間該港已成爲沿岸貿易門戶之一。海豐港在《台灣府誌》中稱爲海防港，西元1730年陳、張、石三姓墾首向南社社番請墾麥寮；西元1732年開爲島內貿易之所，昔日港灣水深，商船每避風碇泊，早形成店肆；十八世紀末又有泉州人向南社社番請墾橋頭、沙崙後、施厝寮、雷厝、許厝等地。至新虎尾溪開河口時，海豐港被溪沖壞，街肆荒廢，商勢全移於西北麥寮。當時麥寮因新虎尾溪之故，形成麥津渡船頭，與大陸貿易之貨物皆由此船頭進出。當時麥寮盛產大麥與小麥，農民爲運輸方便，在船頭旁搭一寮仔，專門堆放成包的麥子，當時人稱此寮爲「麥仔簝」。辛亥年時新虎尾溪暴漲改道，麥津渡船頭也因泥沙堆積而淤塞，後來的人就以麥仔簝代表全麥寮。之後，又衍申爲麥簝街，最後改爲麥寮〔註103〕。

「褒忠舊名埔姜崙，抵抗土匪起義軍，皇上表揚褒忠匾，流傳庄中給子孫。」褒忠以前名字叫做埔姜崙，抵抗土匪有起義軍，皇上爲了表揚賜褒忠匾額，這個匾額就在村莊中代代子孫流傳。褒忠鄉原名埔姜崙莊，因境內有座埔姜植物茂生的沙丘而得名。1887年隸屬雲林縣布嶼西堡；1909年屬土庫

〔註102〕以下文獻資料：

～438。劉曜華等主撰：《四湖鄉志》（雲林：四湖鄉公所，2006年2月），頁69、82。雲林縣四湖鄉公所全球資訊網，網址：https://www.zuhu.gov.tw/，瀏覽日期：2018年11月14日。

〔註102〕詳見台灣省文獻委員會採集組主編：《雲林縣鄉土史料》，頁693。曾人口總編纂：《口湖鄉志》（上冊）（雲林：口湖鄉公所，2011年12月），頁1～7。

〔註103〕詳見施添福總編纂，陳國川等撰述：《台灣地名辭書》，卷九，雲林縣，頁79～80。雲林縣麥寮鄉公所，網址：https://www.mlvillage.gov.tw/home.aspx，瀏覽日期：2018年11月14日。

支廳埔姜崙區布嶼堡；台灣光復初期隸屬台南縣虎尾區土庫鎮，經地方仕紳爭取，將土庫鎮西部劃出，另立褒忠鄉；1950 年行政區域調整，改隸雲林縣褒忠鄉。有關褒忠鄉名由來，來自於 1786 年林爽文事變時，當時庠生張源懃及其兄明義，率領同族鄉勇自衛抵抗，1787 年，清政府派福康安帶兵來台平亂，張氏協同官兵作戰，最後終於將亂匪擊敗，清帝乃賜名其居住地埔姜崙爲「褒忠」，並「褒忠論賞」封官，授源懃通判，明義州同之職位，藉資褒揚，因此而得名〔註 104〕。當時平定林爽文事件後，乾隆皇帝不只把這次的平定，列爲十全武功，甚至還刻碑昭告全台人民，當然也免不了要褒獎當時幫助平亂的各族群義民。幫助平亂義民之中，客籍獲得「褒忠」匾額，泉州籍獲「旌義」匾額，漳州人獲「思義」村名，原住民則得到了「效順」匾額等，當時領到褒忠的人很多，因爲朝廷的廣發，後來來不及寫的部分，就以臨摹的方式處理，臨摹後的作品就由各村庄去發放，只要百姓家中具有義民的身分就可前往領取。目前較具盛名擁有「褒忠」匾額的地方有新竹新埔的義民廟與彰化埔心的忠義廟〔註 105〕，至於陳再得先生提到的在褒忠鄉內的褒忠匾額，筆者尚未找到相關資料。

二、台西鄉等十個鄉鎮

　　第二部分書寫了台西鄉、東勢鄉、元長鄉、水林鄉、林內鄉、斗南鎮、古坑鄉、北港鎮、虎尾鎮、西螺鎮等十個鄉鎮：

　　台西東勢像兄弟　樹若大叢能分枝　西面庄頭叫台西　東屏庄頭叫東勢
　　元長庄頭是人名　勇敢剿匪隴不驚　了後清帝能知影　乃賜元長做庄名
　　水林林內無同位　二個鄉鎮離開開　林內種田攏有水　水林土豆收歸堆

〔註 104〕詳見施添福總編纂，陳國川等撰述：《台灣地名辭書》，卷九，雲林縣，頁 485。台灣省文獻委員會採集組主編：《雲林縣鄉土史料》，頁 431。雲林縣褒忠鄉公所，網址：https://www.baojhong.gov.tw/home.aspx，瀏覽日期：2018 年 11 月 14 日。

〔註 105〕詳見文化資源地理資訊系統，網址：http://crgis.rchss.sinica.edu.tw/，瀏覽日期：2018 年 11 月 14 日。自由時報網，日期：2016 年 4 月 14 日，標題：「〈中部〉埔心 72 平民助清有功，乾隆賜「褒忠」匾」，網址：http://news.ltn.com.tw/news/local/paper/978955，瀏覽日期：2018 年 11 月 14 日。客家電視台客家新聞，日期：2016 年 8 月 17 日，標題：「「義民」用詞一說，隱含客小閩大歷史因素」，網址：http://www.hakkatv.org.tw/news/174425，瀏覽日期：2018 年 11 月 14 日。徐維莉：〈「新竹新埔枋寮義民廟」探訪記要〉《國立中央大學客家學院電子報》第 280 期（桃園：國立中央大學客家學院，2017 年 7 月）。

斗南原名他里霧　比較斗六無恰輸　斗六南屏叫斗南　虎尾斗六三腳株
古坑原名奄瓜坑　農民種瓜賺大錢　日本時代改古坑　在著大正第九年
北港有人講笨港　港口眞多船頭行　媽祖慈悲靈氣重　全國信徒上多人
虎尾五間虎尾寮　初來恐驚帶抹條　耕地做本恰重要　若無準備腹肚天
西螺七崁二五庄　阿善功夫屬紅毛　傷藥出名七里散　矯筋接骨兼醫酸
（〈台灣地名探源——雲林縣〉，頁 208～209）

「台西東勢像兄弟，樹若大叢能分枝，西面庄頭叫台西，東屏庄頭叫東勢。」台西跟東勢就像兄弟，樹木如果長得夠大就會分枝散葉，西邊的村莊叫做台西，東邊的村莊叫做東勢。台西鄉位於雲林縣的西北端，東側毗鄰東勢鄉，南以虎尾溪和四湖鄉爲界，西臨台灣海峽遙望澎湖群島，北以新虎尾溪與麥寮鄉相鄰。1723 年，台西鄉行政區域劃分隸屬彰化縣海豐堡；1887 年屬雲林縣海豐堡；1909 年隸屬嘉義廳下湖口支廳；1920 年改革地方自治，廢廳爲州，廢支廳爲郡市，廢堡里鄉澳改設街庄，台西鄉隸屬台南州虎尾郡海口庄；台灣光復後，台西鄉改隸台南縣虎尾區海口鄉；1946 年九月註銷海口鄉，將海口鄉劃分爲台西、東勢兩鄉，「台西」地名的由來是因爲台西鄉位於雲林縣的最西端，而且向西凸出於台灣海峽；而東勢鄉的地名由來是因爲東勢鄉位於海豐港的東側，所以叫做東勢厝，1946 年與台西鄉分鄉後，便以最大的聚落東勢厝作爲鄉名，故稱東勢鄉；1950 年新設雲林縣，台西鄉及東勢鄉皆隸屬雲林縣[註 106]。

「元長庄頭是人名，勇敢剿匪隴不驚，了後清帝能知影，乃賜元長做庄名。」元長這個村莊名是人的名字，勇敢剿滅盜匪都不怕，之後清朝的皇帝知道了這件事，就賜他的名字爲這裡的庄名。清代由大陸移民台灣中，有一股黃吳蘇傅等四姓先民，先後定居此處墾殖，是開墾此地的原始四姓。後有大夥福建泉州府南安縣十六都芙蓉鄉李姓族人五大房移入，族人眾多，遂成爲此地最大氏族。昔時墾殖之初，因耕地或排水或通路之爭，難免發生糾紛，是當時台灣各地數見不鮮的現象，而舉族由一地移往另一地，重新尋找耕地者，則到處可見。在原始四姓之中，除了傅姓之外，黃吳蘇族人陸續遷徙他地，另謀發展，留居者僅寥寥數戶而已。原始四姓內的傅姓先民，來自福建

〔註 106〕詳見施添福總編纂，陳國川等撰述：《台灣地名辭書》，卷九，雲林縣，頁 453、471。雲林縣台西鄉公所全球資訊網，網址：http://taihsi.geggg.com/default.aspx，瀏覽日期：2018 年 11 月 14 日。

泉州府南安縣桃源舖戶分枝十六都官園董頭社，於 1741 年渡台，定居於此。有一位俗名「傅元掌」者，領導族人墾地開渠，籌建茅舍，爲人熱誠豁達，樂於服務，遠近村莊及來往商旅，以及在地居民，乃以「元掌」稱呼此地，於是元掌之地名就此建立。清朝治台期間，盜匪猖獗，不論城鎮鄉村，受害甚烈，居民苦不堪言，地方政府無力保護善良百姓，各莊遂各自糾合壯丁組織團勇自保。居民們因曾協助官兵擊潰賊寇，表現英勇，據云，官府獲報佳音，通令各地，將「元掌莊」改爲「元長莊」，有天長地久，長年發達之意。據《台灣文獻叢刊》記載，乾隆 51 年（西元 1786 年）林爽文舉兵反清，52 年九月，「賊黨分踞大埔林、打貓、斗六門、水沙連、菴古坑諸處。」九月十五日，「鹿港總兵普吉保領兵五千五百人，理蕃同知黃嘉訓率義民數千人，往援諸羅，紮營元長莊。」此時官方記錄不稱「元掌」而稱「元長」，由此可知「元長」之地名，早在林爽文事件之前就已經出現了。另有一說則指出元長舊稱「元掌莊」，源自早期開發先民傅元掌，據傳因嘉慶年間地方人民平匪有功，嘉慶君乃賜名「元長莊」〔註 107〕。

「水林林內無同位，二個鄉鎮離開開，林內種田攏有水，水林土豆收歸堆。」水林跟林內是不同的地方，兩個鄉鎮位置分離且沒有相鄰，林內種田田裡有水，水林收成土豆堆成堆。水林鄉舊稱「水燦林」，於 1920 年改爲水林。水林位於嘉南平原西北側，雲林縣之西南端，東毗北港鎮，西臨口湖鄉，北接四湖鄉，南沿北港溪與嘉義縣六腳鄉對望。林內鄉在清領時期以前，本是一林蔭濃密之大林野，位於山麓，半山半原，雜木叢生荊棘遍佈人煙絕跡之地。在鄭氏末期、清領初期日漸開發，而於康熙末年先民渡台墾拓，率族聚眾擇居「林內」，披荊斬棘、拓荒墾殖，終變蠻荒爲良田，街市聚集日益興盛發展。林內鄉位於雲林縣東北端，東以清水溪爲界與南投縣竹山鎮爲鄰；北以濁水溪爲界與彰化縣二水鄉相接；西以嘉南大圳濁幹線爲界與莿桐鄉相鄰；南以大埔溪爲界與斗六市毗鄰。林內鄉圳道遍布，農業灌溉水源充足，圳水來源爲清水溪及濁水溪，經濟活動以農業爲主，全鄉可耕地面積計 2,289.19 公頃。平原地帶以種植水稻爲主，雜糧作物以玉米、花生爲大宗，青果蔬菜次之，屬經濟性之作物有花卉、茶、甘蔗。畜產方面以飼養肉豬、種

〔註 107〕詳見施添福總編纂，陳國川等撰述：《台灣地名辭書》，卷九，雲林縣，頁 339。台灣省文獻委員會採集組主編：《雲林縣鄉土史料》，頁 483。雲林縣元長鄉公所，網址：http://www.yuanchang.gov.tw/，瀏覽日期：2018 年 11 月 14 日。

豬及雞蛋、肉雞爲主，少量的乳牛、乳羊及鹿。水林鄉的特產是土豆（花生），花生的栽種第一期是農曆十二月到一月，第二期是七月到八月，有兩間焙炒工廠，生產花生油或是炒土豆〔註108〕。

「斗南原名他里霧，比較斗六無恰輸，斗六南屛叫斗南，虎尾斗六三腳株。」斗南原本的名字是他里霧，跟斗六相比並沒有比較差，因爲在斗六的南邊所以叫做斗南，虎尾斗六跟斗南就像是雲林的三隻腳一樣。斗南鎭舊名是「他里霧」，是從平埔族洪雅族的社名「Dalivo」譯音而來。據荷蘭佔台文獻記載，洪雅族在雲林地方設有五社，其中「他里霧社」就是位於今斗南鎭的市區以及舊社里一帶，而「猴悶社」就是現在斗南鎭將軍里溫厝角一帶，舊稱「猴悶溝」；1920 年因位於斗六之南方，故改稱爲「斗南」。他里霧村莊大約在康熙年間已爲諸羅山十七莊之一，康熙末年漢人移民接踵而至，1736年已發展爲街鎭。1821 年姚瑩之《台北道里記》中記載「他里霧」爲一大莊市。1902 年斗南鎭已有縱貫鐵路經過，並且設站營業，創辦當時爲木造平房，隨著地方發展，客貨運量漸增，於是在 1945 年改建爲現在之磚造宮殿式站房，是當時雲林縣最新穎、最現代化、規模最大的車站，由此可見在日治時期，斗南的交通地位已十分重要。現在斗南除了縱貫鐵路經過之外，又有縱貫公路（台 1 線）經過，且有高速公路（國道 1 號）的交流道出口設置在此，交通便利，四通八達，因此工廠數目逐漸增加，工商業逐漸繁榮，各大客運公司也紛紛在斗南設站，尤其是土庫大橋完成後，交通更爲方便，因此斗南可說是雲林縣的交通中心。1906 年，大日本製糖株式會社在虎尾設立製糖工廠，因此成爲日本人高度聚集的地方，同時爲了糖廠營運的需要，於是有各種外部建設，如交通建設、糖廠營業線的建設，使虎尾成爲原料區內交通路線的營運中心，並銜接上縱貫鐵路，擴大市街的服務範圍，成爲了雲林縣的交通樞紐。1920 年地方自治改革，嘉南大郡管理中心設置在虎尾，交通路線匯集、行政中樞成形、交通網路的擴張等因素，皆促使虎尾鎭商業與服務業繁榮，形成市街。近年又有台大雲林分部的設立以及高速鐵路在虎尾設站，這些因

〔註108〕詳見台灣省文獻委員會採集組主編：《雲林縣鄉土史料》，頁 741。施添福總編纂，陳國川等撰述：《台灣地名辭書》，卷九，雲林縣，頁 195。雲林縣林內鄉公所，網址：http://www.linnei.gov.tw/index.asp，瀏覽日期：2018 年 11月 14 日。水林鄉公所，網址：http://www.shuilin.gov.tw/，瀏覽日期：2018年11月14日。

素使虎尾成爲雲林縣第二大商業中心〔註109〕。

「古坑原名奄瓜坑，農民種瓜賺大錢，日本時代改古坑，在著大正第九年。」古坑原本的名字是庵瓜坑，農民種植瓜類賺了大錢，日本時代改名爲古坑，在日本大正年間九年的時候。古坑之由來爲先民開墾此地時，在坑谷內栽植庵瓜仔（胡瓜）故稱爲庵瓜仔坑，久而久之變音爲庵古坑，1920年（即日治時期大正九年）改爲古坑〔註110〕。

「北港有人講笨港，港口眞多船頭行，媽祖慈悲靈氣重，全國信徒上多人。」北港有人說是叫笨港，港口有很多船隻在行駛，媽祖慈悲靈氣很重，是全國信徒最多的廟。北港鎮鎮名由古「笨港」演變而來，原位於笨港溪（今北港溪）之出海口。有關笨港地名的由來一般的說法有兩種：第一是荷蘭人當初繪製台灣地圖時，根據當時定居於此的平埔族人的發音譯爲「Poonkan」，漢人又將「Poonkan」音譯爲「笨港」。第二是說因爲當時笨港溪容易淤積泥沙，所以河口港稱爲「笨沙港」（笨沙即淤塞泥沙的意思），久而久之就簡化爲笨港。另外還有兩種說法是說因笨港一帶早期有許多形狀像畚箕的地形，「畚」與「笨」的閩南語音相同，所以由「畚港」演變爲「笨港」。另一則是說笨港早期多用「穀亭笨」來儲存穀物，所以叫做笨港。笨港過去被笨港溪截斷，分成一北一南，在笨港溪之北邊者稱「笨港北街」，南邊則爲「南港街」。至同治年間，「笨港北街」改稱爲「北港」。1621年，顏思齊、鄭芝龍率眾三千餘人，乘商船十三艘，登陸笨港開墾土地，是漢人大規模移墾台灣之始祖。早年笨港港道迂迴，易於迴避官兵，故成爲先民入墾台灣的渡口之一。1694年，樹璧和尚自湄洲奉請媽祖赴台傳香，笨港始建「笨港天妃廟」，即今日的「北港朝天宮」。不久靈氣遠播，至道光年有詩人稱讚「北港靈祠冠闔台」。北港朝天宮奉祀「天上聖母」終年香客絡驛不絕，香火鼎盛，信徒遍及海內外，每年來此進香膜拜之各方人士約達六百萬人次，尤其媽祖聖誕之期，大

〔註109〕詳見台灣省文獻委員會採集組主編：《雲林縣鄉土史料》，頁72、101。劉寧顏總纂，洪敏麟編纂：《重修台灣省通志》卷三〈住民志：地名沿革篇〉，頁354～355。施添福總編纂，陳國川等撰述：《台灣地名辭書》，卷九，雲林縣，頁292、519。雲林縣斗南鎮公所，網址：https://www.dounan.gov.tw/index.php，瀏覽日期：2018年11月15日。

〔註110〕詳見台灣省文獻委員會採集組主編：《雲林縣鄉土史料》，頁154。劉寧顏總纂，洪敏麟編纂：《重修台灣省通志》卷三〈住民志：地名沿革篇〉，頁355。雲林縣斗南鎮公所，網址：https://www.dounan.gov.tw/index.php，瀏覽日期：2018年11月15日。

量湧進陣頭及進香客，形成萬頭鑽動的情景，後來政府評定為國定古蹟，並指定為宗教觀光區，為北港帶來一片繁榮，同時也是鎮民經濟、文化與精神生活之重心。至於為什麼北港媽祖這麼靈驗，據地方耆老指出，北港媽祖真靈聖是因為得到「龍船穴」，在廟內正殿之鎮殿媽座下有一口井，謂「龍喉井」，井水甘冽、俯勺即得。而在媽祖廟兩旁住家也各有一口井，稱為「龍眼穴」。媽祖廟東邊這口井在蔡培波的家中，因近年來媽祖廟的周圍道路拓寬，這口井便在家中的走廊下，現用磚重新在井緣上圍成高約二台尺，並寫龍井二字，容易尋得。西邊這口井原是在「愛國行」住戶家中，也因道路拓寬而變成在路中，現以白鐵皮蓋蓋住。由於舊北港大橋拆除，且沿溪旁築起高高的河堤，有人說這樣破壞了北港的地理，因此中山路、民主路及中正路在入夜後，冷冷清清，已不復往日之熱鬧景況。雖說地理風水隨人家講，但各寺廟能興旺有靈驗，確實和得穴有關，所以北港媽祖才會那麼興那麼靈，分靈海內外各地。且北港也確實人傑地靈，人才濟濟，依北港鎮戶政統計，北港人口不及五萬人，而博士、學士以上者達千人以上，在國家機關做司長的有五、六人以上。因笨港在康熙、雍正年代以前具備對福州、漳泉及台灣南北各港之貿易條件，故形成街肆聚落頗早，是一大城，且北港媽祖興旺，所以自早以來在北港進出的香客、以及來此採購五穀、買賣油糖的人很多〔註111〕。

「虎尾五間虎尾寮，初來恐驚帶抹條，耕地做本恰重要，若無準備腹肚夭。」虎尾有五間虎尾寮，一開始來到這裡怕待不住，種植土地很重要，若沒有的話就準備餓肚子。1717 年，諸羅縣在此設大坵田一堡（即今虎尾、土庫一帶），因當地地形起伏如丘陵，故稱為「大崙腳」。但該地區因開拓較遲，1759 年，福建郭六才至大崙腳開墾，在東北邊俗稱「后尾」的地方建築五間草寮，為最早的「五間厝」，即五間房子的意思。但在 1830 年（亦有說是 1853年、1875 年），因曾圭角之變，官匪混戰於市街，便化為焦土。日治時代初年，僅有五間厝（今西安里）與青埔仔（屬平和里）兩小部落，1920 年，因「后」與「虎」音近且位於虎尾溪旁，故改稱為「虎尾」。而「虎尾溪」一名的由來，有三種說法：一是說因為溪水湍急，渡溪時有如詩經所說的「虎尾春冰」般

〔註111〕詳見台灣省文獻委員會採集組主編：《雲林縣鄉土史料》，頁 519、531、551。
劉寧顏總纂，洪敏麟編纂：《重修台灣省通志》卷三〈住民志：地名沿革篇〉，
頁 360。施添福總編纂，陳國川等撰述：《台灣地名辭書》，卷九，雲林縣，
頁 359。北港鎮公所，網址：http://www.beigang.gov.tw/tw/default1.asp，瀏覽
日期：2018 年 11 月 16 日。

極端危險，清朝首位雲林縣令曾作詩描述「溪名虎尾惕臨深，履險爭先有戒心」；二是說河道有如老虎的尾巴，飄忽不定，所謂「去年虎尾寬，今年虎尾隘」；三則是說來自平埔族語，在 1768 年高拱乾的《台灣府志》將虎尾溪記載為「吼尾溪」。據地方耆老指出，虎尾有一「虎穴」，虎頭在虎尾公墓，虎頸在自來水廠水塔處，虎身在虎尾市街，虎尾在北港溪（原稱虎尾溪），因此「虎尾」地名即是根據地緣、傳說將其虎尾溪代表虎尾而來。另外，「虎尾」一名的由來，還有一個傳說，傳說在很久以前的諸羅城的樹林中（今大林鎮），住著一隻兇猛的老虎，時常出來危害當地居民與過往的旅客，由於當時人們沒有看過老虎，故稱之為大貓。後來鄭成功趕走荷蘭人，居民便向鄭成功求救，鄭成功受人民所託而來到這個地方除虎，後來人們便將除虎的地方稱為「打貓」，也就是今天的嘉義縣民雄鄉。老虎打不過鄭成功，便往北逃竄，逃到一個沙崙上，因為老虎以為鄭成功沒有追上來，而開始休息，結果鄭成功趁其不備之時，拿刀一躍而上，砍向老虎，老虎因為來不及逃離，而被砍斷尾巴，從此這個地方便叫做「虎尾」，而那隻沒有尾巴的老虎則消失的無影無蹤。虎尾鎮地勢平坦，土地肥沃，適合種植各種農作物，物產豐富，農產品多樣化，如甘蔗、水稻、花生、甘薯、蘆筍、大蒜和玉米等。近年來也積極推動花卉外銷，主要以劍蘭、多花菊、夜來香為主。此外，經濟型農作物，除了早年興中里栽種的鐵樹外，今惠來里亦有薰衣草的種植〔註112〕。

「西螺七崁二五庄，阿善功夫屬紅毛，傷藥出名七里散，矯筋接骨兼醫痠。」西螺七嵌有二五庄，阿善師的功夫是荷蘭人的功夫，跌打損傷的藥膏最出名的是七里散，調整筋脈跟接骨還有兼治療痠痛。西螺鎮地名的由來有幾種說法：一是由平埔族人對此地的稱呼「Sorean」音譯而來，漢人入墾之後將其譯為「西螺」；二是早期「東螺社」名稱的對稱，東螺社位於今彰化縣的埤頭鄉，過去西螺鎮可能位於其南偏西方，因此稱為「西螺社」；三是因為濁水溪而得名，「濁」的閩南語發音與「螺」相同，「濁溪」被雅化為「螺溪」，

〔註112〕詳見李謁政總編纂：《虎尾鎮志》（下）（雲林：虎尾鎮公所，2017 年 7 月），頁 870。台灣省文獻委員會採集組主編：《雲林縣鄉土史料》，頁 289～291。施添福總編纂，陳國川等撰述：《台灣地名辭書》，卷九，雲林縣，頁 517。雲林縣政府幸福雲林電子報，標題：「大崙腳普中元文化節」，發佈日期：2001 年 8 月 24 日，網址：https://www.yunlin.gov.tw/news/detail.asp?id=973，瀏覽日期：2018 年 11 月 16 日。雲林縣虎尾鎮公所，網址：https://www.huwei.gov.tw/home.aspx，瀏覽日期：2018 年 11 月 16 日。

依濁水溪支流的位置來說，就有「西螺」的名稱；四是地形如田螺，濁水溪北岸的北斗地形也相仿，因此北斗稱爲「東螺」，早期西螺鎮可能位於其西南方，所以稱「西螺」。1701 年，福建省漳州府詔安縣廖姓（俗稱張廖或雙廖〔註113〕）墾民們陸續冒著清廷的渡海禁令，偷渡移民來台拓墾，並分散在西螺、二崙及崙背一帶二十五個角落開墾農地。後來墾殖事業已有基礎奠定，族人們認爲應該飲水思源，便共同出資興建宗祠，一方面可懷念宗功祖澤，另一方面可利用祠堂做爲學堂教育子女，祠堂於 1848 年破土動工，1849 年冬天竣工落成，並定名爲「繼述堂」。後來有人提議，爲了促進族人的團結和敦親睦族，除了春秋二季祭祖之外，將每年十月的秋收後各村落之祈安謝神迎神賽

〔註113〕張廖又稱雙廖（若爲純系正統的廖氏則稱單廖），此姓氏非複姓，也不是音譯，是兩個姓的結合，一嗣雙祧，在血緣上是張公廖母，即張骨廖皮二姓合爲一家。張廖氏發源自福建漳州府詔安縣官陂，1341 年到 1367 年間，白蓮教猖亂，官陂始祖張愿仔（字再輝），原籍雲霄縣西林和尚塘，是張天正第三子，避居官陂坪賽教讀。在當地有一位員外叫做廖化（又稱作廖三九郎），單生一女名爲大娘，品行端正，聰慧賢淑，通讀詩書，事親至孝，廖化見張愿仔英姿義氣，忠厚風雅，敬而慕之，便贅爲東床。廖化視張愿仔如子，把產業全交予執掌。張愿仔對岳父母也像親生父母一樣孝敬，深受族人讚譽。1375 年張愿仔四十八歲，獨生子廖友來出生，及廖友來未冠之時（即二十歲之前，古時男子二十歲時行加冠禮），廖姓族人有犯國法不容赦者，其人逃逸無蹤，累及廖氏全族，此時廖元子（張愿仔入贅時兼養子，故改名爲廖元子）挺身而出，以廖姓親族的身分往官申辯，因官司拖累多年，結案後在返家途中患病垂危，臨終之時，遺囑廖友來：「吾深受汝外祖父母（即廖三九郎夫婦）知遇之恩，欲拾命圖報，未能如願，汝當代父報答，子孫生當姓廖，以光母族，死當姓張，以存子姓（即父姓），生死不忘『張廖兩全』」。廖友來謹承父志，以張承廖，並立誓「凡我子孫，生則姓廖，歿後書張，不違祖命，以報廖公之德。父本姓張，來源于河南清河郡衍派，雲霄西林和尚塘有祖跡，以後應回祭祖掃墓，以盡孝道，若移居外地，姓張、姓廖由其自便」。1392 年廖元子逝世，享壽六十五歲，廖友來奉父神主往廖姓祖祠，廖族善意奉還後，廖友來轉奉神主往雲霄西林和尚塘張姓祖祠，並將父囑告知親族，張族嘉勉曰：「生廖死張，是一嗣雙祧，宜自立一族，以光張廖門楣」。賜祠堂號爲「崇遠堂」，並賜燈一對「清河（張氏代號）衍派，汝水（廖氏代號）流芳」。賜譜序五十字「宗友永元道，日大繼子心，爲朝廷國土，良名萬士欽，信能攻先德，作述昭古今，本基源流遠，詒謀正清深，克治祖家法，其慶式玉金」。並用籃轎八台，鼓樂送回其父神主，囑堂號如不適宜，可再撰，燈字勿廢。於是將坪賽故居中廳改爲祖祠，爲其父立祠。於是「張廖」二家遂成一派，自立一族，謂「張廖」或「活廖死張」、「張骨廖皮」。詳見廖丑編著：《西螺七崁與台灣開拓史》（雲林：雲林縣元子公張廖姓宗親會，1998 年 6 月），頁 440～442。

會擴大聯合舉辦，以各村落人丁數以及經濟狀況爲基礎考量，將在西螺、崙背以及二崙等地區分居的二十五個庄頭劃分爲七大角落，稱作七嵌。此七嵌分別爲：頭嵌—廣興、頂湳、埔姜崙；二嵌—魚寮、下湳、九塊厝、太和寮、吳厝；三嵌—犁份庄、田尾、湳仔；四嵌—三塊厝、十八張犁、深坑仔；五嵌—港尾、下新庄；六嵌—新店、惠來厝、打牛湳、廊仔、塘仔面、頂庄仔、張厝；七嵌—二崙、下庄子。每七年各嵌輪流一次，負責主辦春秋二季祭祖事宜以及秋季祈安謝神迎神賽會。但劃分爲七大角落的結果，因第四嵌之十八張犁、三塊厝及深坑仔的人丁與經濟分量較其他六嵌遜色很多，故許多族人便戲稱爲「七欠」，所以西螺七嵌也稱做「七欠」。一百多年前，名聞全島的西螺七嵌廖氏武功可分爲兩個流派，第一個流派是頭嵌廣興「振興社」阿善師所傳授的「金鷹拳」，第二個流派是第四嵌港尾「金獅連陣武野館」金生師所傳授的「布雞拳」。兩個師傅的功夫各有擅長，拳路不同，但調教出來的門徒，高手輩出，其功夫精湛而高超，讓人讚賞，因此遠近慕名前來學習的人不少，名聞全島。據說在道光年間，林內山區以及今土庫鎮後牛埔一帶，有盜賊佔山爲王，經常下山打家劫舍，劫掠西螺七嵌各村庄，張廖氏族人爲了自保，便聘請拳師來傳授武功，以犄角之勢，各嵌團結守望相助，實施宗族聯防自保的制度，保衛家鄉的安全。阿善師，本名劉炮，字明善，創辦廣興武術館「振興社」，是福建漳州府詔安縣人，出生於 1792 年，年輕時習武於少林寺，擅長金鷹拳，爲台灣少林派的嫡傳武師。其爲人剛毅正直，聰慧過人，秉持儒家謙抑忍讓之傳統素養，擅長武藝，且又精通一般內科及骨科醫術，一生雲遊四海、濟世活人。1828 年，劉明善隻身來台，起初居住於打貓（今民雄）牛稠山，後來獲悉表親（廖姓表親）居住於水利發達，土地肥沃的西螺一帶，於是 1831 年遷居於大園（廣興），由於他精通武術，在表親及大園庄頭人的請求之下，在庄內開設武術館「振興社」，開始傳授武藝，教化西螺七嵌張廖氏族人，以保衛家園，共禦外敵。1971 年間，華視電視公司曾有連續劇以他的事蹟爲背景，拍攝連續劇「西螺七劍」轟動全國，因此地方人士重修其墓園並建廟紀念，即今西螺振興宮（又稱阿善師廟）。另一派是學有「布雞拳」功夫的「金生師」，廖金生師父，受港尾的廖姓族人所聘，於港尾開設「金獅連陣武野館」傳授武藝。金生師到港尾傳授武功數年之後便轉往嘉義，後來可能返回大陸，至今事隔一百多年，現在港尾已無一人知道

金生師有無後人居住在嘉義。據金生師第五代傳人廖筆緣、廖新三等人說：金生師的拳路稱「布雞拳」或「白鶴拳」，尤其廖筆緣特別強調，金生師擅長氣功、輕功和配製跌打損傷等治療藥物以及毒藥。據說煉製出來的「爛肉漿」若放置在水溝裡，會使涉水而過的土匪回家後腳腐腿爛；又說以特別秘方配製的「響馬丹」其威力非常強，讓土匪一聞便懼怕三分，不敢再來冒犯。對於外傷，骨科醫療方面，也有相當的研究和秘方，諸如脫臼、骨斷、跌傷、撲傷、刀傷、火傷以及皮膚病（潰瘡或刀瘡）等內外傷醫療，都能配製特效藥，療效奇特，因此遠近慕名來求治的患者絡繹不絕。另外有句話說「能過虎尾溪，難過西螺溪」，傳說也跟西螺七嵌有關：以前整個西螺張廖人士順著虎尾溪北岸聚成各部落，且武術高強，南岸的人或北方彰化的人經過此地都要比武，比武贏了才能順利通過。於是形成了由南方來的便說是「能過虎尾溪，難過西螺溪」，而北方來的則說是「能過西螺溪，難過虎尾溪」。另有一說則是西螺七嵌地區的拳頭師父，從毒蛇身上提煉毒藥，經三個月後煉成「響尾丹」，並灑入虎尾溪北岸，目的是在阻止別人越過虎尾溪進入西螺，如果強行涉入，則皮膚就會潰爛〔註114〕。

第五節　南投縣

在南投縣的部分，陳再得以四十四句，十一個小段落來書寫十三個鄉鎮市之新舊地名、地理環境、歷史事件、經濟作物、觀光特色、交通建設與歷史傳說等。在這個小節分做兩個部份來做討論。

一、南投市等七個鄉鎮市

第一部分是南投市、中寮鄉、國姓鄉、水里鄉、仁愛鄉、鹿谷鄉及埔里鎮等七個鄉鎮市：

> 南投中寮與國姓　前者兩位照地形　國姓鄭軍的命令　庄名在此自然成
> 水里就是水里坑　深山狹谷地無平　日本大觀發電廠　以後庄名即結成

〔註114〕詳見台灣省文獻委員會採集組主編：《雲林縣鄉土史料》，頁 127～128、305～306。施添福總編纂，陳國川等撰述：《台灣地名辭書》，卷九，雲林縣，頁135、156～157。廖丑編著：《西螺七嵌與台灣開拓史》，頁439、500、522～523、540～541、553～556。文化資源地理資訊系統，網址：http://crgis.rchss.sinica.edu.tw/，瀏覽日期：2018 年 11 月 16 日。

　　仁愛古早是霧社　專是高沙塊賺食　發生一次大事件　堅持仁愛不敢惹
　　鹿谷舊名羌仔寮　日本統治即改掉　棄姜換鹿何重要　使人費解抹明瞭
　　埔里出名紅甘蔗　現在水筍眞好食　有入無出眞好豎　百姓逐個足好額
　　（〈台灣地名探源──南投縣〉，頁 222）

「南投中寮與國姓，前者兩位照地形，國姓鄭軍的命令，庄名在此自然成。」
南投、中寮和國姓，前面兩個是根據地形命名，國姓爺鄭成功軍隊的命令，
國姓這個庄名自然就形成了。南投一名來自平埔族洪雅族〔註 115〕（Hoanya）
阿里坤支族南群的漢字譯音社名南投社。然而在 1644 年到 1656 年間的荷蘭
戶口表中，並未見有南投社的記載，只有北投社（Tausabata），但從 1694 年《台
灣府志》中卻有南投社，因此推論南投社應是於北投社之南方，取名南投與
北投對稱之。中寮鄉名取自今中寮村舊小字，因先民入墾這一帶初期搭茅寮
以居，形成分水寮、六寮、十八甲寮、後寮、鄉親寮等聚落，中寮是對後寮
之對稱，爲居中之部落，所以叫中寮；另有一說是因這裡在二重溪到哮貓之
間中途路程處，居們築寮成村，所以叫做中寮。至於國姓鄉地名的由來，據
傳是因爲鄭成功治台初期，沒有太多漢人前往南投一帶開墾，並經常有「番
人」出草掠奪，影響移墾。國姓爺鄭成功的左武衛劉國軒率兵追討大肚番，
沿著烏溪往深山驅逐，一直打到國姓一帶才停止，並就地紮營墾荒，因此將
北港溪沿岸之河階群統稱爲「國姓埔」或「國勝埔」，這應是「國姓」地名的
由來〔註 116〕。

　　「水里就是水里坑，深山狹谷地無平，日本大觀發電廠，以後庄名即結
成。」水里就是水裡坑，這裡有深山有峽谷，地勢不平整，日本的大觀發電
廠蓋在這裡，後來庄名就自然形成了。水里鄉名取自水里村的舊小字水裡
坑。關於水裡坑一名的由來有以下四種說法：一水里地區原本屬於水社番狩
獵活動區域，水社番勢力範圍遍及目前的魚池、水里，及部分的信義、埔里、
仁愛等地，埔里一帶稱爲埔裏社，而魚池、日月潭、水裏坑一帶稱呼爲水裏

〔註 115〕洪雅族分佈在北起台中縣霧峰、南迄台南新營以北的地帶，可以分成魯羅阿
　　　　（Lloa）跟阿里坤（Arikun）兩支，約有十三社。參見原住民委員會全球資
　　　　訊網，網址：https://www.apc.gov.tw/portal/index.html，瀏覽日期：2018 年 11
　　　　月 10 日。
〔註 116〕詳見洪敏麟：《台灣舊地名之沿革》第二冊（下），頁 430～431、456、497～
　　　　498。國姓鄉公所，網址：http://www.guoshing.gov.tw/，瀏覽日期：2018 年
　　　　11 月 10 日。

社或水社，昔日客家族群稱呼水里鄉都是「水裏社」或「水裏坑」；二是依據訪談耆老，得知早期移入水里拓墾之客籍先民，因為水里當時濕冷偏僻，所以用水利之客籍用語（水氣濕冷酷屬）稱呼水里當地；三是說因為水里坑溪貫穿此地，所以叫做水里；四則是布農族語稱水里溪讀音為水里谷（谷是布農族溪流的意思），至於里的音在布農族語只是助詞，因為其發音方式較為短濁音，所以後來移墾來此的客籍族群，沿用布農族語，稱呼此地為水里。水里鄉平坦的腹地甚少，除了濁水溪兩岸的河階平台及沖積扇，北部是集集山脈、南部是鳳凰山地盤結，全境平原少山地多，水里溪貫穿其中，形成狹長之谷地，極富景觀及水利資源，水里溪上游現有鉅工、大觀、明潭、明湖、水里等五座發電廠。大觀發電廠分為一廠及二廠，一廠於日治昭和六年（1931）十月開始動工，並於昭和九年（1934）六月三十日竣工，當時日本官方命名為日月潭第一發電所，亦有後人稱此為門牌潭電廠，1945 年十月，先總統蔣介石先生與夫人蔣宋美齡女士巡視第一發電所時，將電廠改名為大觀發電所，從此便改稱為大觀發電廠，後來同一區域的明湖水力抽蓄發電廠（大觀二廠）完工時，再度改稱為大觀一廠至今。當時大觀一廠完工時發電量是十萬千瓦，發電規模以及建築品質都是東洋第一，發電後藉由高壓線路將電分送台灣南北各地，帶動了日治時期台灣各地的工商業發展，可謂帶動台灣命脈的心臟〔註117〕。

「仁愛古早是霧社，專是高沙塊賺食，發生一次大事件，堅持仁愛不敢惹。」仁愛以前是霧社，都是高山原住民居住在這裡，後來發生了一個很大的事件，堅持叫做仁愛不敢再冒犯。仁愛鄉境內山嶽疊疊，三千公尺以上的高峰林立，居民多數為高山原住民，有泰雅族、賽德克族及布農族。日治時期屬台中州能高郡，鄉公所設址於霧社（今南投縣仁愛鄉大同村的一部分），1945 年台灣光復後隸屬台中縣能高區仁愛鄉，1950 年撤廢區署改屬南投縣仁愛鄉，仁愛鄉名取自八德中之二字。1930 年十月二十七日早晨，霧社地方六社山胞壯丁約三百多人，在賽德克族馬赫坡頭目莫那魯道的率領下發動霧社事件，偷襲聚集於霧社公學校，參加運動會的日人官民、學童，莫那魯道率社中老年隊攻擊霧社分室、郵便局、日人宿舍、商店以及十三處駐在所，斷

〔註117〕詳見尹志宗：《水里鄉志》（南投：水里鄉公所，2007 年 3 月），頁 25～26、40、401～402。洪敏麟：《台灣舊地名之沿革》第二冊（下），頁 509～510。水里鄉公所，網址：http://www.shli.gov.tw/，瀏覽日期：2018 年 11 月 10 日。

電話路線，見警員及家屬，盡殲之，無一倖免。此役共殺戮日人一百三十四名，平地人二名。日軍聞訊大驚，旋由台北、新竹、台南來攻，社眾知不敵，乃退守馬赫坡岩窟，社眾藉由懸崖為壁，日本便徵同是原住民的萬大社助戰，亦不能下，繼而以傳單誘降，最後日本人以飛機散布毒氣，輪番轟炸，社眾傷亡慘重。十二月一日莫那魯道率眷屬十八人攀登懸崖同時自盡，日人派莫那魯道之女持酒勸其兄投降，其兄不願降，率親信四名，遁入布卡溪上游自盡，霧社事件先後五十餘日平息〔註118〕。

「鹿谷舊名羌仔寮，日本統治即改掉，棄姜換鹿何重要，使人費解抹明瞭。」鹿谷以前的名字叫做羌仔寮，日治時期就改掉了，去掉姜改成鹿有什麼重要，讓人百思不得其解。鹿谷鄉過去叫做「羌仔寮」或「獐仔寮」、「羌雅寮」，是今鹿谷鄉鹿谷與彰雅二村的舊名。地名由來於在鹿谷鄉尚未開闢時，曾經是羌群的棲息地，因獵羌者搭寮居住，後來發展成村莊而得名。「羌」是動物名，鹿科麂屬，全身披褐色短毛，雄羌頭上長角，形體大小及吠聲似狗。行動隱密敏捷，常出沒在清晨及傍晚時的山地濃密林區，以野菜、鮮草、嫩葉為食。1920 年日本人將「羌仔寮」改為鹿谷，因羌與鹿相似，且境內為濁水溪支流切割，多溪谷地形，所以叫做鹿谷〔註119〕。

「埔里出名紅甘蔗，現在水筍真好食，有入無出真好豎，百姓逐個足好額。」埔里最出名的是紅甘蔗，現在種的筊白筍很好吃，有遷入沒有遷出是很好居住的地方，在這裡的居民每個都很有錢。埔里鎮位於台灣的地理中心，隸屬於南投縣，居縣境北部，地形上四面環山，是屬於盆地地形，同時是濁水溪和北港溪間盆地群中，位置最北，面積最大的一個盆地，高度約在海拔380 公尺到 700 公尺之間。東面和東北面為仁愛鄉，南面為魚池鄉，西面與西北距離台中 58 公里，往東距霧社 23 公里，往南距日月潭約 17 公里。因位於台灣中部丘陵區，屬於副熱帶溫潤氣候，所以冬天不嚴寒，夏天不酷熱，雨量豐富、雲霧多、濕度大、蒸發量小，沒有強風，是一個氣候宜人的鄉鎮，

〔註118〕詳見洪敏麟：《台灣舊地名之沿革》第二冊（下），頁 558～560。林文龍撰稿：《南投縣志・卷七人物志》〈人物傳篇、職官表篇〉（南投：南投縣政府文化局，2010 年 12 月），頁 48～49。

〔註119〕詳見洪敏麟：《台灣舊地名之沿革》第二冊（下），頁 547～548。南投縣鹿谷鄉志編纂委員會等編輯：《鹿谷鄉志》（上）（南投：鹿谷鄉公所，2009 年 12 月），頁 302。教育部重編國語辭典修訂本，網址：http://dict.revised.moe.edu.tw/cbdic/index.html，瀏覽日期：2018 年 11 月 10 日。

因而有「小洛陽」的稱譽,適合定居生活。在農產品方面,紅甘蔗是埔里重要的農產。由於埔里氣候佳、水源充沛,少有強風吹拂,因此埔里甘蔗莖幹筆直,節間長、脆、甜、多汁是埔里紅甘蔗享譽全台的特色。此外,筊白筍是埔里最主要且最具特色的農作物,也是代表埔里「一鄉鎮一特色」項目的農產品。筊白筍是一種多年生的草本植物,種在水中,長成時約有五、六尺,其幼嫩的莖部就叫做「筊白筍」,埔里人因其長存水裡的特性,故稱它爲「水筍」,更有騷人墨客將它稱做「美人腿」,由於埔里氣候溫和,水質甘美且充沛、又沒有受到污染,早期零星地種在水溝裡或是有泉水冒出的田裡,因其鮮嫩肥美,而受到市場的青睞,深具智慧與行銷概念的埔里農民就將筊白筍的栽植面積加以擴展,數年後筊白筍成了埔里鎮最重要的農產經濟作物,並擴及毗鄰的魚池鄉、國姓鄉。由於埔里所生產的筊白筍嫩脆鮮美,深受國人喜愛,因此成了市場蔬菜類的寵兒;每年栽植的面積更是逐年擴大,目前在埔里的種植面積就超過 1200 公頃以上,是全台最重要的筊白筍產區〔註120〕。

二、魚池鄉等六個鄉鎮

第二部分是魚池鄉、竹山鎮、信義鄉、草屯鎮、名間鄉與集集鎮等六個鄉鎮:

魚池原名五城堡　日月成潭好七桃　魚類肉質特別好　命名魚池別位無
竹山舊名林杞埔　經過台省三號路　竹仔收成抹干苦　名改竹山無糊塗
信義原名木瓜村　古道通過東台灣　木瓜無種隨時斷　信義是鄉不是村
草屯原名草鞋屯　大里反王林爽文　兵隊到這煞宿眠　草鞋丟掉變成屯
名間屬於濁水湳　芎蕉出名甜又甘　每日眞多人遊覽　日語音近號名間
集集原名半路店　也有賣魚甲豬砧　店起密密無塊閃　名改集集無人嫌

（〈台灣地名探源——南投縣〉,頁 223）

「魚池原名五城堡,日月成潭好七桃,魚類肉質特別好,命名魚池別位無。」魚池原本的名字是五城堡,日和月變成一個潭是個遊玩的好地方,魚類的肉質特別的好,取名叫做魚池別的地方是沒有的。魚池鄉舊稱「五城堡」,「五城」即道光年間以日月潭爲中心的漢民五庄(今魚池鄉的銃櫃、水社、貓囒、司馬按及新城)被開墾,庄外設有竹圍防衛,於是產生了五城的地名,後來又變成

〔註120〕詳見媚麗埔里——台灣南投埔里觀光導覽網——南投縣埔里鎮公所,網址:
　　　　http://www.puli.gov.tw/web_travel/,瀏覽日期:2018 年 11 月 10 日。

堡名。過去屬於水沙連番境，1875 年隸屬埔里社支廳五城堡；1920 年政府改制廢廳建州，改隸台中州新高郡魚池庄；1946 年改為台中縣新高區魚池鄉；1950 年改為南投縣魚池鄉。有關魚池一名的由來說法有四種：一是說此地早期創建聚落時，因位於南高北傾盆地，幽深溪谷洩水迅速，每一戶農宅前面都有一池塘蓄水，稱為魚池，因以為名；二是說因為先民初來此地時患癲病者居多，請堪輿師鑑定後，始知此地山峰形似火爐，繼之來脈有風櫃，其火炎過盛，而火攻心所致，因此掘造七口魚池，以水克火而化解其炎，得病者癒，故謂魚池；三則是說以前這裡土地糾紛嚴重，居民們為了將土地界線範圍釐清，因此彼此間就用魚池來相隔，後來魚池數量越來越多，所以叫做魚池；最後是根據地方耆老黃宋華先生表示，魚池本來沒有水源，後來有王榜圳、光復圳等渠道，這些渠道都是引自濁水溪的水來灌溉，加上早期均是單季田，旱作時期種地瓜、花生或雜作如玉米，雨季是在五六月，當地人稱「穩仔冬」，意思就是有雨一切都好辦，因為有雨才有水可以播種，為了防患未然，當地人便在田邊掘池儲水，每個人都掘一池，後來魚池眾多，慢慢成庄，此乃魚池地名之由來〔註121〕。南投縣位於台灣的中央，是唯一一個不靠海的縣市，但是台灣的第一大淡水湖日月潭在這裡，日月潭擁有豐富的魚類資源，是魚池鄉魚類的主要來源地。近幾年來傳統漁業與傳統農業利潤年年相對減少，因此傳統漁業勢必要轉型，在政府的規劃下，日月潭成為一個良好的休閒漁業區，另外，早期作為漁民及對岸居民的交通工具渡船也轉型成為遊艇，吸引觀光客，帶來人潮。日月潭國家風景區範圍包含環潭、水里溪、埔里、濁水溪及集集等五大遊憩系統，週邊涵蓋桃米、車埕、集集、水社大山、雙龍瀑布、明潭水庫及水里溪等觀光旅遊據點。日月潭以拉魯島為界，東、西兩側因形似「日輪」和「月鉤」因而得名，百年來享有台灣八景的美譽，也是台灣地區最負盛名水力發電重地；風景區以「高山湖泊」、「原住民文化」、「自然生態」等觀光遊憩特色，每年吸引超過 600 萬中外遊客到訪。魚池鄉著名的漁產主要都分布在日月潭，著名的特產有「曲腰魚」（又名「總統魚」）及「奇力魚」（又名「尖嘴魚」），其他尚有草魚、鰱魚、吳郭魚、潭蝦等等。曲腰魚是日月潭特產的高級魚類，先總統蔣介石先生早年常蒞臨日月潭度假，喜歡曲腰魚的美味，因此漁民將此種魚又命名「總統魚」。曲腰魚一般身長約 30 公分左右，肉質粉嫩，味道鮮美，但細刺特別多，所以越

〔註121〕詳見魚池鄉公所鄉誌編纂工程：《魚池鄉志·開拓史篇》（南投：魚池鄉公所，2001 年），頁 2、73～74。安倍明義：《台灣地名研究》，頁 168。

大越好吃。奇力魚是日月潭產量最多的一種淡水魚,體型小,魚身扁長,大約二指寬,10公分左右。因其口小不易以魚鉤垂釣,必須將特製魚網撒入中撈捕,過去是邵族人的主要食物來源,邵族人常用鹽巴醃漬的方式保存,據說風味頗佳,現在日月潭的餐廳通常用香酥油炸或油炸後紅燒的方式烹調。由於奇力魚體積小,可以整條咀嚼,據說含有極高的鈣質,有益健康。另外就是日月潭的吳郭魚,因日月潭潭面寬廣,所以沒有爛泥味且肉質肥厚,味道鮮美〔註122〕。

「竹山舊名林杞埔,經過台省三號路,竹仔收成抹干苦,名改竹山無糊塗。」竹山以前的名字叫做林杞埔,省道台3線經過這個地方,收成竹子不會很辛苦,名字改成竹山不糊塗。竹山是南投縣境內開闢最早的地方,也是全台灣開闢最早的地方之一。1624年荷蘭人入據台灣,其統治力止於沿海平原地區。1661年鄭成功驅逐荷蘭人,以台灣爲生聚教訓之地。但入台之大軍馬上遇到糧食不足的困境,鄭成功體認自力更生之道,所以下令軍兵屯墾,寓兵於農,兵農合一。鄭成功死後,陳永華繼續推行此一政策,他於1664年親歷南北各番社,相度地勢,分鎮開墾。林杞(福建同安人)乃率所部二百餘人赴斗六門開墾,拓地至水沙連,屯紮於竹圍仔(今竹山鎮雲林、砷磖、下坪等里)。並逐水沙連番至東埔蚋以東,但土番不服屢抗。1668年土番叛亂,夜襲屯地,林杞及其屯丁一百餘人禦戰不勝,被圍困且糧食漸盡,眾議降,林杞認爲不可,數日後糧盡被殺。剩下的先民繼續開墾,後形成聚落,居民爲紀念林杞開拓之功,此地便以「林杞埔」命名。另外林杞埔又名「二重埔」,意思是第二塊未開墾的埔地。1920年因竹山大鞍山區及鹿谷竹林村大片的孟宗竹林,所以改名爲竹山。竹山鎮北部有省道公路台3線斜貫而過,台3線的起迄點爲台北到屏東,沿途經過萬華、板橋、土城、三峽、大溪、龍潭、關西、橫山、竹東、北埔、峨嵋、三灣、獅潭、大湖、卓蘭、東勢、石岡、豐原、潭子、台中、大里、霧峰、草屯、南投、名間、竹山、林內、斗六、古坑、梅山、竹崎、番路、中埔、大埔、楠西、玉井、南化、內門、旗山、里港及九如〔註123〕。

〔註122〕 詳見魚池鄉公所鄉誌編纂工程:《魚池鄉志·經濟篇》(南投:魚池鄉公所,2001年),頁51～57。日月潭觀光旅遊網,網址:https://www.sunmoonlake.gov.tw/,瀏覽日期:2018年11月11日。

〔註123〕 詳見陳哲三總編纂:《竹山鎮志》(上冊)(南投:竹山鎮公所,2002年2月增修版),頁63～64、754。洪敏麟:《台灣舊地名之沿革》第二冊(下),頁530～532。中華民國交通部公路總局,網址:https://www.thb.gov.tw/,瀏覽日期:2018年11月11日。

「信義原名木瓜村，古道通過東台灣，木瓜無種隨時斷，信義是鄉不是村。」信義原本名字是木瓜村，有一條古道可以通往東台灣，木瓜沒有種馬上斷，信義這裡是鄉不是村。今南投縣豐丘村昔稱木瓜社，1940 年布農族巒社群從陳有蘭溪上游郡大山沿溪谷北上，抵達這裡並建村，因當時有一棵大木瓜樹，布農族語木瓜為「Saliton」，故自稱為木瓜社。日治時期稱作開花村，光復後改稱明德村，1966 年改為豐丘村。1875 年有中路統領吳光亮率三營兵工，鑿開橫斷中央山脈的八通關古道，八通關古道原本西起南投縣竹山鎮（林杞埔），經過鹿谷鄉、信義鄉，翻越八通關、秀姑巒山，東至花蓮縣玉里鎮（璞石閣），全長約 152 公里，是台灣清治時期所建橫貫台灣本島東西部的三條道路之一，更是目前僅存的一條，因此內政部頒訂為國家一級古蹟，目前還可使用的路段為東埔溫泉到八通關草原約 20 公里的路程〔註 124〕。

「草屯原名草鞋屯，大里反王林爽文，兵隊到這煞宿睏，草鞋丟掉變成屯。」草屯原本的名字是草鞋墩，大里反抗首領林爽文，把草鞋丟掉變成村莊。草屯鎮舊稱草鞋墩，地名由來於此地為台中盆地入埔里之要地，凡鹿港、埔里間來往旅客、挑夫會在此換草鞋，因所丟棄之草鞋堆城墩狀，故為草鞋墩，1920 年刪去「鞋」字，易墩以同音字屯，改為草屯〔註 125〕。關於草屯地名由來，另有其他說法：一是認為明末鄭成功率軍征番，駐軍於此，兵士丟棄舊草鞋成堆，故名。另一個則是乾隆末年的抗清領袖林爽文，兵敗退入內山時，途經此地，因黨眾棄置草鞋而得名〔註 126〕。

「名間屬於濁水湳，芎蕉出名甜又甘，每日真多人遊覽，日語音近號名間。」名間屬於濁水湳，香蕉出名又甜又甘，每天有很多人來這裡遊覽，日語音很相近叫做名間。名間鄉位於南投縣之西北部，濁水溪中游之北，其西部為八卦台地之最南段東側斜面，東部為南投山地之南緣，中部為台中盆地之南端，全域多台地、丘陵，平原狹窄。鄉名取自今南雅村舊小字「湳仔」，日治時期因「湳仔」之閩南語發音「Lama」與日語之訓讀名間「Nama」相近，所以改稱名間。「湳仔」位於台中盆地最南端的名間地峽部，紅土礫石層堆積的八卦台地向東傾斜至此，由於紅土礫石層質地鬆軟，加上地勢低窪，每每

〔註 124〕詳見洪敏麟：《台灣舊地名之沿革》第二冊（下），頁 569～570。南投觀光旅遊網，網址：http://travel.nantou.gov.tw/，瀏覽日期：2018 年 11 月 11 日。
〔註 125〕詳見洪敏麟：《台灣舊地名之沿革》第二冊（下），頁 439～440。
〔註 126〕詳見南投縣草屯鎮公所，網址：https://www.tsaotun.gov.tw/，瀏覽日期：2018 年 11 月 13 日。

積水不易消退，故有「湳仔」之稱，即鬆軟地的意思。名間鄉主要生產的作物爲：稻米、甘蔗、甘藷、香蕉、柑橘、鳳梨、豆類、茶、蔬菜、落花生、龍眼、樹薯、黃麻等，農業總生產價值高。名間鄉之香蕉產於東邊集集山脈向北延伸區，爲雜木林與雜果區。產量於 1970 年時曾高達 8,470 公噸，貿易額於農產品中僅次於蔗糖，今雖減產但也有 2,100 多公噸左右之高量。名間鄉依山傍水，在人文和自然的環境裡孕育了不少的名勝古蹟，在古蹟及傳統民宅方面有永濟義渡碑及東田董宅、番仔寮陳宅、坑口仔陳宅……等十七座五十年以上歷史的傳統民宅；而在寺院廟宇方面則有受天宮、福興宮、朝聖宮、北天宮、白毫禪寺、善覺寺、清山寺、靈山寺等；在自然景觀的部分有松柏嶺遊憩區、自然生態農園；在人文景觀的部分則有地震公園及濁水車頭等〔註 127〕。

　　「集集原名半路店，也有賣魚甲豬砧，店起密密無塊閃，名改集集無人嫌。」集集原本的名字是半路店，有賣魚也有賣豬肉，店家很密集沒有空的地方，後來名字改叫集集沒有人覺得不好。集集舊稱半路店，1771 年漳籍墾戶邱、黃、劉、許等四姓合股招佃，入墾於今集集街西南邊形成「林尾莊」；1773 年來墾者激增，大事啓林闢地，將荒原變良田；1774 年吳姓墾首招佃墾於東方，建「吳厝莊」；1775 年向東推展墾務，砍巨木，架橋於北勢坑，在橋頭形成「柴橋頭莊」；1776 年附近田園墾成四十餘甲，建莊稱「八張犁莊」。因這一帶陸續墾成，形成聚落，移民前來者亦日增，有人在林尾及柴橋頭中間築店鋪，故稱爲「半路店」，到了 1780 年發展成肆街，乃稱「聚集街」或「集集街」；另有一說則是說「集集」一名由來自水沙連番「Chipu chipu」社之譯音漢字〔註 128〕。

〔註 127〕詳見國立彰化師範大學地理系周國屏等編纂：《名間鄉志》（南投：名間鄉公所，2004 年 12 月），頁 113、285、300、303、882～931。洪敏麟：《台灣舊地名之沿革》第二冊（下），頁 464～467。

〔註 128〕詳見洪敏麟：《台灣舊地名之沿革》第二冊（下），頁 503～505。

第四章　南部地區

　　南部地區包括嘉義縣、嘉義市、台南縣、台南市、高雄縣、高雄市、屏東縣與澎湖縣等共八個縣市，因嘉義縣與嘉義市陳再得將其合併書寫，故合併在一起討論，另外在〈台灣地名探源〉中，陳再得並未述及台南市與高雄市，筆者不知原因，故以下僅針對陳再得有述及的部分，即嘉義縣、嘉義市、台南縣、高雄縣、屏東縣與澎湖縣做討論，總共可分為五個小節，小節的順序依照陳再得的書寫順序，而每一小節又依照陳再得書寫的各縣市篇幅大小，分成一到四不等的細項做討論。

第一節　嘉義縣及嘉義市

　　在第一節首先討論的是嘉義縣與嘉義市，陳再得總共用了八十四句、共二十一個小段落來說明嘉義縣的十八個鄉鎮市以及嘉義市的新舊地名、歷史發展沿革、地理環境、人文傳說故事、交通與經濟建設等。以下將二十一個小段落平均分成三個部分做討論。

一、嘉義市及嘉義縣等五個鄉鎮市

　　第一個部分是嘉義市與嘉義縣的朴子市、布袋鎮、六腳鄉、東石鄉及大林鎮等六個地方：

　　　　嘉義舊名諸羅山　那時國聖管台灣　後來爽文卜造反　官民協力來平亂
　　　　諸羅的人有義氣　乾隆皇帝足歡喜　義行不通放抹記　隨時賜名封嘉義
　　　　朴子一叢朴子樹　周圍環境真清幽　老人泡茶飲燒酒　朴子結庄名永留

布袋原名布袋嘴　港漧行口起做堆　每日商人若到位　價數賣主要先開
六腳原名六腳田　有錢整本足簡單　開墾田區有夠讚　開好即來招佃人
東石舊名猴樹港　來自唐山東石人　後來改做東石港　對岸泉州好通航
大林昔時大莆林　舊名古早用到今　開墾土地誰不敢　投資置產無重纏
（〈台灣地名探源——嘉義縣〉，頁 209）

「嘉義舊名諸羅山，那時國聖管台灣，後來爽文卜造反，官民協力來平亂。諸羅的人有義氣，乾隆皇帝足歡喜，義行不通放抹記，隨時賜名封嘉義。」嘉義舊名叫諸羅山，那時候是鄭成功掌管台灣，後來林爽文要造反，官兵和人民合力來平定叛亂。諸羅這個地方的人很有義氣，乾隆皇帝很開心，這樣的義行舉動不能忘記，所以賜名叫嘉義。嘉義過去叫諸羅山莊，因這裡原本是平埔族洪雅族諸羅山社的所在地，荷蘭人稱作「Tilaocen」（或作 Terosen、Tiraocen、Tailaocen、Tirocen），諸羅山的閩南語爲「$Tsu^7Lo^5San^1$」，由此可知，諸羅山是從平埔族的社名音譯而來。另有一說則是因此地高山連綿、諸山羅列，又剛好與音譯的地名相符合，所以去掉「山」字，稱爲諸羅縣。1786 年十一月發生林爽文事件，台灣各主要城市相繼失陷，包括淡水、彰化、鳳山等地，1787 年二月，林爽文第二次進攻諸羅城，殆十一月福安康率援軍來救，諸羅城內官民奮勇禦敵，死守城池已達十個月之久，清高宗乾隆皇帝有感於諸羅縣民之「急公嚮義，眾志成城，應錫嘉名，以旌斯邑」，遂於 1787 年十一月下詔改諸羅縣爲嘉義縣。日治時期「嘉義」一稱繼續使用於廳、支廳、出張所、辦務署、縣、郡和街等行政區稱，到 1930 年嘉義街陞格爲嘉義市（州轄市），台灣光復後，1945 年改爲省轄市，1950 年改爲縣轄市，1982 年又改爲省轄市〔註1〕。

「朴子一叢朴子樹，周圍環境眞清幽，老人泡茶飲燒酒，朴子結庄名永留。」朴子有一棵樸子樹，周圍的環境很清幽，老人家泡茶喝燒酒，形成村莊之後名字永遠留住。朴子市有位先賢楊桂山曾作一詩〈樸樹〉：「大樸森森蔭樸津，開基一樹已歸神；覃恩偉績同天后，長抱婆心護世人。」由此詩可知，朴子此地地名與媽祖婆及樸仔樹的關聯極深。在明末清初的時候，牛稠溪下游盡是荒涼野原，只有幾間農舍跟碩大的樸仔樹在溪南畔，因樸仔樹枝

〔註 1〕詳見劉寧顏總纂，洪敏麟編纂：《重修台灣省通志》卷三〈住民志：地名沿革篇〉，頁 364、373。施添福總編纂，陳國川、翁國盈編纂，陳美鈴等撰述：《台灣地名辭書》，卷八，嘉義縣（上）（南投：國史館台灣文獻館、嘉義：嘉義縣政府，2008 年 12 月），頁 13。

葉茂盛、蒼翠成蔭，樹下遂成為農夫或旅途者休憩納涼的佳處。當時附近半月莊有一位素仰媽祖的虔誠信徒林馬，每年都要鹿港天后宮進香，半世紀來從未間斷，巡禮往回必經此處，樸仔樹下是休息驛站之一。1682 年，林馬雖年邁但仍未失其誠，遙遠迢迢、跋山涉水、不辭旅途勞頓朝拜媽祖，鑑於疲困不堪以不勝負荷進香活動，故欲請媽祖分靈至半月莊供祀，希望能晨夕恭拜，其誠意求得媽祖聖像。在歸程中，抵達牛稠溪南畔時，天色已暮，且細雨如絲，便暫借宿樸仔樹下一夜，結果鄰近居民聽聞有媽祖聖像在此，一早便聚集參拜，絡繹不絕，且要求林馬能將媽祖暫駐在此數日，設壇安置於樸仔樹下，讓眾人膜拜。挽留挽留多日後，媽祖仍無法贏回半月莊，林馬毅然讓聖像永久坐鎮此地，眾人便奠基立廟，稱「樸樹宮」。另有傳說言：樸仔樹下有靈穴，該屬天妃娘娘所駐，林馬不得不從意旨，將聖像留在此地。由於媽祖神恩廣被、神威顯赫，信徒前來朝拜日漸增加，信眾於是聚居廟宇兩側，市街漸驅成形，而後繁衍成市集。市集因供奉媽祖而繁榮，媽祖首駐躍之地亦於樸樹下，因此地名便采用「樸仔腳」。而後樸樹宮於 1795 年間奉聖令改為「配天宮」〔註2〕。日本據台後，因「樸仔腳」地名太俗，於 1920 年，藉地方制改，取「朴」與「樸」同音，重新命名為「朴子街」；1945 年台灣光復後，改為街庄為鄉鎮，為朴子鎮；1992 年改制為縣轄市，改為朴

〔註2〕配天宮媽祖的由來，還有另一種說法：1682 年間，林馬常往來大陸、福州、興化、莆田一帶販賣福圓肉，同時經常轉赴湄洲天后宮膜拜聖母姑婆（媽祖姓林，為林姓宗族原親，故稱祖姑婆）。林馬有一年依例前往並夜宿廟中，當夜媽祖托夢諭示他：「姑婆體諒你一心虔誠，為了避免你年邁體衰時再受渡海奔波之苦，特賜你請奉金身一尊返回台灣奉祀」。媽祖並指示他眾金身中鼻頭有一顆痣者，欲隨其東去。林馬夢中驚醒，欣喜若狂便至殿中尋找，黎明前見眾金身中，有一尊金身鼻頭恰巧一隻蒼蠅停在上面，即攜之日夜兼程奔返故里。途至牛稠溪南畔，日色已暮，即暫宿樸仔樹下過夜。附近居民聞香氣氤氳，紛往膜拜。滯留數日後，林馬欲啟程返鄉時，頓覺媽祖金身有如千斤重，無法移動，眾人皆感訝異，於是擲筊請求媽祖示意，媽祖乃指點欲「永鎮守此地」，以顯化濟世。林馬心中雖不免有失落感，但亦不敢有悖神旨，眾人即鳩工建廟在樸仔樹下，謂之「樸樹宮」，以供崇祀。動工之際，媽祖再敕諭善信，廟宇的中心點樸仔樹（即為當初樸仔媽坐於此樹下休息），已有千年以上樹齡，經受日月之精靈、風雨之滋潤，亦得聖母之顯化，貫通其靈氣，可將此棵樸仔樹彫刻成金身，供信徒膜拜。於是，信徒乃將巨大樸仔樹上半段剪斷，留得下半段，經削去枝幹和樹皮，雕刻成今日之「鎮殿媽」，目前樹根仍盤結於地下，成為媽祖廟的一大奇觀，配天宮的鎮顛媽更被譽為請不動的媽祖。詳見財團法人朴子配天宮，網址：http://www.peitiangung.org.tw/，瀏覽日期：2018 年 11 月 28 日。

子市〔註 3〕。

「布袋原名布袋嘴，港漧行口起做堆，每日商人若到位，價數賣主要先開。」布袋原本名叫布袋嘴，港口的行口有很多，每天商人到了之後，賣家要先開口定價格。布袋原稱布袋嘴，關於「布袋嘴」一名的由來有三種說法：一是因以往嘉南沿海地區有一倒風內海，該內海深處有麻豆港、佳里港，倒風內海西邊有魍佳半島，該半島最北端是魍港（即今日的好美里），與魍港隔水相望的是布袋嘴庄，兩地共控倒風內海出口，所有輸出、輸入八掌溪和急水溪流域的物產與商品及船隻都必須由此出入，因倒風內海遼闊，形狀猶如布袋，布袋嘴庄位於布袋的嘴部，因而得名。二則是此地漁民進出港口都只有一條路，即今日之太平路，由港口和聚落的分布位置來看，猶如布袋口部，故名布袋嘴。三則是根據《台灣通史》記載，漢末三國以後，國人開始經營台灣，並在澎湖設巡檢，明朝時設時廢，明朝末年，台灣南北一度被西班牙及荷蘭竊據。1684 年，清人領有台灣以後，廣東、福建兩省人民大量移民台灣各地，布袋是主要港口之一，當然也有大量移民前來，但是當時的地名不叫「布袋」，而是叫「布岱瑞」，語意則撒布浩大祥瑞，居住或來往者可受惠。日治時期，當日本人接管台灣後，問起布袋當時的地名，當地人告訴他們叫「布岱瑞」，可是日本人聽不太懂閩南話，便把「布岱瑞」誤聽為「布袋嘴」。1920 年改稱布袋，沿用至今〔註 4〕。

「六腳原名六腳田，有錢整本足簡單，開墾田區有夠讚，開好即來招佃人。」六腳原本的名字是六腳田，有錢整本很簡單，開墾田園很讚，開墾好之後就是招聘佃農。六腳鄉原名「六家佃」，相傳於 1654 年，閩漳龍溪縣人墾戶陳士政等招佃農六戶，抵達笨港溪（今北港溪）下游河田東岸，耕稼定居，距今北港街西南四公里處墾殖，所以得名為「六家佃」莊。之後相繼聚居者日眾，開墾者漸多，與外界的接觸也日漸頻繁，外人因「家」和「腳」的閩南語發音相近，而將「六家佃」誤叫為「六腳佃」，在 1920 年改稱六腳，

〔註 3〕詳見台灣省文獻委員會採集組編校：《嘉義縣鄉土史料》（南投：台灣省文獻委員會，2000 年 1 月），頁 85。邱奕松纂修：《朴子市志》（嘉義：朴子市公所，1998 年 2 月），頁 19～20。嘉義市朴子市公所全球資訊網，網址：https://puzih.cyhg.gov.tw/home.aspx，瀏覽日期：2018 年 11 月 28 日。

〔註 4〕詳見施添福總編纂，陳國川、翁國盈編纂，陳美鈴等撰述：《台灣地名辭書》，卷八，嘉義縣（上），頁 168。台灣省文獻委員會採集組編校：《嘉義縣鄉土史料》，頁 107。嘉義縣布袋鎮公所，網址：https://budai.cyhg.gov.tw/Default.aspx，瀏覽日期：2018 年 11 月 28 日。

以迄於今〔註5〕。

「東石舊名猴樹港，來自唐山東石人，後來改做東石港，對岸泉州好通航。」東石以前的名字叫做猴樹港，來自唐山的東石人，後來改名叫做東石港，跟對岸的泉州有通航。東石位於朴子溪口之北岸，明末清初仍未浮覆，是猴樹港外之潮汐台。祖源地是在福建泉州府晉江縣十都東石鄉前頭境（又名鰲頭境），濱江而居，男從事漁賈、養殖牡蠣、鑴石，女則是紡絲、織布為主。1661年，閩泉惠安縣人柳櫻隨鄭成功來台，後裔即到東石開拓。康熙年間，先民吳重燕、黃生、蔡崇等率族渡海來台，卜居與故鄉類似的海濱—東石港，依習性從事捕魚、買賣、牡蠣養殖，安居樂業，民風純樸。但初始兩岸茄苳樹蔚翠盤繞，又有猴子棲息其間，朝暮戲躍啼鳴，響應著潺潺流水，就像是管弦合奏，入耳頓消萬慮，乃以景取名為「猴樹江」。嘉慶末年，有泉州府晉江縣東石鄉之移民抵達此地，在浮覆地闢魚塭，在港灣內養牡蠣為生，並將故鄉之名移植於此，後來漳泉移民越來越多，便形成街肆，並且替代了猴樹港之功能，成為嘉南平原上一個重要的吞吐口港。猴樹港在乾隆中葉稱為朴子腳街，後來浮覆地西展，猴樹港亦向西移其位置，最後之港址為今東石村北方之猴樹村，往昔港口因陸化而消失，港務乃完全移轉至東石港〔註6〕。

「大林昔時大莆林，舊名古早用到今，開墾土地誰不敢，投資置產無重纏。」大林過去叫大莆林，舊的名字從以前用到現在，誰不敢開墾土地？投資和置產沒有差錯。大林鎮舊稱「大莆林」或「大埔林」，由薛大有為墾首招佃墾殖這一帶土地，在1695年初創十股大坪。薛大有以其故鄉廣東大埔，再加上因此地森林茂盛，二者合在一起，稱此地為「大埔林」。現今大林鎮內各里仍保留「中林」、「頂員林」、「林頭」、「林仔前」與「林頭仔」等與林木有關的地名，可見昔日這片土地鬱鬱蒼蒼、林木繁盛的景象。至1920年，實施街莊制時，改名為大林〔註7〕。

〔註5〕詳見台灣省文獻委員會採集組編校：《嘉義縣鄉土史料》，頁165。
〔註6〕詳見蔡炳欽發行：《日出東石》（嘉義：東石鄉公所，1996年3月），頁3、51〜52。台灣省文獻委員會採集組編校：《嘉義縣鄉土史料》，頁188。劉寧顏總纂，洪敏麟編纂：《重修台灣省通志》卷三〈住民志：地名沿革篇〉，頁377。嘉義縣東石鄉公所，網址：https://dongshih.cyhg.gov.tw/Default.aspx，瀏覽日期：2018年11月28日。
〔註7〕詳見劉寧顏總纂，洪敏麟編纂：《重修台灣省通志》卷三〈住民志：地名沿革篇〉，頁375。施添福總編纂，陳國川、翁國盈編纂，陳美鈴等撰述：《台灣地

二、民雄鄉等七個鄉

第二部分是民雄鄉、梅山鄉、溪口鄉、番路鄉、新港鄉、義竹鄉與鹿草鄉等七個鄉：

民雄打貓名無譜	打貓其實打死虎	義民庄頭有照顧	名改民雄無含糊
梅山原名梅仔坑	梅仔豐收足值錢	知識份子老百姓	若收一冬食一年
溪口舊名雙溪口	三條溪水來合流	自從少年聽到老	名副其實的庄頭
番路昔時番仔路	也是連遍攏山埔	山胞交易好場所	以後公所在番路
新港本是南港人	溪門變化移過東	建造庄頭名新港	彰化伸港字不同
義竹清朝二竹圍	後改義竹無食虧	義字換二名恰水	歸棄義竹免用圍
鹿草在地本無庄	連遍都是鄭軍園	鄭軍戰敗已經返	專發鹿草變拋荒
土地無做眞打損	即換民間來作園	蕃薯土豆伊無斷	了後即結鹿草庄

（〈台灣地名探源——嘉義縣〉，頁 209～210）

「民雄打貓名無譜，打貓其實打死虎，義民庄頭有照顧，名改民雄無含糊。」民雄打貓名字的由來不知原因，打貓其實是打死老虎，義民有照顧村莊，名字改爲民雄沒有含糊。民雄舊地名「打貓」（或作打猫），過去是平埔族洪雅族打貓社的所在地，1920 年，日本人因覺「打貓」一名不雅，以打貓之閩南語發音「Ta²niau¹」與民雄之日語「たみお」（Tamio）讀音相近，而改爲民雄。另外，在今民雄鄉中樂村有一個地方叫騎虎王，原稱南路厝庄，因位於打貓街之南方，是通往嘉義城必經之地，故稱爲南路厝庄。據說在 1762 年時，有一個福州人攜帶五尊騎虎王來到台灣，擇居於南路厝庄，一開始只是家廟奉祀，後來因神威廣大，信仰者眾，庄民乃居款建廟，日久騎虎王之名便取代了南路厝，成爲此地的地名〔註8〕。另外，關於打死老虎的傳說，可能也與「虎尾」一名的由來有關，在上述雲林縣虎尾鎮虎尾一名的由來時，曾提及有這樣一個傳說：傳說在很久以前的諸羅城的樹林中（今大林鎮），住著一隻兇猛的老虎，時常出來危害當地居民與過往的旅客，由於當時人們沒有看過老虎，

名辭書》，卷八，嘉義縣（上），頁 117。嘉義縣大林鎮公所，網址：https://dalin.cyhg.gov.tw/Default.aspx，瀏覽日期：2018 年 11 月 28 日。

〔註 8〕詳見劉寧顏總纂，洪敏麟編纂：《重修台灣省通志》卷三〈住民志：地名沿革篇〉，頁 376。施添福總編纂，陳國川、翁國盈編纂，陳美鈴等撰述：《台灣地名辭書》，卷八，嘉義縣（上），頁 363、380。台灣省文獻委員會採集組編校：《嘉義縣鄉土史料》，頁 399。民雄鄉公所，網址：https://minsyong.cyhg.gov.tw/Default.aspx，瀏覽日期：2018 年 11 月 29 日。

故稱之爲大貓。後來鄭成功趕走荷蘭人，居民便向鄭成功求救，鄭成功受人民所託而來到這個地方除虎，後來人們便將除虎的地方稱爲「打貓」，也就是今天的嘉義縣民雄鄉〔註9〕。

　　「梅山原名梅仔坑，梅仔豐收足值錢，知識份子老百姓，若收一冬食一年。」梅山原本名字是梅仔坑，梅子豐收很值錢，知識份子跟老百姓，如果收成一次可以吃一年。梅山早期稱作「梅仔坑」，今在地或外地人年長者多稱梅山爲梅仔坑，其地名由來是，在未開發以前，在今天主教堂旁的小山丘（舊稱六角坑仔）上面長滿了野生種梅樹，形成了梅樹林，早期移民定居在此而成聚落，稱爲梅仔坑。有關梅山的地名由來，另有一種說法，根據地方耆老指出，梅山舊稱「糜仔坑」，「糜」是稀飯的意思，因爲山上的人挑東西到街上來賣，那邊有人在賣「米糕糜」，所以叫做「糜仔坑」，後來因爲名字不好聽，剛好附近有一棵梅樹，再加上「糜」讀作「Mowai」或「Boe」，而「梅」讀作「Mui」或「Boe」，所以就改稱爲「梅仔坑」。在日治時期稱作「小梅」，據說是日本人藉由「小」字來貶低、藐視台灣，因爲知道梅花是象徵台灣。台灣光復後，改稱梅山鄉，也在這個時候開始，在梅山公園種許多梅樹。梅山公園位於嘉義縣梅山鄉市區，其佔地六公頃，當年是嘉義八景之一的「梅坑月霽」所在，日治時期開始種植梅樹，但數量不多，直到梅山庄長江德樹移植三千株梅花後，才有今日規模。梅山盛產梅，主要種植在深山地區，曾經在 1967 年到 1968 年間，產量達最大，有 540,000 公斤。1981 年起，梅子繼香蕉之後，成爲台灣外銷日本的大宗農產品，外銷金額由 6 億 4 千萬台幣一路增加到 1992 年的近 20 億產值，這段時期可謂是台灣梅子產業的「黃金十年」。但自從 1990 年代之後，因爲工資與成本的提高，許多工廠因不敷成本紛紛遷廠至大陸或關廠，梅子在梅山鄉的種植面積與收穫面積從 2001 年開始，均維持在 35 公頃，而年產量從 2001 年到 2003 年分別爲 239.3 公噸、168.9 公噸以及 140.8 公噸〔註10〕。

〔註 9〕詳見李誾政總編纂：《虎尾鎮志》（下），頁 870。

〔註 10〕詳見顏尚文總編纂：《梅山鄉志》（嘉義：梅山鄉公所，2010 年 1 月），頁 58、261～262、269～270。台灣省文獻委員會採集組編校：《嘉義縣鄉土史料》，頁 536。施添福總編纂，陳國川、翁國盈編纂，陳美鈴等撰述：《台灣地名辭書》，卷八，嘉義縣（下）（南投：國史館台灣文獻館，2008 年 12 月），頁 768。嘉義縣文化觀光局，網址：https://www.tbocc.gov.tw/Default.aspx?lang=tw，瀏覽日期：2018 年 12 月 1 日。梅問屋觀光工廠，網址：http://www.plummyume.com.tw/index.aspx，瀏覽日期：2018 年 12 月 1 日。

「溪口舊名雙溪口，三條溪水來合流，自從少年聽到老，名副其實的庄頭。」溪口舊名叫雙溪口，三條溪流的水流到這裡合在一起，從年輕的時候聽到老的時候，是個名符其實的村莊。溪口鄉東以三疊溪大林鎮與為界，北以倒孔山溪（華興溪）與雲林縣大埤鄉相鄰，三疊溪與倒孔山溪在溪口鄉境內交叉合流直奔北港溪，形成雙溪咽口。約兩百多年前，先民自福建與廣東兩省遷移來台定居此地，依此地環境取名為「雙溪口」，1920 年地方制度改制，改為溪口庄，1945 年台灣光復，改稱溪口鄉〔註11〕。

「番路昔時番仔路，也是連遍攏山埔，山胞交易好場所，以後公所在番路。」番路過去是番仔路，也是整片都是山，山地原住民交易的好地方，之後公所在番路。番路舊稱番仔路，地名由來據說原是諸羅城通往阿里山鄒族番社的必經通道，也是鄒人到嘉義交換貨物的必經之地，故得稱。1920 年，實施街庄制，廢區改庄，將原先的番仔路區與中埔區的七個庄合併成一個較大的行政區，因行政中心（庄役場）在番仔路，遂以區名為庄名，改稱「番路庄」。之後因地形起伏，於 1923 年將庄役場遷移至茱公店（今下坑村），庄名仍為番路庄，台灣光復後改為番路鄉。今俗稱大華公路的 159 甲縣道，就是鄒族人曾經背著獵物步行下山、與漢人交易的古道，現已成了雙向通車、鋪著柏油的馬路。番路鄉地勢由東向西傾斜，全境在地形分區上係屬斗六丘陵與阿里山山脈兩區，由於觸口斷層通過，以致由半天岩到觸口一線的東西兩側地表有明顯的落差。全境高度在海拔 100 到 1,500 公尺之間，相對高度可達 1,000 公尺〔註12〕。

「新港本是南港人，溪門變化移過東，建造庄頭名新港，彰化伸港字不同。」新港原本是南港人，溪流變化移到東邊，建造的村莊名字叫新港，跟彰化的伸港字不一樣。新港境內在史前時期，曾經是原住民和洪雅平埔族活動的場所，四處可見梅花鹿奔馳，來自中國與日本的漁民和海盜，有時會在這裡歇歇腳，先民把這一河口港稱為笨港，笨港大略位置在今的新港水月庵

〔註11〕詳見台灣省文獻委員會採集組編校：《嘉義縣鄉土史料》，頁 434。施添福總編纂，陳國川、翁國盈編纂，陳美鈴等撰述：《台灣地名辭書》，卷八，嘉義縣（上），頁 346。

〔註12〕詳見劉寧顏總纂，洪敏麟編纂：《重修台灣省通志》卷三〈住民志：地名沿革篇〉，頁 379。施添福總編纂，陳國川、翁國盈編纂，陳美鈴等撰述：《台灣地名辭書》，卷八，嘉義縣（下），頁 65、660、674、678。嘉義縣文化觀光局，網址：https://www.tbocc.gov.tw/Default.aspx?lang=tw，瀏覽日期：2018 年 12 月 1 日。

到北港的碧水寺之間。新港的舊稱蔴園寮（或麻園寮），是笨港南堡附屬的一個庄頭，本來人煙稀少，大多種植黃蔴，故稱蔴園寮。1750 年，笨港溪（今稱北港溪）氾濫將笨港街一分為二，成了笨港南街（笨南港）與笨港北街（笨北港）。1782 年，漳泉械鬥，泉人攻打笨南港，漳眾驚散，南港街頻遭焚搶，受害尤深。之後又因笨港溪曲流氾濫，1748 年、1797 年與 1802 年這三次的水災重創笨港街，笨港南街居民向東南遷居於麻園寮的北側，形成街肆，未幾發展成一大市鎮，百商雲集，糖郊林立，為糖、米、蔴、豆與雜貨之集散中心，稱新南港街（笨新南港街）。後隨著時間漸漸縮減名稱，由「新南港街」到「新港街」。1920 年，實施地制改正，一則因「新港」地名本島境內數處，再則因新港已遠離河港位置，故而將新港更名為「新巷」，直到台灣光復後，1945 年，才恢復為「新港」。昔日有彰化的新港（今彰化縣伸港鄉）、台東的新港（今台東縣成功鎮）、蔴園寮的新港和海口（雲林沿海）的新港，四個新港如今只剩下蔴園寮的新港維持原名，其餘的新港皆奉令易名〔註 13〕。

　　「義竹清朝二竹圍，後改義竹無食虧，義字換二名恰水，歸棄義竹免用圍。」義竹在清朝的時候叫二竹圍，後來改成義竹沒有吃虧，用義字換二字地名比較美，乾脆叫義竹，把圍字也去掉。義竹以前叫做「二竹圍」，有關「二竹圍」一名的由來，有以下幾種說法：一是說因為排在第二，所以叫二竹，除了二竹以外，另外還有一個部落叫「頭竹圍」。在清朝時，頭竹圍庄的範圍比較大，二竹圍比較小，由於當時治安不好，庄頭之間經常發生集體械鬥，結果總是頭竹圍庄贏，二竹圍庄輸，贏的便稱作「頭」，輸的就是「二」。二竹圍以前叫做「茅仔寮」，因為剛好位在茅仔穴上，因此二竹圍庄一直持續的發達。二是說因原本聚落四周圍都種植竹子，而有「竹圍仔」之稱，因開發較西南方的另一個「竹圍仔」（頭竹圍）晚，故稱為「二竹圍」。三則是說因有兩個翁姓家族的族裔（濱溪公、貴溪公）其居住地都是以圍植竹子的「竹圍仔」，且兩者很靠近，所以統稱為「二竹圍」。後來改為義竹也有兩種說法：一是說因為「二」的漳州音與「義」發音相同，故日治時代初期改為義竹庄；二是說當日治初期在劃定最底層的行政區域時，當地人為紀念當年

〔註 13〕詳見台灣省文獻委員會採集組編校：《嘉義縣鄉土史料》，頁 333。劉寧顏總纂，洪敏麟編纂：《重修台灣省通志》卷三〈住民志·地名沿革篇〉，頁 376。施添福總編纂，陳國川、翁國盈編纂，陳美鈴等撰述：《台灣地名辭書》，卷八，嘉義縣（上），頁 300。嘉義縣新港鄉公所，網址：https://singang.cyhg.gov.tw/Default.aspx，瀏覽日期：2018 年 11 月 30 日。

日軍由布袋登陸接管時,因抗日而殉難的四十九名義士,便將此的命名爲義竹庄〔註14〕。

「鹿草在地本無庄,連遍都是鄭軍園,鄭軍戰敗已經返,專發鹿草變拋荒。土地無做眞打損,即換民間來作園,蕃薯土豆伊無斷,了後即結鹿草庄。」鹿草這個地方原本沒有村莊,整片都是鄭軍的營地,後來鄭軍戰敗撤退離開,長滿了鹿草變成沒人要的荒地。土地沒有耕作很可惜,改成一般人民來耕作,番薯跟土豆沒有間斷,後來就形成了鹿草庄。今鹿草鄉鹿東、鹿草與西井等村,據傳在明鄭時期,是右武驤將軍設營鎮屯田之地,後來荒蕪,直到 1685年,沈紹宏領得清廷的墾照,以李嬰爲管事,招佃再墾荒,初立一村叫「鹿仔草庄」,是諸羅縣外九庄之一,後來有泉州府同安縣人陳允捷、林龔孫、陳國祚、陳立勳四人爲墾首,繼續拓墾四周。而鹿草一名的由來是因爲以前的居民養鹿,需要草給鹿吃,漸漸就命名爲鹿草。在清朝康熙時期,鹿草鄉已築有水利設施,但灌溉區僅限於北部,在龜仔港以南仍爲非灌區。日治初期,鹿草鄉的水田面積大約佔了 61%,旱田大約佔了 39%。昔日的糧食作物主要是稻米跟甘藷,而旱地的最重要經濟作物乃是可以提供榨汁煮糖的甘蔗,鹿草鄉共有 24 個傳統糖廍,設廍率達 94%,每個基礎行政區中,大約有 1.5 座傳統糖廍〔註15〕。

三、阿里山鄉等六個鄉市

第三部分是阿里山鄉、大埔鄉、太保市、水上鄉、中埔鄉與竹崎鄉等六個鄉市:

山頂一位阿巴里	打獵首領展絕技	巴字提掉名阿里	阿里山是伊名字
大埔就是後大埔	南北依靠三號路	亦設曾文的水庫	遷村芳苑耕海埔
太保就是前溝尾	庄頭發展像塊飛	由鄉變市眞歹尋	紀念得祿改太保
水上原名水堀頭	積水流落浮水溝	逐年播田用有夠	水上取代水堀頭
中埔位置大埔頂	也是番路的下面	通事吳鳳好單陣	竟被殺身來成仁

〔註14〕詳見台灣省文獻委員會採集組編校:《嘉義縣鄉土史料》,頁 234～235。劉寧顏總纂,洪敏麟編纂:《重修台灣省通志》卷三〈住民志:地名沿革篇〉,頁377。施添福總編纂,陳國川、翁國盈編纂,陳美鈴等撰述:《台灣地名辭書》,卷八,嘉義縣(上),頁 436。

〔註15〕詳見台灣省文獻委員會採集組編校:《嘉義縣鄉土史料》,頁 280。施添福總編纂,陳國川、翁國盈編纂,陳美鈴等撰述:《台灣地名辭書》,卷八,嘉義縣(下),頁 473。

竹崎原名竹頭崎　普通經濟塊賺食　鐵路公路齊經過　地方的人變好額

（〈台灣地名探源——嘉義縣〉，頁 210～211）

「山頂一位阿巴里，打獵首領展絕技，巴字提掉名阿里，阿里山是伊名字。」山頂一位叫阿巴里的人，是很會打獵的首領，巴這個字拿掉就是阿里，阿里山就是從他的名字來的。阿里山鄉舊稱吳鳳鄉，乃是以阿里山通事吳鳳之名為名，以紀念吳鳳捨身成仁的義舉。1989 年，以不願使其後代子孫世世代代都因鄉名「吳鳳」而背負野蠻的原罪，再加上鄉內的「阿里山」是國際聞名的觀光旅遊地，便以「阿里山」為鄉名。而「阿里山」地名的由來，傳說此地是善於打獵的鄒族勇士 Avai 的獵場，漢人稱「阿巴里山」，後來簡稱為「阿里山」[註16]。

　　「大埔就是後大埔，南北依靠三號路，亦設曾文的水庫，遷村芳苑耕海埔。」大埔就是後大埔，南北都依靠三號公路，也有設曾文水庫，遷村到芳苑耕作海埔地。大埔原稱後大埔，鄉境內有省道台 3 線經過，因位於曾文溪中游的大埔盆地河階群之河階面上，地形平坦，且在台南縣東山鄉有較早期形成之大埔庄，因此此地之大埔改稱為後大埔，與台南縣之大埔有所區別；另有一說則是因大埔鄉位在大武巒山（今嘉義丘陵區）背後，由於大埔盆地西側的山前地帶，也有一大片的平埔地，稱為「前大埔」，而此地在位置上較屬內山地帶，因而被稱為「後大埔」，以做為區別。大埔是潮州府下的縣名，因初期入墾者，以客籍為主，以其家鄉地名移植於此。1920 年改稱為大埔，以迄於今。大埔鄉全境屬曾文溪流域，主流自東北向西南流貫，流經大埔鄉河段屬於中游，舊稱「後大埔溪」，源自東方阿里山鄉的水山，自阿里山鄉的茶山村流入大埔鄉。由於曾文溪河床低於兩岸階地，導致農民無法直接引曾文溪灌溉農田，在曾文水庫未興建以前，鄉民開鑿圳渠，水源導自曾文溪各支流，較具規模的水利灌溉系統有牛舌埔圳、北勢頭圳、崎頭圳和崎腳圳四個圳，其中牛舌埔圳是最早築設的。曾文水庫位於大埔鄉與台南縣楠西鄉，水庫壩址建在昔日曾文溪的柳藤潭，是一座具灌溉、公共給水、發電與防洪的多功能水庫，於 1967 年開始興建，利用柳潭峽谷攔截曾文溪周緣溪流，完工於 1973 年，曾文水庫築成後，各主要村落及農業精華區，絕大部分的田地

[註16] 詳見劉寧顏總纂，洪敏麟編纂：《重修台灣省通志》卷三〈住民志：地名沿革篇〉，頁 379。施添福總編纂，陳國川、翁國盈編纂，陳美鈴等撰述：《台灣地名辭書》，卷八，嘉義縣（下），頁 808、822。

皆遭淹沒入水庫中，淹沒區涵蓋了私有土地 550 甲，公有放租地 34 甲，濫墾地 52 甲，總計淹沒 636 甲之廣。遭淹沒地區的部分村落居民便四散他去，如：茄苳村的下埔和紅花園、西興村的竹崙仔、大石公、竹坑與茅埔仔、永樂村的牛舌埔、和平村的過溪田和頂下埔。因原本的稻田被淹沒，農業發展極爲困難，農民只好改向政府承租國有林地，在林地上種植麻竹筍、破布子、百香果、芒果、荔枝、龍眼等作物，1981 年的水稻種植面積只有 29 公頃，竹筍種植面積達 3,250 公頃，到了 1998 年高達 3,280 公頃。故大埔鄉以栽植麻竹與採竹筍爲主要產業，產量佔全台灣約 35%。所以大埔鄉最主要的農業加工業就是由竹筍加工製成的筍干、脆筍、筍醬及筍茸等，其中大埔筍乾、破布子，是大埔鄉的代表產品〔註17〕。

「太保就是前溝尾，庄頭發展像塊飛，由鄉變市眞歹尋，紀念得祿改太保。」太保就是前溝尾，村莊的發展就像用飛的一樣，由鄉變成市很難找，爲了紀念王得祿所以改名爲太保。太保舊名「溝尾庄」，因太保境內有羅漢溝（今已填平爲墓地）流經，太保爲於此條溝的溝尾，故稱爲「溝尾庄」。後又分爲「前溝尾」（今太保里）和「後溝尾」（今後庄里）。1841 年，居住在前溝尾的太子太保閩浙水師提督王得祿將軍逝世，1842 年清廷追封伯爵與太子太師，後人爲了紀念他，將前溝尾改稱「太保」，以迄於今。1920 年行政改制廢區置庄，太保隸屬台南州東石郡太保庄；1945 年台灣光復隸屬台南縣東石區太保鄉；1946 年行政區域調整，劃嘉義市爲省轄市，太保屬嘉義市，改稱太保區；1950 年全省實施小縣制，行政區域調整爲嘉義縣，改爲太保鄉；1991 年七月一日，嘉義縣治行政中心遷治於此，改制爲縣轄市「太保市」〔註18〕。

「水上原名水堀頭，積水流落浮水溝，逐年播田用有夠，水上取代水堀頭。」水上原本名字是水堀頭，積水都流進浮水溝，每年種田水都夠用，水上這個地名取代了水堀頭。水上鄉原本叫做「水堀頭」，因爲以前在媽祖廟（上天宮）的後面有一個很深的水堀，後來時間久了，漸漸被填平了，1921 年，

〔註17〕詳見劉寧顏總纂，洪敏麟編纂：《重修台灣省通志》卷三〈住民志：地名沿革篇〉，頁 379。施添福總編纂，陳國川、翁國盈編纂，陳美鈴等撰述：《台灣地名辭書》，卷八，嘉義縣（下），頁 637～640、644～646、648～651、654。嘉義縣文化觀光局，網址：https://www.tbocc.gov.tw/Default.aspx?lang=tw，瀏覽日期：2018 年 12 月 3 日。

〔註18〕詳見李明仁總編纂：《太保市志》（嘉義：太保市公所，2009 年 11 月），頁 129。台灣省文獻委員會採集組編校：《嘉義縣鄉土史料》，頁 12～13、21。

賴深淵先生當庄長時，有人認爲水堀頭不好聽，提議改名，所以改爲水上庄。
另有一說水堀頭是湧水地的上方的意思，清初的諸羅十七庄之一的大龜壁就
是在說這裡，水堀頭一名源自康熙年間福建漳州府平和縣、保田石橋社民遷
來建居於水堀池附近（水堀池現屬堀平），因開闢灌溉用大水堀一所（迄今石
製閘門已被廢除），故採取水堀爲地名。因水上鄉在番路沖積扇之南翼，八掌
溪從此向西南穿流，順地勢，在此築埤多處，瀦溪水以資引入圳道灌溉，故
得稱。水上鄉多平原地形，因近丘陵區的地點條件，一般地區的水資源條件
較佳，多埤圳灌溉，向爲稻作農業區〔註19〕。

「中埔位置大埔頂，也是番路的下面，通事吳鳳好罩陣，竟被殺身來成
仁。」中埔的位置在大埔的上面，也是在番路的下面，做爲通事的吳鳳很好
在一起，竟然被殺害以成仁。中埔鄉位於嘉義縣之東南部，東鄰大埔鄉，北
隔八掌溪與番路鄉相望，西毗嘉義市，南與台南縣白河鎮相鄰。吳鳳生於1699
年，歿於1769年，有關吳鳳被殺的故事，據竹崎鄉耆老吳鳳嫡系第八代掌門
人吳世榮先生指出，吳鳳在1769年的八月十日，爲戒除番人出草（割人頭）
的陋習，而捨生取義。另外，有關吳鳳殺生成仁的故事，根據洪淵木先生所
提供的資料：吳鳳，字元輝，福建平和縣人，幼隨父母入台經商，與高山族
人相處久，習其語言，諳其風俗習慣，教以耕種工藝，以故族人莫不與之親
近而尊禮之。高山族聚居山中，生計艱困，益以官吏勢要之巧取豪奪，幾無
以自活。康熙60年，朱一貴之亂，族人紛紛起而響應，官吏之被殺者四十餘
人。亂定，政府愼選官吏，一無安撫，知吳鳳之賢能，委充阿里山通事，其
時鳳年二十有四耳。山中舊俗，每歲秋祭穀神，必劫殺途人以頭爲供。鳳欲
除此惡俗，戒止；雖曉諭百端，而族人不從；乃曰：「前此亂中，官吏死者四
十餘，歲獻一頭，是足以供四十餘年之祀矣。」族人不得已，勉允之。如是
者，凡歷四十八年，吳鳳任通事如故，而人頭盡矣。乾隆34年八月九日，因
此歲飢荒，族人圍集通事辦事處，堅求人頭，以祀豐年。吳鳳出見，眾皆伏
地痛哭，鳳亦悲不自勝；既而曰：「諸君必無悔禍之心者，明日有紅衣紅帽人
過此，其頭可取也。」眾得請，歡然去。次日，眾人果遇紅衣紅帽者踽踽於
途，直前殺之，取其頭，驗之，則七十一歲之老通事吳鳳也。於是諸人倒地

〔註19〕詳見台灣省文獻委員會採集組編校：《嘉義縣鄉土史料》，頁320。劉寧顏總纂，
　　　　洪敏麟編纂：《重修台灣省通志》卷三〈住民志：地名沿革篇〉，頁378。施添
　　　　福總編纂，陳國川、翁國盈編纂，陳美鈴等撰述：《台灣地名辭書》，卷八，
　　　　嘉義縣（下），頁517。

痛哭，痛自摑，悔恨無及。阿里山四十八社長老，且相與誓曰：「自茲溪水可枯，戈矛勿用！」（言雖天旱，不再殺取漢人頭也。）至今，台人語及鳳，皆曰：仁聖！仁聖！但根據阿里山鄉耆老溫貞祥先生與中埔鄉耆老汪榮林先生所言，事實上，吳鳳並不是像書本所提到的是個偉人，吳鳳只是清朝派遣的通事，精通鄒語，負責漢人和鄒族人的交易事情。吳鳳被殺的原因是：當時山美人想重回平地生活，故清朝派吳鳳通事要求鄒族人不要遷移到平地來，且每年會定期贈送鹽、布等日常生活用品給鄒族，幾年之後，吳鳳言而無信，並聲稱是平地老百姓生活不佳所以毀約，且多次敷衍鄒族人索討人頭之議，無法供其需求，造成雙方衝突不合，在藉故脫逃之際，於半途（即今成仁之地）被鄒族人從身後以長鏢飛刺而中鏢身亡〔註20〕。

「竹崎原名竹頭崎，普通經濟塊賺食，鐵路公路齊經過，地方的人變好額。」竹崎原本名字是竹頭崎，經濟普通的過生活，鐵路跟公路都經過這裡，住在這裡的人變成有錢人。竹崎以前叫做「竹頭崎」，主要交通除了有聞名的阿里山鐵路之外，還有台18線阿里山公路與嘉159大華公路。有關「竹頭崎」一名的由來，因先民到這裡拓墾時，附近原本有許多竹林，經砍伐開墾後，隨處可見竹頭遍布，聚落位於多竹頭之陡坡處，故稱之「竹頭崎」，意指有很多的竹類和竹頭。1920年改稱竹崎，沿用至今。如今在大街小巷的便利商店裡都能買得到的奮起湖便當，就是來自竹崎鄉，提到奮起湖（昔稱畚箕湖），當然就要提到阿里山森林鐵路。阿里山小火車從嘉義市開出，到了竹崎開始爬昇，這條鐵路高齡百歲，有三分之二是位在竹崎鄉境內，鐵路沿途林相豐富、變化萬千，穿越熱、暖帶，獨立山的螺旋環行路徑、Z字型（之字型）倒車上山，至今仍是舉世無雙的工程奇蹟。日本時代因森林鐵路的修築，在畚箕湖的北方設畚箕湖站，車站附近居住許多林場的員工，因而形成另一個居民點。鐵路完工後，奮起湖這個地方變成一個集散中心，山區的朱能（一種黃色染料）、藤、樟腦以及農作物棕梠和竹筍皆在此地集散，如鄒族的棕梠和竹筍在石桌集中後，由挑夫送到奮起湖，運送下山，而嘉義的米也運到奮起湖，再轉運到萊吉和豐山。奮起湖站為整個鐵路的中點站，火車上、下山都要在此地停留，供民眾用餐。故開始有人經營便當生意，但必須要領有執照

〔註20〕詳見台灣省文獻委員會採集組主編：《嘉義市鄉土史料》（南投：台灣省文獻委員會，1997年7月），頁208～209。台灣省文獻委員會採集組編校：《嘉義縣鄉土史料》，頁464、496～497、612。施添福總編纂，陳國川、翁國盈編纂，陳美鈴等撰述：《台灣地名辭書》，卷八，嘉義縣（下），頁557。

才能做便當。在極盛時期，曾經每天要賣二千多個便當，也因此造就了這個「便當王國」。1982 年阿里山鐵路通車後，帶來了觀光人潮，使得竹崎鄉的傳統產業活動轉型，出現了觀光遊憩的服務，如奮起湖老街的再興以及各種休閒農場，每逢假日便隨處可見熙來攘往的觀光客〔註21〕。

第二節　台南縣

第二節要討論的是台南縣的三十一個鄉鎮市，共一百二十八句、三十二個小段落，因篇幅較大，所以分成四個部分來做討論。在此小節與前面幾個章節相同，將針對陳再得所提及的各鄉鎮市新舊地名的沿革、地理環境、人文歷史、交通建設與經濟活動等等做討論。

一、七股鄉等七個鄉鎮

第一部分討論的是七股鄉、將軍鄉、玉井鄉、楠西鄉、善化鎮、麻豆鎮與下營鄉等七個鄉鎮：

七股原名七股厝	七個漁民份股株	海埔開堀無外久	七股盛名做漁夫
將軍庄名有人講	討伐鄭氏立大功	升官發財人氣旺	庄名歸在伊施琅
玉井舊名瞧吧年	位在玉井盆旁邊	不服日本管箝硬	義軍進攻瞧吧年
清芳帶頭反日本	打輸大正守備軍	死傷男丁總有份	女口全省散散分
茄拔原是熟番地	依著曾文大埔溪	屬於楠梓西溪里	所以庄名命楠西
善化原名灣里街	文化教育發源地	堪稱善化有夠格	文雅尋無第二個
麻豆自然成一港	現在高速公路東	早年荷蘭不願放	設堂教化原住人
下營原是林鳳營	打退荷蘭有風聲	熟番走甲無看影	即將下營做庄名

（〈台灣地名探源——台南縣〉頁 211～212）

「七股原名七股厝，七個漁民份股株，海埔開堀無外久，七股盛名做漁夫。」七股原本名字是七股厝，七個漁民佔有股份，海埔地開掘沒多久，七股盛名當漁夫。七股位於嘉南平原曾文溪下游入海河段之北，鄉名起自七股村之舊

〔註21〕詳見台灣省文獻委員會採集組編校：《嘉義縣鄉土史料》，頁 480。劉寧顏總纂，洪敏麟編纂：《重修台灣省通志》卷三〈住民志：地名沿革篇〉，頁 379。施添福總編纂，陳國川、翁國盈編纂，陳美鈴等撰述：《台灣地名辭書》，卷八，嘉義縣（下），頁 707～709、754。嘉義縣文化觀光局，網址：https://www.tbocc.gov.tw/Default.aspx?lang=tw，瀏覽日期：2018 年 12 月 3 日。

大字名，原稱七股寮，1920 年改稱七股至今。在 17 世紀時，這裡是台江潟湖區，經過明鄭時期，清初這裡仍舊是一大潟湖。到了 1823 年七月，大風雨，海沙驟長，潟湖內水涸沙高，到處出現浮覆地。到了 1826 年，潮汐口鹿耳門港道淤廢，原浩瀚內海已多變爲陸埔，其上溪道分歧，僅安平到四草間尚有潟湖殘跡。1827 年，台灣道孔昭虔出示招墾台江內海浮埔，由洪理、黃軍等十六股首招佃開墾。後經作七十二份分配，由東分至西邊，所剩餘之地，留下稱爲「公地尾」（今永吉村）。其餘有三股首或七股首等招佃來墾，七股寮即是有當時由七股首，王、曾、黃、陳、林、謝、洪等七姓招來之佃戶所築茅寮之處，後來發成爲街庄〔註 22〕。七股鄉沉積環境爲鹹水性質的淺海，因此在陸化初期的土壤中富含可溶性鹽類，加上嘉南平原降雨季節分布不均，近海處風速特強，多半年蒸發量遠大於降水量，因此可溶性鹽類會隨著毛細現象至表層聚集，並不適合農耕。拓墾的先民順應自然環境，先是圍墾成魚塭或開闢鹽田，待土壤鹽分漸淡，才得以務農維生。在沿海漁業的開發有美國塭仔與海埔新生地，美國塭仔就是今之「七股魚塭」，於 1947 年七月十九日開工，1948 年底完成第一期工程，約有 280 公頃，1949 年六月底前發包第二期，並在七月後雨期過後開工，於 1950 年六月底前完成大約 200 多公頃，總計約 480 公頃。魚塭一甲地可放二千尾虱目魚苗，每年增收虱目魚約九十六萬台斤，價值約 4,320 萬元。而海埔新生地於 1963 年九月進行開工，預期三年，在 1966 年底前完成，佔地約 1,600 公頃，魚塭有 1,350 公頃，其餘爲公共設施。年收虱目魚約 270 萬台斤，以市價每台斤 45 元計算，價值約 1 億 2,150 萬元〔註 23〕。

　　「將軍庄名有人講，討伐鄭氏立大功，升官發財人氣旺，庄名歸在伊施琅。」將軍庄這個名字有人說，討伐鄭氏立了大功，升官發財人氣很旺，庄名就是因爲施琅而來。將軍地名的由來，是因爲在 1683 年，施琅將軍平台有功，清廷將將軍鄉內之埔地，賜予施琅爲世襲之業地，所以叫做將軍鄉〔註 24〕。

〔註 22〕 詳見劉寧顏總纂，洪敏麟編纂：《重修台灣省通志》卷三〈住民志：地名沿革篇〉，頁 394～395。施添福總編纂，陳國川編纂，林聖欽等撰述：《台灣地名辭書》，卷七，台南縣（南投：國史館台灣文獻館，2002 年 12 月），頁 648。

〔註 23〕 詳見台灣省文獻委員會採集組編校：《台南縣鄉土史料》（南投：台灣省文獻委員會，2000 年 7 月），頁 355。施添福總編纂，陳國川編纂，林聖欽等撰述：《台灣地名辭書》，卷七，台南縣，頁 625。

〔註 24〕 詳見劉寧顏總纂，洪敏麟編纂：《重修台灣省通志》卷三〈住民志：地名沿革篇〉，頁 395。

　　「玉井舊名噍吧年，位在玉井盆旁邊，不服日本管箝硬，義軍進攻噍吧年。清芳帶頭反日本，打輸大正守備軍，死傷男丁總有份，女口全省散散分。」玉井舊的名字是噍吧哖，位在玉井盆地的旁邊，不服日本人管得太嚴厲，義軍進攻噍吧哖這個地方。余清芳帶頭反抗日本，被大正守備軍打敗，死傷的多數是男的，女的則被分散到全台各地。玉井舊稱「噍吧哖」，昔爲原住民西拉雅族噍吧哖社所在地，「噍吧哖」在族語是「蕃薯寮」的意思，因此地地質佳，所生產之番薯極甜而得名。1920 年因噍吧哖的發音「Tapani」與日語「玉井」（たまい）之讀音「Tamai」相近，而改爲玉井，沿用至今。在玉井鄉境內曾發生過抗日事件，即以余清芳爲首的抗日事件，有人稱「余清芳事件」，也有人以策謀地點西來庵爲名，稱「西來庵事件」，或以規模最大的戰場，以及案發日本人集體屠殺無辜庄民，造成空前慘案的地名噍吧哖，爲「噍吧哖事件」。噍吧哖虎頭山之役發生於 1915 年八月四日晚間，當時抗日軍渡過後堀仔溪上游，沿虎頭山麓進入噍吧哖北方的二三部落，於五日早餐後上午五點天還沒亮的時候開始行動，利用虎頭山腳通噍吧哖街數條的小溪，迫近市街僅距五、六十公尺處開火。六日清晨，虎頭山麓的抗日軍又開始射擊，砲彈竟達到製糖廠的日人避難所，使收容所內日人心驚膽戰，因阿猴廳長接到南庄日警全被消滅的消息，飭令所屬警察到大目降集合，編成示威行軍部隊，取路蕃薯寮、大目降、六甲進軍，遠遠的包圍抗日軍，於六日從大目降出發，抵達噍吧哖，攻擊正包圍噍吧哖的抗日軍背後。守備噍吧哖的日本警察隊，獲得支援後，也開始反擊，因抗日軍訓練不足，隊伍參差不齊，而且重武器只有舊式砲兩尊，槍枝少、子彈也缺乏，所以在武器優良有訓練有素的日軍警夾攻之下，雖奮勇力戰，仍無法力敵，於六日傍晚，放棄陣地，分散退入山谷。此次戰鬥抗日軍所遺屍體有一百五十九具，在零星對抗時，再被擊斃的有一百五十名，被捕的更是不計其數，日軍獲勝後仍窮追不捨，分隊圍山，大事搜索。日本當局動員軍警民聯合部隊進行地毯式大搜捕，規模之大，組成人員每天都在六、七百人左右，搜查隊所至地方，放火燒房、燒庄，幾乎見到人影就開火。抗日志士或集體被捕，或被迫自殺、跳崖、拒捕或脫逃者則被射殺，良民被誤殺者亦不計其數。從大搜捕行動開始，到余清芳被捕的八月二十二日之前，進行得如火如荼。余清芳被捕之後，因江定逃亡無蹤，到 1915 年底已束手無策，始改爲誘騙政策。其前的數月期間，搜捕行動未曾放鬆，甚至強迫遷庄，不顧人民死活，強迫在逃志士眷屬扶老攜幼集體上山尋親。以至於有句話說：「余清芳害死王爺公，王爺公沒保庇，害死大

目降蘇阿志，蘇阿志沒仁義，害死鄭阿利。」「蘇阿志」與「鄭阿利」指的是「蘇有志」與「鄭利記」。而「火燒焦吧哖」則爲「互相連累」的代名詞，可見日人的大規模屠殺、火燒庄、強迫婦女老幼入山誘降等，無辜庄民所受的迫害與騷擾〔註25〕。

「茄拔原是熟番地，依著曾文大埔溪，屬於楠梓西溪里，所以庄名命楠西。」茄拔原本是熟番的地，在曾文大埔溪旁，屬於楠梓西溪里，所以庄名就改成楠西。楠西鄉位於台南縣東部，曾文溪上源，東西兩山山脈之間縱谷地域。楠西鄉舊稱「茄拔」，是平埔族四社系（四社熟番）茄拔社的舊址，在清代的時候，因位於楠梓仙溪的西側，所以爲楠梓仙溪溪西里茄拔庄。因爲有兩個地方叫茄拔，除了楠西鄉的茄拔以外，另一個是在善化鎮嘉南里的加拔社（又稱茄苳社），爲了區別，善化鎮的爲外茄拔，而此處的則爲內茄拔，1920年改爲楠西〔註26〕。

「善化原名灣里街，文化教育發源地，堪稱善化有夠格，文雅尋無第二個。」善化原本名字是灣里街，是文化教育的發源地，叫做善化有夠資格，文雅找不到第二個。善化鎮位於嘉南平原中部，曾文溪中游之南岸，過去稱爲灣裡街，是平埔族西拉雅族目加溜灣社（Bakloun）的所在地，荷蘭人稱爲「Bakloan」（或 Baccluang、Baccloan、Bakoloangh、Baccloangh 等），以荷語發音，再譯爲台音，則爲目加溜灣，簡稱灣裡社或加溜灣社。在荷據時期，有設立教堂及學校教化原住民，後來沈光文亦在此教育社眾，啓蒙番社，開教育之先鋒，嗣後善化文風鼎盛，考究詩人中文秀才者不乏其人。明鄭時期，由於鄭成功巡視至此，以「善早開化」（很早開化的意思），改名爲善化；1684年滿清治台，因政權對立的關係，不用「善化」之名，因目加溜灣過長，所以簡稱爲灣裡社；另有一說則是因善化地理位置位於曾文溪曲流地形的堆積坡，好像在「彎」裡面，因而稱爲「灣裡」。1920年實施地方街庄制度，改名爲善化，台灣光復後沿用至今〔註27〕。

〔註25〕詳見劉寧顏總纂，洪敏麟編纂：《重修台灣省通志》卷三〈住民志：地名沿革篇〉，頁 396～397。台灣省文獻委員會採集組編校：《台南縣鄉土史料》，頁 598、613～616。

〔註26〕詳見劉寧顏總纂，洪敏麟編纂：《重修台灣省通志》卷三〈住民志：地名沿革篇〉，頁 397。施添福總編纂，陳國川編纂，林聖欽等撰述：《台灣地名辭書》，卷七，台南縣，頁 245、854。

〔註27〕詳見劉寧顏總纂，洪敏麟編纂：《重修台灣省通志》卷三〈住民志：地名沿革篇〉，頁 395～396。施添福總編纂，陳國川編纂，林聖欽等撰述：《台灣地名

「麻豆自然成一港，現在高速公路東，早年荷蘭不願放，設堂教化原住人。」
麻豆自然有一個港，現在有高速公路在東邊，早年荷蘭人不願意放，在這裡設
堂來教化原住民。麻豆在嘉南平原西南部，過去是平埔族西拉雅族蔴荳社社
址，「蔴荳」原意為眼睛，在此有中央地方、中心部落的意思。荷蘭人曾設教
堂學校以教化之。昔為倒風港（潟湖）內，南方之灌港，海水直入麻豆社東之
水堀頭（今代天府前）。漢人的聚落發展即是從水堀頭、後牛潮一帶開始。1755
年七月有暴風雨，水堀頭港毀壞，失去港口機能，居民西遷至今市街中央，以
北極殿為中心一帶。1781 年先後，街市重心移向西角，以護濟宮為中心，形成
街肆。在交通方面，則有中山高速公路經過，並設有交流道〔註28〕。

「下營原是林鳳營，打退荷蘭有風聲，熟番走甲無看影，即將下營做庄
名。」下營原本是林鳳營，有聽到風聲說打敗了荷蘭人，平埔族原住民跑到
不見人影，後來就把下營當作村庄的名字。下營鄉位於台南縣西北部，東鄰
官田鄉，西北接鹽水鎮、學甲鎮，南連麻豆鎮，北為新營市與柳營鄉。下營
鄉在明鄭時期是駐兵屯田之地，因靠近海邊，所以稱為「海垵營」，相傳為右
武衛鎮駐屯之處，因屯營之相關位置而有頂、中、下之別，頂營位置現已無
可考，中營位在頂營之南，包括今日中營、茅港、開化三村，下營在頂營、
中營之西（下游），包括今下營、營前、宅內、仁里、後街與新興六村。下營
初期只有兩百餘戶，區域屬天興縣（鄭經時期改天興州）開化里管轄。而林
鳳營位於今六甲鄉中社村之西北，是明鄭時期部將林鳳的墾域，包括中社、
龜港、與菁埔村一帶，當時六甲鄉為天興縣開化里的一部份。以鄉鎮劃分來
看，林鳳營應屬於六甲鄉，不屬於下營鄉，但陳再得在此卻說「下營原是林
鳳營」，筆者推測，應是與明鄭時期的區域劃分有關，在明鄭時期六甲鄉與下
營鄉皆屬天興縣開化里管轄，且林鳳營曾是六甲鄉與下營鄉一帶的交通中
心，因而有這樣的說詞〔註29〕。

辭書》，卷七，台南縣，頁 839。台灣省文獻委員會採集組編校：《台南縣鄉土
　　史料》，頁 492。
〔註28〕詳見劉寧顏總纂，洪敏麟編纂：《重修台灣省通志》卷三〈住民志：地名沿革
　　篇〉，頁 392。施添福總編纂，陳國川編纂，林聖欽等撰述：《台灣地名辭書》，
　　卷七，台南縣，頁 685、688。
〔註29〕詳見廖忠俊著：《台灣鄉鎮舊地名考釋》（台北：允晨文化，2008 年 12 月），
　　頁 296。劉寧顏總纂，洪敏麟編纂：《重修台灣省通志》卷三〈住民志：地名
　　沿革篇〉，頁 382、392～393。施添福總編纂，陳國川編纂，林聖欽等撰述：《台
　　灣地名辭書》，卷七，台南縣，頁 721、727、735、759、769。

二、六甲鄉等八個鄉鎮

第二部分要討論的是六甲鄉、新化鎮、柳營鄉、左鎮鄉、歸仁鄉、山上鄉、新市鄉與安定鄉等八個鄉鎮：

> 六甲原稱赤山堡　周圍荒蕪田園無　開墾六甲台生做　即將六甲做庄號
> 新化原名大目降　以前專住番社人　國聖復台新歸化　光復改鎮名相同
> 柳營就是查某營　鄭氏當時設官廳　查某測地最公正　她的宿舍叫柳營
> 左鎮元始就左鎮　營房左邊的原因　然後百姓帶罩陣　庄名原在是左鎮
> 庄頭熟番與漢人　後來婚姻煞相挺　兒童讀書總漢化　所得庄名用歸仁
> 山上又名山仔頂　其實無山地真平　地方發展恰要緊　進步專靠人認真
> 新市古早番仔寮　荷蘭傳教駛絕招　漢人經商有夠巧　新市取代番仔寮
> 安定原名直茄弄　港口居住真多人　伊有天然的漁港　好天全部攏出帆
>
> （〈台灣地名探源——台南縣〉，頁 212）

「六甲原稱赤山堡，周圍荒蕪田園無，開墾六甲台生做，即將六甲做庄號。」六甲原本叫做赤山保，周圍很荒蕪沒有田園，首先在這裡開墾了六甲的土地，所以就把六甲當作村莊名。明鄭時期，參軍陳永華在此地招募拓墾，先後開闢以每十畝為一甲，有二甲、三甲、四甲、五甲、六甲與七甲等不同面積的耕地，並分別聚眾成庄，以這些耕地的面積做為各庄頭的稱號，此即「六甲」一名的由來。在明鄭時期，六甲鄉屬於天興縣開化里的一部份，後於清廷統治時，歸屬諸羅縣開化里赤山保，1946 年國民政府改庄設鄉，為六甲鄉〔註30〕。

「新化原名大目降，以前專住番社人，國聖復台新歸化，光復改鎮名相同。」新化原本名字是大目降，以前全部都是住番社的人，鄭成功收復台灣新歸化，台灣光復後改成鎮但名字還是相同不變。新化舊稱「大目降」，大目降地名的由來，應是從平埔族西拉雅族之大目降社（Tavocan、Tavokan 或 Tavakan）而來，亦有作「大穆降」，17 世紀荷蘭人據台南時，因駐台兵力微薄，採取懷柔政策，對土番實施教化，曾對大目降社民行基督教教育，受感化最深的有五社，即新港（今新市）、大目降（今新化）、目加溜灣（今善化）、蔴豆（今麻豆）與蕭壠（今佳里）。明鄭時期，將此地劃歸為承天府所轄之新化里，有「新歸化之番社」的含意。1920 年日本政府實施地方制度改正，將

〔註30〕詳見劉寧顏總纂，洪敏麟編纂：《重修台灣省通志》卷三〈住民志：地名沿革篇〉，頁 393。施添福總編纂，陳國川編纂，林聖欽等撰述：《台灣地名辭書》，卷七，台南縣，頁 759。

大目降改為「新化街」，並設「新化郡」，台灣光復後沿用之〔註31〕。

「柳營就是查某營，鄭氏當時設官廳，查某測地最公正，她的宿舍叫柳營。」柳營就是查某營，鄭氏時期有設官廳在這裡，查某測量地最公正，她的宿舍就叫做柳營。柳營舊稱「查畝營」，有關「查畝營」一名的由來有兩種說法，一即鄭成功部下的女宿鎮所屯墾的田地，查畝是河洛語「Tsa^3. Bo^2」，女子的意思，因此又有「查某營」的俗稱。二是因清查田畝的部隊屯駐於此，故稱「查畝營」。1920 年，日本人以「查畝」的音不雅，而改稱「柳營」。而柳營之名，亦有幾種說法：一是說應起自明鄭陸軍鎮名柳宿鎮，因女宿鎮為鄭成功參軍陳永華屯墾之地，是明鄭營鎮密集區，柳宿鎮與女宿鎮可能毗鄰而屯。二是因柳營地區的居民以劉姓為主，「劉」與「柳」的日語發音相同，所以「劉營」轉為「柳營」。三是因以海起家的鄭成功以二十八星宿為軍隊命名，其中柳宿星衍生而來的柳宿鎮在此屯墾，故稱為柳營〔註32〕。

「左鎮元始就左鎮，營房左邊的原因，然後百姓帶罩陣，庄名原在是左鎮。」左鎮原本就是叫做左鎮，因為是在營房的左邊，然後百姓湊在一起，村莊名一樣是左鎮。左鎮鄉最早的居民是居於卓猴社（今屬山上鄉）、木崗社的平埔族人，因從新港社遷徙而來，最初稱為新港寮，；後因該地屬荒野深谷，猴子很多，危害農作物甚鉅，原住民晝夜驅趕猴子，因而取名為「除猴社」，後因「除猴」與「卓猴」音相近，而演變為「卓猴社」。後來改名為「左鎮」有兩種說法：一是說因明鄭侍衛左鎮設鎮屯田於此，故得稱。二是說鄭成功置兵於龜潭（今內庄鄉）實行屯田，人口逐漸聚集，因該地地形險要，駐兵於轄內之左隅，居民乃稱之為「左鎮」〔註33〕。

「庄頭熟番與漢人，後來婚姻煞相挺，兒童讀書總漢化，所得庄名用歸仁。」村莊有平埔族原住民也有漢人，後來互相通婚，兒童讀書都是漢化，

〔註31〕詳見劉寧顏總纂，洪敏麟編纂：《重修台灣省通志》卷三〈住民志：地名沿革篇〉，頁395。施添福總編纂，陳國川編纂，林聖欽等撰述：《台灣地名辭書》，卷七，台南縣，頁2、343。許淑娟著：《台灣全志》〈卷二，土地志，地名篇〉，頁344。台灣省文獻委員會採集組編校：《台南縣鄉土史料》，頁480。

〔註32〕詳見劉寧顏總纂，洪敏麟編纂：《重修台灣省通志》卷三〈住民志：地名沿革篇〉，頁391。施添福總編纂，陳國川編纂，林聖欽等撰述：《台灣地名辭書》，卷七，台南縣，頁 739～740、747。

〔註33〕詳見劉寧顏總纂，洪敏麟編纂：《重修台灣省通志》卷三〈住民志：地名沿革篇〉，頁397。施添福總編纂，陳國川編纂，林聖欽等撰述：《台灣地名辭書》，卷七，台南縣，頁 310～312。

所以村莊名用歸仁。1661 年鄭成功率軍東征，入主台灣，開啓明鄭時期，當時取「天下歸仁」之意，設歸仁里，今歸仁鄉大多屬歸仁里及保大里。歸仁鄉開發歷史甚早，在景觀方面有「歸仁十景」之說，其中「敦源夜課」即是指 1883 年創立的敦源義塾，敦源義塾成立於孔廟敦源聖廟南廊，招募五鄉十六歲以上失學者前來就學，1949 年由王維楨所敘，當時其已七十九歲，其時百餘學子，焚膏繼晷，誨讀不輟，時屆晚間仍辛勤吟誦國學，故稱「敦源夜課」〔註34〕。

「山上又名山仔頂，其實無山地眞平，地方發展恰要緊，進步專靠人認眞。」山上又叫做山仔頂，其實沒有山地很平，地方能發展比較重要，想要進步就要人們認眞。山上舊稱山仔頂，位於嘉南平原之中部，地勢從北方之北勢洲而南，逐漸升高，至東南即爲小丘陵地，今之山上村海拔僅 20 公尺，然東南約 1.5 公里處即爲新化丘陵起伏處，每一座小丘高度 92 公尺，因此山仔頂一名應是由此而來。1920 改名爲同義之山上〔註35〕。

「新市古早番仔寮，荷蘭傳教駛絕招，漢人經商有夠巧，新市取代番仔寮。」新市以前叫番仔寮，荷蘭人在此傳教使用絕招，漢人經商很聰明，新市這個名字就取代了番仔寮。新市鄉爲 17 世紀荷蘭人佔據台南安平時，先後築熱蘭遮城、普羅民遮城，將原居住該地之平埔族西拉雅族赤崁（Saccam）及台窩灣（Tayovan）社人遷移至新創建之社址，稱爲新港社（Sinkan），其原址在今社內村（社內）與永就村（番仔寮），是台南地方四大平埔族社之一，爲荷蘭人最早興建教堂學校，從事土番教育之所。1945 年改爲新市鄉，有關「新市」一名的由來據說因明鄭時期漢人溯新港溪入墾此地，由於此地是山區和平原的交界，往返內山和府城的商人皆在此休息，後逐漸形成市街，因市集位處新港社旁，故稱爲新市〔註36〕。

「安定原名直茄弄，港口居住眞多人，伊有天然的漁港，好天全部攏出帆。」安定原本名字是直茄弄，港口住了很多的人，這裡有天然的漁港，好

〔註34〕詳見施添福總編纂，陳國川編纂，林聖欽等撰述：《台灣地名辭書》，卷七，台南縣，頁 421～423。

〔註35〕詳見劉寧顏總纂，洪敏麟編纂：《重修台灣省通志》卷三〈住民志：地名沿革篇〉，頁 396。

〔註36〕詳見劉寧顏總纂，洪敏麟編纂：《重修台灣省通志》卷三〈住民志：地名沿革篇〉，頁 396。施添福總編纂，陳國川編纂，林聖欽等撰述：《台灣地名辭書》，卷七，台南縣，頁 518、527。

天氣全部都能出海捕魚。安定舊稱「直加弄」，是平埔族西拉雅族直加弄社所居之地。過去爲台江大潟湖東北岸，灣裡溪注入口南岸之渡津，與西港仔隔岸相望，在《台灣府志》（高志）津渡項載有西定坊小關帝廟口的直加弄渡，爲三渡頭之一。1920年以直加弄在清代時屬安定里，改稱爲安定，沿用至今〔註37〕。

三、關廟鄉等八個鄉鎮市

第三部分討論的是關廟鄉、龍崎鄉、西港鄉、佳里鎮、大內鄉、永康市、仁德鄉與新營市等八個鄉鎮市：

> 關廟原是關帝廟　奉祀關公無不著　善男信女拜無宿　庄頭的名改關廟
> 龍崎本來二村里　合做鄉名眞趣味　前清時代新豐里　無用新豐足怪奇
> 西港原來有商港　福州廈門塊通航　所以庄名叫西港　吸引眞多西部人
> 佳里古稱佳里興　蕭瓏招人來經營　周圍五里來合併　庄名無用佳里興
> 楊氏兄弟眞厲害　公家出本招人來　兄名楊內通人知　所以庄名叫大內
> 永康舊名埔姜頭　位在台南的近郊　務農經商可以走　新名無用埔姜頭
> 仁德原名塗庫庄　專是做田兼做園　柯氏進士得金榜　然後隨改仁德庄
> 新營就是新營地　這遍土地無人分　東寧王國足有勢　打退荷蘭做頭家
> （〈台灣地名探源——台南縣〉，頁212～213）

「關廟原是關帝廟，奉祀關公無不著，善男信女拜無宿，庄頭的名改關廟。」關廟原本是關帝廟，是奉祀關公的地方，有很多的善男信女來這裡拜拜，村庄的名字就改成關廟。關廟舊稱關帝廟，因境內關廟村20號之山西堂奉祀關帝君，故以爲名，1920年改稱關廟，沿用至今〔註38〕。

「龍崎本來二村里，合做鄉名眞趣味，前清時代新豐里，無用新豐足怪奇。」龍崎本來是兩個村里，合在一起相名很有趣，在前清時代是新豐里，沒有用新豐這個名字很奇怪。龍崎鄉舊稱「番社」，其名源於早期爲平埔族西拉雅族新港社人移居於今牛埔及大坪一帶而得名。清朝初年屬台灣府台灣縣新豐里轄域，1887年建省以後，屬台南府安平縣新豐里。1901年屬台南廳關

〔註37〕詳見劉寧顏總纂，洪敏麟編纂：《重修台灣省通志》卷三〈住民志：地名沿革篇〉，頁396。施添福總編纂，陳國川編纂，林聖欽等撰述：《台灣地名辭書》，卷七，台南縣，頁557。

〔註38〕詳見劉寧顏總纂，洪敏麟編纂：《重修台灣省通志》卷三〈住民志：地名沿革篇〉，頁398。

帝廳支廳內新豐區；1920 年，地方制度改革，取鄉內龍船（龍船村）及崎頂（崎頂村）的首字，合併為庄名，名為「龍崎」〔註39〕。

「西港原來有商港，福州廈門塊通航，所以庄名叫西港，吸引眞多西部人。」西港原本有南港，和福州跟廈門有通航，所以村莊名字叫做西港，吸引很多西部的人。西港鄉昔屬台江潟湖內港，漢人入墾甚早，舊名「西港仔」，因在曾文溪以西，或謂在直加弄港（今安定）以西之港汊，故得名。在余氏的《續修台灣府志》中有記載：「西港仔街：在安定西保，濱海民番貿易」，由此可知在乾隆中葉時，此處已發展為一個交易地港鎮。後因台江潟湖淤淺陸化，西港仔失去港口機能。1920 年將西港仔去除「仔」字，改稱「西港」，光復後沿用至今〔註40〕。

「佳里古稱佳里興，蕭壠招人來經營，周圍五里來合併，庄名無用佳里興。」佳里以前叫佳里興，蕭壠招人來經營這裡，周圍五個里合併在一起，村莊名沒有用佳里興。佳里原為平埔族西拉雅族蕭壠社之社域，在清朝時屬蕭壠保與佳里興保；1901 年屬鹽水港聽蕭壠支廳；1909 年屬台南廳蕭壠支廳；1920 年取境內大字地名佳里興之佳里，改蕭壠庄為佳里街，光復後沿用為鄉名。〔註41〕

「楊氏兄弟眞厲害，公家出本招人來，兄名楊內通人知，所以庄名叫大內。」楊氏兄弟很厲害，一起出本吸引人來，哥哥名字是楊內大家都知道，所以村莊名字叫做大內。大內鄉昔為原住民大武壠社所在地，漢人入墾始於康熙年間。當時福建省漳州府龍溪縣楊氏家族有九位兄弟，其中的六位兄弟（老大、老二、老三、老四、老五、老九）隨楊氏宗親來台拓墾，最早從漚汪溪口登陸，同行的其他楊氏宗親在蕭壠（今佳里鎮）拓墾，楊氏六兄弟則繼續沿著灣裡溪（今曾文溪）上行，到現今的石仔瀨登陸，老大至老五在現今的內庄墾殖，老九則在現今的石仔瀨開墾。楊氏六兄弟中的老大名叫楊內，

〔註39〕詳見劉寧顏總纂，洪敏麟編纂：《重修台灣省通志》卷三〈住民志：地名沿革篇〉，頁 398。施添福總編纂，陳國川編纂，林聖欽等撰述：《台灣地名辭書》，卷七，台南縣，頁 387。

〔註40〕詳見劉寧顏總纂，洪敏麟編纂：《重修台灣省通志》卷三〈住民志：地名沿革篇〉，頁 394。施添福總編纂，陳國川編纂，林聖欽等撰述：《台灣地名辭書》，卷七，台南縣，頁 577。廖忠俊著：《台灣鄉鎮舊地名考釋》，頁 301～302。

〔註41〕詳見劉寧顏總纂，洪敏麟編纂：《重修台灣省通志》卷三〈住民志：地名沿革篇〉，頁 393。施添福總編纂，陳國川編纂，林聖欽等撰述：《台灣地名辭書》，卷七，台南縣，頁 601。

住的村庄叫內庄，意思是內仔的村庄，老九名爲楊石，其開墾的地方曾文溪邊的河川地，溪水易氾濫而成爲瀨地，因此稱爲石仔瀨。當他人問楊石要去哪裡時，他回答要去「大仔內仔那裡」，久而久之內庄就叫做「大內」。另有一種說法是說因此地爲平原進入山地的內側，故稱爲內庄〔註42〕。

　　「永康舊名埔姜頭，位在台南的近郊，務農經商可以走，新名無用埔姜頭。」永康舊的名字是埔姜頭，位置在台南的近郊，務農跟經商都可以，新的地名沒有用埔姜頭。永康市位於嘉南平原中部，鹽水溪南岸，西南接台南市。永康舊稱「埔姜頭」，因過去還未開發時，這裡圍埔姜樹蔓生之荒埔，「埔姜」亦稱「莆姜」，爲生長在荒埔之灌木，燃燒可以驅除蚊蟲，在醃漬食物時可覆蓋於上方以防止生蟲。1920 年以鄉域屬明鄭時期之永康里，改稱永康，光復後沿用至今。在嘉南大圳興建以前，永康市田地都是靠天然雨水的灌溉，嘉南大圳開通後，在今三爺宮溪以東地區屬嘉南大圳及曾文水庫的灌溉區，也是兩期稻作區；而以西之地，在 1956 年以前靠台南台地東北緣的泉水匯集，使其地可種水稻及雜糧；西南的台南台地地勢略高，標高 30 公尺以上，因缺乏灌溉系統，爲看天田，屬雜糧區。因永康市位於台南市近郊，且有重要鐵公路經過，在工商業發展需要興建新工廠時，成爲了最佳建廠地點，因此帶來了不少的就業機會，吸引人口移入。後來更因台南都會區的發展，交通線的延伸，使得周圍商圈亦開始發展，迅速繁榮了永康市的經濟，使人口更大爲增加〔註43〕。

　　「仁德原名塗庫庄，專是做田兼做園，柯氏進士得金榜，然後隨改仁德庄。」仁德原本名字是塗庫庄，全部都是耕種田園，柯氏的進士得到金榜，然後就改名爲仁德庄。仁德舊稱塗庫庄，塗庫乃土庫之諧音，土庫即以編竹塗泥爲庫倉，可用來儲藏穀類。因此地有許多土庫，故以爲名。1920 年以明鄭時期所設之仁德里，改稱仁德至今。另有一說是一百多年以前曾經有一位進士出身的柯姓學者〔註44〕在此執教，諄諄以仁義道德爲處事之本，故取名

〔註42〕詳見施添福總編纂，陳國川編纂，林聖欽等撰述：《台灣地名辭書》，卷七，台南縣，頁 801。

〔註43〕詳見劉寧顏總纂，洪敏麟編纂：《重修台灣省通志》卷三〈住民志：地名沿革篇〉，頁 398。施添福總編纂，陳國川編纂，林聖欽等撰述：《台灣地名辭書》，卷七，台南縣，頁 484～485。

〔註44〕這裡所說的「柯氏進士」指的應該是全台第三位武進士柯參天。柯參天，字子儀，仁德北里崁腳人，祖籍漳州府漳浦縣。1705 年乙酉陳萬言榜，由鳳山縣學中式武舉；1709 年乙丑，會試中式武進士，爲台灣第三位武進士，生前

仁德以揚其道，但事實上「仁德」一名早在明鄭時期就已出現〔註45〕。

　　「新營就是新營地，這遍土地無人兮，東寧王國足有勢，打退荷蘭做頭家。」新營就是新的營地，這片土地是沒有人的，東寧王國很有勢力，打敗了荷蘭人當老闆。新營市位於嘉南平原之中部，地名由來於明鄭時期在此設鎮屯田，因初期有屯辦何積善、范文章在鹽水鎮之舊營里屯墾，稱為「舊營」，而此地與之對稱，故稱「新營」。有關「新營」的由來另有一說，據說當時鄭成功據台，做為反清復明的基地，歷經鄭經，領軍遠征，至鄭克塽在澎湖被清兵打敗，軍隊逃回台灣。有朋友、親戚或同姓氏的集結在一起聚成一營，在各地開墾土地共同生活。當時有一部份姓沈的居民在新營這個地方集結成一個營，稱為「沈營」，之後福建與廣州姓沈的移民到台灣，打聽到有「沈營」也都集中到這裡來，人口慢慢增加，變成部落。日治時期，因「沈」的發音與「新」相同，所以「沈營」就變成了「新營」〔註46〕。

四、鹽水鎮等八個鄉鎮

　　在台南縣的最後一部分討論鹽水鎮、學甲鎮、白河鎮、後壁鄉、官田鄉、東山鄉、北門鄉與南化鄉等八個鄉鎮：

> 鹽水就是鹽水港　對向福建甲廣東　海禁時期抹震動　開放時期便通航
> 學甲意義真明顯　來自唐山教學先　甲種教學大表現　庄名學甲足自然
> 白河原名店仔口　白水溪水不時流　陸路海路攏能到　白河庄名即出頭
> 後壁原是後壁寮　茄苳後面免介紹　交通方便真重要　縱貫陸鐵路二條
> 官田原是官人帶　鄭家參軍陳永華　伊的官職做真大　吉地靈氣有夠活
> 東山原是番社街　客人侵入出問題　兩方出面來開會　東山取代番社街
> 北門有嶼甲有港　吸引真多外地人　這片活穴靈氣重　五府千歲罩幫忙
> 南化原名叫南庄　依靠茶寮的溪門　此條溪水不曾斷　南化水庫在南庄
> （〈台灣地名探源——台南縣〉，頁213～214）

曾在竹蒿厝廟請老師辦私塾教育鄉里子弟。詳見台灣省文獻委員會採集組編校：《台南縣鄉土史料》，頁746～747。
〔註45〕詳見劉寧顏總纂，洪敏麟編纂：《重修台灣省通志》卷三〈住民志：地名沿革篇〉，頁397。施添福總編纂，陳國川編纂，林聖欽等撰述：《台灣地名辭書》，卷七，台南縣，頁452。
〔註46〕詳見劉寧顏總纂，洪敏麟編纂：《重修台灣省通志》卷三〈住民志：地名沿革篇〉，頁390。台灣省文獻委員會採集組編校：《台南縣鄉土史料》，頁20。

「鹽水就是鹽水港，對向福建甲廣東，海禁時期抹震動，開放時期便通航。」鹽水就是鹽水港，對面是福建跟廣東，海禁的時期都不能動，開放之後便開始通航。鹽水舊稱「鹽水港」，在 1731 年闢爲島內之貿易港，後來因八掌溪與急水溪逐漸淤積而完全陸化，鹽水港失去河港機能。1920 年改稱鹽水至今〔註 47〕。

「學甲意義眞明顯，來自唐山教學先，甲種教學大表現，庄名學甲足自然。」學甲的意義很明顯，來自唐山的教學老師，最棒的教學有很大的表現，村莊名自然就叫做學甲。「學甲」地名之由來，據說是鄭成功來攻打台灣，派遣一位運糧官陳一桂帶著部屬，來到現在的將軍溪畔，在現在的學甲鎮頭前寮登陸，陳一桂是一個文人，飽讀詩書，在學甲定居，蓋學校興學教育子孫，每一個子孫都很優秀，「有學必甲」、「學者必甲」，故稱爲「學甲」〔註 48〕。

「白河原名店仔口，白水溪水不時流，陸路海路攏能到，白河庄名即出頭。」白河原本名字是店仔口，白水溪的水不停的流，不管是走陸路還是走海路都能到達，白河的村莊名便出頭。白河鎮位於台南縣之東北部，鎮域包括八掌溪上游與急水溪上源段白水、六重兩溪之間。在清朝康熙至乾隆年間，大排竹（今大竹里）爲嘉義縣治前往府城大路的要站，又是東側山麓地帶與平原地區山產及農產的交易中心，也是控管番地的重要據點，又爲軍事重地，大排竹因而成爲白河地區的小型行政、商業中心。但由山區將物品挑運至大排竹的路途相當遙遠，中間的休息站便應運而生，大約在乾隆末至嘉慶初年，有一個農人選擇於急水溪與白水溪交會處附近結廬販賣冷飲，提供過往的人歇腳休息，並提供量秤供前往市街的人先行秤重，之後也開始經營山產生意，進而吸引人潮建屋成店，附近居民習稱此地爲「店仔口」。1920 年因此地位於白水溪岸（因穿流於石灰岩山區，水色白濁故名），改稱爲白河，光復後沿用至今〔註 49〕。

〔註 47〕詳見劉寧顏總纂，洪敏麟編纂：《重修台灣省通志》卷三〈住民志：地名沿革篇〉，頁 390。施添福總編纂，陳國川編纂，林聖欽等撰述：《台灣地名辭書》，卷七，台南縣，頁 89。

〔註 48〕詳見台灣省文獻委員會採集組編校：《台南縣鄉土史料》，頁 271。

〔註 49〕詳見劉寧顏總纂，洪敏麟編纂：《重修台灣省通志》卷三〈住民志：地名沿革篇〉，頁 391。施添福總編纂，陳國川編纂，林聖欽等撰述：《台灣地名辭書》，卷七，台南縣，頁 177～178。

「後壁原是後壁寮，茄苳後面免介紹，交通方便眞重要，縱貫陸鐵路二條。」後壁原本是後壁寮，在茄苳的後面不用介紹，交通方便很重要，有縱貫路跟鐵路共兩條。後壁鄉舊稱「後壁寮」，後壁寮意思是在後方的寮舍，在頂、下茄苳之間，下茄苳稍北後方，顧得稱。日治時期，總督府積極建設台灣推展殖民經濟，其中對後壁鄉影響甚鉅的就是縱貫公路與縱貫鐵路，1908年縱貫鐵路全線通車，鐵路線路通過後壁鄉，並在此興建後壁車站，此地因有交通之便，而在車站周圍逐漸形成聚落〔註50〕。

「官田原是官人帶，鄭家參軍陳永華，伊的官職做眞大，吉地靈氣有夠活。」官田原本是官人帶，鄭家的參軍陳永華，他的官職很大，吉地的靈氣有夠活躍。官田鄉於荷據時期是政府公有田地，即王田所在地，明鄭時期改為官田，招募來墾，耕者為官佃。若為明鄭宗室文武官員招民自闢之私田，則稱為文武官田。今官田村之中協公厝、二鎮、角宿等地為明鄭屯田之遺址，是參軍陳永華之墾域〔註51〕。

「東山原是番社街，客人侵入出問題，兩方出面來開會，東山取代番社街。」東山原本是番社街，客家人入侵出了問題，兩邊都出來面對面開會，後來東山一名取代了番社街。東山原稱「哆囉嘓」，是平埔族洪雅族哆囉嘓社所在地，後因哆囉嘓為番社之名，改稱番社街。1920改稱番社，台灣光復後因鄉民覺得番社一名不雅，遂以其位置在新營東方之山區而改為「東山」，沿用至今。另有一說則稱因東山鄉東方有大凍山，且鄉內東部為山區，故稱為東山〔註52〕。

「北門有嶼甲有港，吸引眞多外地人，這片活穴靈氣重，五府千歲罩幫忙。」北門有嶼也有海港，吸引很多外地的人，這裡活穴的靈氣很重，五府千歲有幫忙。北門鄉舊名「北門嶼」，過去是倒風港大潟湖內一濱外沙洲，北門嶼一名之由來是因從台江潟湖各港北上時，須經馬沙溝、北門嶼二沙洲內

〔註50〕詳見劉寧顏總纂，洪敏麟編纂：《重修台灣省通志》卷三〈住民志：地名沿革篇〉，頁391。施添福總編纂，陳國川編纂，林聖欽等撰述：《台灣地名辭書》，卷七，台南縣，頁151、158。

〔註51〕詳見劉寧顏總纂，洪敏麟編纂：《重修台灣省通志》卷三〈住民志：地名沿革篇〉，頁393。施添福總編纂，陳國川編纂，林聖欽等撰述：《台灣地名辭書》，卷七，台南縣，頁775。

〔註52〕詳見劉寧顏總纂，洪敏麟編纂：《重修台灣省通志》卷三〈住民志：地名沿革篇〉，頁392。施添福總編纂，陳國川編纂，林聖欽等撰述：《台灣地名辭書》，卷七，台南縣，頁219。

外水道，使得入倒風港潟湖內各港，乃以其在北方倒風港門戶處之沙洲，名為北門嶼。1920 改稱為北門至今。北門鄉東壁村有一個地方叫做蚵寮，舊稱「王爺港」，當年「南鯤鯓」要建廟，廟裡的「石材」和「福杉」都是五王到福建去籌措的，這些商人接到訂單之後，過了不久一張張的銀票都變成了畫有南鯤鯓廟五王的符咒，有人因而病倒，後來南鯤鯓的五王託夢給這些商人，只要將符咒火化和清水服下，就能痊癒，而且還能庇佑他們賺大錢。眾人在服下符水後果然都好了，生意也非常興隆，商人們有感於五王的幫忙，決定依照五王的採購項目，將建材運來台灣，當帆船到達急水溪口時，五王才起乩說建廟的材料已經運到，要信徒們替每台載運建材的帆船準備米糧、甘藷和淡水，因為這種神蹟，所以居民們才將此地稱為「王爺港」〔註53〕。

　　「南化原名叫南庄，依靠荖寮的溪門，此條溪水不曾斷，南化水庫在南庄。」南化原本名字是南庄，依靠荖寮的溪門，這條溪水不曾間斷，南化水庫就在南庄。南化舊稱「南庄」，在荖寮溪之上源，因其與後堀溪沿岸之北寮對稱，為在其南之村莊，故稱為南庄，1920 年取南庄之「南」與其所隸屬的新化南里之「化」合併為「南化」，光復後沿襲稱之。南化水庫為行政院十四項重大經建計劃之一，由台灣省水利局承辦，在關山村攔截曾文溪支流後堀溪本流，並自甲仙鄉開鑿隧道越域引取高屏溪支流旗山溪水量建設而成。於1988 年十二月開工，1994 年三月竣工，歷時五年四個月，總工程費為 128 億7,700 萬元；集水面積達 104 平方公里，總蓄水量有 15,805 萬立方公尺，主要供應大台南和大高雄的公共給水〔註54〕。

第三節　高雄縣

　　在高雄縣的這個段落，陳再得以一百一十二句來書寫二十七個鄉鎮市，以四句為一個小段落，總共有二十八個小段落，因為篇幅較大，所以平均分成四個部分來做討論。

〔註53〕詳見劉寧顏總纂，洪敏麟編纂：《重修台灣省通志》卷三〈住民志：地名沿革篇〉，頁 395。台灣省文獻委員會採集組編校：《台南縣鄉土史料》，頁 402～403。施添福總編纂，陳國川編纂，林聖欽等撰述：《台灣地名辭書》，卷七，台南縣，頁 53～54。

〔註54〕詳見劉寧顏總纂，洪敏麟編纂：《重修台灣省通志》卷三〈住民志：地名沿革篇〉，頁 397。施添福總編纂，陳國川編纂，林聖欽等撰述：《台灣地名辭書》，卷七，台南縣，頁 303。

一、鳳山市等六個鄉鎮市

首先是鳳山市、岡山鎮、林園鄉、阿蓮鄉、茂林鄉與大樹鄉等六個鄉鎮市：

> 鳳山原名碑頭街　古都文風的聖地　管轄範圍嘛抹細　文人雅士出真多
> 鳳凰展翅名真讚　南鳳北龍無簡單　北部出名是龍潭　南部出名是鳳山
> 岡山原來阿公店　生意公道無人嫌　變成庄名真希罕　可惜日本改岡山
> 林園範圍管真遠　地名號做林園庄　外地的人真好問　樹木真多是林園
> 阿蓮原名阿蓮社　平埔族人塊賺食　樹木砍伐鳥仔走　阿蓮庄名也在這
> 茂林究竟是人名　遇著日本伊不驚　領導民眾參伊拼　雖然戰輸得庄名
> 大樹一叢數百年　不知是神亦是精　樹葉能得來醫病　後得庄名足值錢

（〈台灣地名探源——高雄縣〉，頁 214）

「鳳山原名碑頭街，古都文風的聖地，管轄範圍嘛抹細，文人雅士出真多。鳳凰展翅名真讚，南鳳北龍無簡單，北部出名是龍潭，南部出名是鳳山。」鳳山原本叫埤頭街，是個古都且具文風的聖地，管轄的範圍也不小，文人跟雅士有很多。鳳凰展翅名字很讚，南邊有鳳凰北邊有龍不簡單，北部出名的是龍潭，南部出名的是鳳山。鳳山市昔稱「下埤（陂）頭街」，後來稱「埤（陂）頭街」，1786 年因林爽文之役，原鳳山縣舊城左營被莊大田所破，乃於 1788 年定此地為縣治，遷建新城於此，改稱鳳山街。有關「鳳山」一名的由來，有兩種說法，一是地形說，即因北至今鳳山市東邊伸展，南從林園與高雄市境界，有一列弧狀隆起的珊瑚礁台地，其南段高度 145 公尺，稱為鳳山（即鳳鼻山或稱太平頂山），古志形容為「飛鳳之展翅」，清代取山名為縣名，稱鳳山縣，也是今鳳山市地名的由來。二則是原住民社名的音譯轉音，鳳山縣最初的縣治在興隆莊的舊城），是平埔族放索社（Pansoa）的故址，選定縣名的時候，選以近音且字義佳的「鳳山」為名，後來縣城遷到埤頭的時候，剛好城外有山丘名為「鳳山」，所以就確立了「鳳山」一名。台灣的儒學最早是在台灣（今台南市）與鳳山兩縣設立，之後隨著行政區域之擴張與地方行政制度的變革而逐步增設。而鳳山縣最早的書院當屬康熙年間所建之屏山書院，此外在嘉慶年間建有鳳儀書院，鳳儀書院建於 1814 年，由知縣吳性誠倡令候選訓導歲貢生張廷欽所建，設立之初有儒社 37 間，經費則由鳳山地區官紳合資籌措經營，是清代鳳山地區的教育中心，作育當地學子〔註55〕。

〔註55〕詳見劉寧顏總纂，洪敏麟編纂：《重修台灣省通志》卷三〈住民志：地名沿革篇〉，頁 409～410。施添福總編纂，陳國川編纂，古文錦等撰述：《台灣地名

　　「岡山原來阿公店，生意公道無人嫌，變成庄名眞希罕，可惜日本改岡山。」岡山原來叫阿公店，做生意很公道沒有人嫌，變成村庄的名字眞稀罕，可惜後來日本人改名爲岡山。相傳古老的岡山是一片荒涼的原野，到處都長著茅草（也叫做「蓁仔」），所以當時的岡山叫做「竿蓁林」，此地是府城（台南）到縣城（左營）之間步行往返的中點休息站。當時一位好心的蔡文舉老先生就築茅屋在路旁，擺攤位販賣雜物，供應茶水，方便往來的旅客，因此遠來定居的人越來越多，不久便成爲一個小村落。後來爲了紀念這位老先生，便以「老先生的茅屋」爲「阿公店」或是「翁店」。1920 年日本以阿公店街東方有大小岡山，與日本本州島岡山縣岡山市的名稱相同，便改名爲「岡山」，沿用至今〔註 56〕。

　　「林園範圍管眞遠，地名號做林園庄，外地的人眞好問，樹木眞多是林園。」林園的管轄範圍很大，地名叫做林園庄，外地的人來這裡很好詢問，數目很多的地方就是林園。林園鄉舊稱「林仔（子）邊」，過去在下淡水溪的兩側都各有一個叫做「林仔邊」的地名，一個在今高雄縣林園鄉，另一個則在今屏東縣林邊鄉，爲了區別，當時稱在西北邊的爲「頂林仔邊」，即今日的林園鄉；東南方的爲「下林仔邊」，即今日的林邊鄉。「林仔邊」意旨位在樹林邊緣之地，因今之林園、東林二村境域，過去森林茂密，在其邊處建村，故稱之；1920 年地方制度改正，原改稱「林邊」，但與屏東林邊同名，爲了區分兩地，當地仕紳緣於林園人的父系祖先大多由福建漳州府渡海來台，依據漳州府古縣祖廟周邊村落鸛林村（今下半林）園中村（今上半林），各取一字「林」、「園」，以做爲對原鄉的懷念，再加上「林園」與「林邊」差不多，意境也很好，因此改名爲「林園」，台灣光復後沿用之〔註 57〕。

辭書》，卷五，高雄縣第二冊（上）（南投：國史館台灣文獻館，2008 年 12 月），頁 316～318。簡炯仁總編纂：《鳳山市志》（高雄：鳳山市公所，2004 年），頁 113～115、383～385。

〔註 56〕詳見施添福總編纂，陳國川編纂，古文錦等撰述：《台灣地名辭書》，卷五，高雄縣第二冊（上），頁 1～2。石丁玉等：《岡山鎮志》（高雄：岡山鎮公所，2000 年 8 月），頁 67。

〔註 57〕詳見劉寧顏總纂，洪敏麟編纂：《重修台灣省通志》卷三〈住民志：地名沿革篇〉，頁 410。施添福總編纂，陳國川編纂，古文錦等撰述：《台灣地名辭書》，卷五，高雄縣第二冊（下）（南投：國史館台灣文獻館，2008 年 12 月），頁 539～540、549～550。林園鄉公所編：《林園鄉志》（高雄：林園鄉公所，2010 年 5 月），頁 79。

「阿蓮原名阿蓮社，平埔族人塊賺食，樹木砍伐鳥仔走，阿蓮庄名也在這。」阿蓮原本名字是阿蓮社，是平埔族人的居住地，樹木被砍伐小鳥就會飛走，阿蓮的村莊名也還是在這裡。阿蓮鄉舊稱「阿嗹」，又作「呵嗹」或「阿嗹」，有關「阿嗹」一名的由來有兩種說法，一是說可能是平埔族西拉雅族之社名譯音，因地名一般若加「口」字，多為原住民社名。二則是據傳在阿蓮鄉尚未開拓以前，到處都是檨子樹（芒果），阿鳥成群，築巢樹間，鳥聲不絕。後移民漸多，因開墾導致阿鳥難棲，紛飛而去，故有「阿鳥嗹去」（嗹去為萎縮的意思），而稱該地為「阿嗹」。1920 年改稱阿蓮，台灣光復後沿用至今〔註58〕。

「茂林究竟是人名，遇著日本伊不驚，領導民眾參伊拼，雖然戰輸得庄名。」茂林是人名，遇到日本人他不怕，帶著民眾跟日本人拼，雖然輸了但是村莊以他的名字為名。茂林鄉舊稱芒子社（或蚊子社），1946 年設鄉時原稱「多納鄉」，1957 年才改名為「茂林」。茂林一名的由來有兩種說法，一是因為樹木茂盛的關係，故稱為茂林；二則是為紀念 1880 年的開山統領陶茂林之功績〔註59〕。

「大樹一叢數百年，不知是神亦是精，樹葉能得來醫病，後得庄名足值錢。」大樹一棵有數百年，不知道是樹神還是樹精，樹葉能夠來醫治疾病，後來變成村莊名很值錢。大樹舊稱大樹腳，地名的由來有幾種說法：一是相傳在明末時有明鄭郭將吳燕山者，逐土著民，屯墾於此，因在大樹下建村庄，故稱之。二則是在 1826 年以前，在高屏溪中有一棵大榕樹，人們於樹下建一鳳安宮，廣德教化人們，人們常聚集於此，後來成了人們交換、買賣物品的地方。後 1826 年時，大水沖毀了大樹跟鳳安宮，但大樹之名以沿用至今，先人將大廟重建於今大樹村新吉庄，將鳳安宮改名為今日之保安宮，奉祀廣澤尊王，而在前廟埕則有一棵樹齡約 150 年的大榕樹。三則是說相傳在清朝嘉慶年間，有一棵大榕樹，位在下淡水溪畔，一天有一團戲班子路過，全班人

〔註58〕詳見劉寧顏總纂，洪敏麟編纂：《重修台灣省通志》卷三〈住民志：地名沿革篇〉，頁 411。施添福總編纂，陳國川編纂，古文錦等撰述：《台灣地名辭書》，卷五，高雄縣第二冊（上），頁 103、111。呂順安主編：《高雄縣鄉土史料》（南投：台灣省文獻委員會，1994 年 11 月），頁 375～376。

〔註59〕詳見劉寧顏總纂，洪敏麟編纂：《重修台灣省通志》卷三〈住民志：地名沿革篇〉，頁 415。施添福總編纂，陳國川編纂，古文錦等撰述：《台灣地名辭書》，卷五，高雄縣第二冊（下），頁 789。廖忠俊著：《台灣鄉鎮舊地名考釋》，頁 333。

員牽手環繞，正好圍足。因此得名「大樹腳」。1867 年，溪水暴漲，將大樹沖失〔註 60〕。另外，有關陳再得提及的大樹的樹葉能治病，目前筆者尚未找到相關的資料，但是，就民間習俗而言，老樹多半被視爲是「神樹」，且會圍掛紅布在樹身並膜拜。崇敬古老、巨大的生物體是人類的本性，膜拜老樹的迷俗也不是只有台灣才有，比利時首都布魯塞爾南部地區的居民會把病人的藥包綁在大樹上祈求早日痊癒；印度地區則有在大樹下擺放石雕圖騰求生男嬰的習俗；泰國是在老樹樹幹綁上五彩布條以示尊崇的習俗，這些都與台灣把老樹披上紅綾的做法異曲同工，皆是把老樹神格化的民俗信仰〔註 61〕。

二、仁武鄉等七個鄉鎮

第二部分討論仁武鄉、鳥松鄉、大社鄉、旗山鎮、美濃鎮、六龜鄉和內門鄉等七個鄉鎮：

仁武明朝仁武軍　在此住軍的時陣　他對百姓眞誠懇　庄名仁武即條根
鳥松原名鳥松腳　改名鳥松嘛無差　一叢鳥松歸分地　奉茶乎人飲抹礁
大社阿加最大社　本鄉經濟足好額　文化中心在這跡　買賣現金不免賒
旗山原名蕃薯寮　初種蕃薯塊治天　庄民活潑最重要　後種芎蕉總外銷
美濃有山兼有水　物產豐富地眞肥　伊與旗尾帶同位　芎蕉興盛無食虧
六龜名爲六龜里　自古至今無改移　當然有伊的意義　要聽介紹等後期
內門羅漢內外門　曾經二庄合一庄　換來換去門不斷　外門棄掉剩內門
（〈台灣地名探源——高雄縣〉，頁 214～215）

「仁武明朝仁武軍，在此住軍的時陣，他對百姓眞誠懇，庄名仁武即條根。」仁武是明朝的仁武軍，在這裡駐紮軍隊的時候，他對百姓很誠懇，所以庄名就叫做仁武。仁武一名由來有一說是因爲在明鄭時期，實施屯田時，派駐仁武鎮於此，故得稱。另有一說則是清初因舊庄頂頭角沈元和氏富甲一方，且樂善好施，仁心仁德；下頭角劉成功族下武舉秀才輩出，勇猛威武，以保社

〔註 60〕詳見劉寧顏總纂，洪敏麟編纂：《重修台灣省通志》卷三〈住民志：地名沿革篇〉，頁 410。呂順安主編：《高雄縣鄉土史料》，頁 315。廖忠俊著：《台灣鄉鎮舊地名考釋》，頁 337。羅景川著：《大樹鄉民間鄉土誌（一）》（高雄：大樹鄉公所，1994 年 12 月），頁 5。
〔註 61〕詳見羅華娟、陳明義：〈放眼天下—淺說全球名木〉，頁 3。羅華娟、陳明義、楊正澤：〈樹說新語閒話老樹〉，頁 17～18。《自然保育季刊》第六十五期（南投：行政院農業委員會特有生物研究保育中心，2009 年 3 月）。

稷。上仁德、下武勇，允仁允武，相得益彰，乃引以為名〔註62〕。

「鳥松原名鳥松腳，改名鳥松嘛無差，一叢鳥松歸分地，奉茶乎人飲抹
礁。」鳥松原名鳥松腳，改名為鳥松也沒有差別，一棵鳥松占了一整分的地，
奉茶讓人喝不完。鳥松鄉舊稱「鳥松腳」，昔日在今鳥松鄉鳥松村文前路鳥松
國小側門福龍宮旁有一棵高大茂盛的鳥榕樹，在該樹下創建村莊，且為過往
行人商旅歇腳休息之處，再加上「榕」的台語發音同「松」，故取名為「鳥松
腳」。1920年改名為「鳥松」〔註63〕。

「大社阿加最大社，本鄉經濟足好額，文化中心在這跡，買賣現金不免
賒。」大社是阿加最大的社，大社鄉的經濟很好，文化中心在這裡，買賣用
現金不用賒帳。大社鄉昔為平埔族西拉雅族馬卡道支族阿加社（放索社）社
址，明鄭時期被鄭氏屯兵所驅散，遷至今屏東縣林邊鄉水利村。日治時期，
大社鄉與仁武鄉原屬同一個「庄」，後於1951年八月分出，以鄉內聚落之一
的「大社」為名，定名為大社鄉。大社鄉三奶村有一個地方叫做三奶壇，是
觀音里108庄之一，屬「下午為市」，是區域內重要的商業中心；若以教育
機能為指標的民間社學來說，三奶壇共有社學六處，以數量來說，在鳳山縣
僅次於東港街的九處、阿侯街與楠梓阬街的七處，居第四位。在清末以後為
大社鄉的最大聚落，範圍涵蓋了今大社、翠屏、神農、觀音與三奶村的聚落
區〔註64〕。

「旗山原名蕃薯寮，初種蕃薯塊治夭，庄民活潑最重要，後種芎蕉總外
銷。」旗山原本名字是蕃薯寮，一開始種植番薯填飽肚子，村民們能活潑最
重要，後來種植香蕉外銷。旗山鎮原稱「蕃薯寮」，因初期築寮於地中，並從
事種植蕃薯，故稱「蕃薯寮」。1920年因其東北方有旗尾山，其形狀似清代之
蛟龍旗，故改稱「旗山」，台灣光復後沿用至今。旗山鎮在日治時期香蕉、鳳
梨等青果事業發達，戰後青果社積極推廣香蕉輸日業務，旗山鎮所栽種的香

〔註62〕詳見劉寧顏總纂，洪敏麟編纂：《重修台灣省通志》卷三〈住民志：地名沿革
　　　篇〉，頁410。沈同來總編輯：《仁武鄉志》（高雄：仁武鄉公所，1994年6月），
　　　頁10。

〔註63〕詳見劉寧顏總纂，洪敏麟編纂：《重修台灣省通志》卷三〈住民志：地名沿革
　　　篇〉，頁411。施添福總編纂，陳國川編纂，古文錦等撰述：《台灣地名辭書》，
　　　卷五，高雄縣第二冊（上），頁397。

〔註64〕詳見劉寧顏總纂，洪敏麟編纂：《重修台灣省通志》卷三〈住民志：地名沿革
　　　篇〉，頁410。施添福總編纂，陳國川編纂，古文錦等撰述：《台灣地名辭書》，
　　　卷五，高雄縣第二冊（上），頁221、270～271。

蕉，就生產量和品質而言，均有美名。1960 年代獲得「香蕉王國」的美譽，旗山鎮的平緩坡地、溪埔地漸漸改種香蕉，在山城的風光之外，再添「蕉城」景觀〔註65〕。

　　「美濃有山兼有水，物產豐富地眞肥，伊與旗尾帶同位，芎蕉興盛無食虧。」美濃這裡有山也有水，物產很豐富，土地很肥沃，美濃和旗尾在一樣的地方，香蕉盛產沒有吃虧。美濃鎮位於高雄縣東北方，美濃溪與荖濃溪之間。舊稱「彌（瀰）濃」，1920 年改稱爲「美濃」。彌濃地名由來，相傳美濃鎮過去是原住民「美壠（壟）社」的分布之地，後來被馬卡道族人逐出，在客家語中，「美壠」讀作「Mui-Lung」，與「彌濃」有相似的發音。美濃鎮內北部、東北部與東部等地區爲丘陵區，是玉山山脈最南的餘脈，東部的丘陵，自北而南山勢漸緩；北部的山脈爲東北—西南走向，也是玉山山脈的餘脈，山脈越往西南，高度亦逐漸降低，主要山嶺有茶清角山、月光山、人字石、雙峰山、靈山、人頭山、金字面山，最西南的山峰旗尾山在旗山鎮境內。在產業上，二季水稻、冬季煙草爲最早期的主要農業型態，自從台灣發展工業帶動工資上漲與煙草收購政策減量的因素，煙草的生產面積大量減少，水稻也因休耕政策減少很多，近年來朝向良質米與有機米方向發展，反而其他作物如木瓜、香蕉、芭樂、毛豆、紅豆、瓜類、蔬菜等作物順勢發展〔註66〕。

　　「六龜名爲六龜里，自古至今無改移，當然有伊的意義，要聽介紹等後期。」六龜名字是六龜里，從以前到現在都沒有改變，當然有它的意義，要聽介紹等之後再說。六龜鄉昔稱「六龜里」，地名來源有兩種說法：一是譯自鄒族四社番芒仔芒社名「Lakuri」；二說是因外觀似龜形之山頭屹立在庄後，俗稱爲「三枝尖」，庄前之溪畔又有「三大巖」，又稱爲「三尖石」之龜形巨石，前後山巖相對成爲六個山巖，山容狀似烏龜，故古時人稱「六龜」。1920年，行政制度與地名改革時，「六龜里」改稱「六龜」，光復後沿用至今〔註67〕。

〔註65〕詳見劉寧顏總纂，洪敏麟編纂：《重修台灣省通志》卷三〈住民志：地名沿革篇〉，頁 413。施添福總編纂，陳國川編纂，古文錦等撰述：《台灣地名辭書》，卷五，高雄縣第二冊（下），頁 592。

〔註66〕詳見劉寧顏總纂，洪敏麟編纂：《重修台灣省通志》卷三〈住民志：地名沿革篇〉，頁 413。施添福總編纂，陳國川編纂，古文錦等撰述：《台灣地名辭書》，卷五，高雄縣第二冊（下），頁 641、644、648～649。

〔註67〕詳見劉寧顏總纂，洪敏麟編纂：《重修台灣省通志》卷三〈住民志：地名沿革篇〉，頁 414。施添福總編纂，陳國川編纂，古文錦等撰述：《台灣地名辭書》，卷五，高雄縣第二冊（下），頁 733。

「內門羅漢內外門，曾經二庄合一庄，換來換去門不斷，外門棄掉剩內門。」內門羅漢有內門跟外門，曾經是兩個村莊，後來合為一個村莊，換來換去都有門，後來把外門去掉剩下內門。內門鄉舊稱「羅漢內門里」，1920年改稱內門，光復後沿用至今。羅漢門之「羅漢」是譯自馬卡道族稱呼烏山山脈以東至楠梓仙溪一帶之地為「Rohan」，清代將此地做為台灣府治東屏之關門，派駐有千總、把總駐守，為「門」之由來。羅漢門又以二仁、楠梓仙二溪分水界上之大崎，以東為羅漢外門，以西為羅漢內門。〔註68〕

三、桃源鄉等七個鄉

第三部分討論桃源鄉、梓官鄉、杉林鄉、甲仙鄉、大寮鄉、橋頭鄉與燕巢鄉等七個鄉：

桃源聽著心就爽	二十號線路有通	位置幽僻如世外	環境與人不相同
梓官依在高雄市	西面猶原靠海邊	唐山移民五大姓	至今不止三百年
杉林連遍種杉林	植物蒼翠山又深	一望無際像仙境	林內居住心便靈
甲仙原名甲仙埔	政府打通南橫路	早年經濟恰干苦	現在變成大富戶
大寮原屬後水溪	溪埔土質真肥地	四庄蔗寮起做伙	現在形成歸條街
橋頭原是橋仔頭	面前一條細條溝	有人講是店仔口	現在歸庄攏高樓
燕子做受名燕巢	本地天然好氣候	來自花蓮燕子口	變成一位好地頭

（〈台灣地名探源——高雄縣〉，頁215～216）

「桃源聽著心就爽，二十號線路有通，位置幽僻如世外，環境與人不相同。」桃源聽起來心情就很開心，二十號公路有通往這裡，位置清幽偏僻如世外桃源，環境跟人不一樣。桃源鄉位於高雄縣最東北部，荖濃溪上源兩側之中央山脈及玉山山脈山區，全鄉山地綿延，是以布農族佔大多數的原住民鄉鎮。境內交通以省道20號公路為主軸，即俗稱的南橫公路，西起自台南市，東至台東縣關山鎮德高里，全長203.982公里。日治時期原屬蕃薯寮廳管轄，以「施武郡」或「群社」相稱；1920年歸高雄州旗山郡管轄；1945年台灣光復後，最初更名為「雅你鄉」，是「雁爾」社的另一個漢譯名，後來覺得「雅你」二字不雅，1956年改稱為「桃源鄉」，有世外桃源之寓意〔註69〕。

〔註68〕詳見劉寧顏總纂，洪敏麟編纂：《重修台灣省通志》卷三〈住民志：地名沿革篇〉，頁415。

〔註69〕詳見劉寧顏總纂，洪敏麟編纂：《重修台灣省通志》卷三〈住民志：地名沿革篇〉，頁415。施添福總編纂，陳國川編纂，古文錦等撰述：《台灣地名辭書》，

「梓官依在高雄市，西面猶原靠海邊，唐山移民五大姓，至今不止三百年。」梓官在高雄市，西邊靠海，唐山移民過來有五大姓，到現在已經不只三百年了。梓官鄉位於嘉南平原西南沿海，西濱台灣海峽，西北以漯底山北麓與彌陀鄉為界，東北隔岡山空軍基地與岡山鎮為鄰，東、南兩面則以典寶溪分別與橋頭鄉和高雄市接壤。梓官鄉在清代屬仁壽上里，1897年屬梓官庄；1920年地方制度改正，改屬彌陀庄；台灣光復後屬彌陀鄉，至1951年由彌陀鄉劃分出來，成立梓官鄉。有關「梓官」一名的由來，是來自於在鄭成功渡台時，有福建漳州府籍的勢豪王梓，帶領王、鄭、蔡、歐、蘇等姓人等，共同移墾入居此地，因漢人傳統上會尊稱對方為「官」，因此地名便以王梓之名稱為「梓官庄」。而最早跟隨王梓入居的五姓人家，便分別居住在庄內的各個角落。其中蘇姓住在庄北，以梓信村最多；王、鄭兩姓居中，以梓義村較多；蔡姓居庄南，多集中在梓平村；歐姓則另在中崙村集結成一個聚落〔註70〕。

「杉林連遍種杉林，植物蒼翠山又深，一望無際像仙境，林內居住心便靈。」杉林整片都是種植杉林，植物蒼翠山林又深，一望無際就像仙境，居住在森林裡面心自然輕靈。杉林鄉位於高雄縣東北隅，西與台南縣南化鄉相鄰，北接甲仙鄉，東與六龜鄉相鄰，東南與旗山鎮、美濃鎮以玉山山脈的尾閭月光山、旗尾山相隔，西南則接內門鄉，因位於玉山山脈內英山、阿里山山脈烏山所夾峙的山谷之中，向來屬偏遠山區。原稱「山杉林」，因其原始景觀為山杉蓊鬱成林之地，故稱之；1920年改稱「杉林」至今。〔註71〕

「甲仙原名甲仙埔，政府打通南橫路，早年經濟恰干苦，現在變成大富戶。」甲仙原本名字是甲仙埔，政府打通了南橫公路，早期經濟不好生活很辛苦，現在變成有錢人的大戶。甲仙鄉位於高雄縣東北隅，西與台南縣南化鄉以烏山山脈大烏山、小烏山相鄰，北接三民鄉，東與六龜鄉以內英山相鄰，南接杉林鄉，全鄉位在山地區，清代原是鄒族的生活領域，屬界外禁地。甲

卷五，高雄縣第二冊（下），頁773～774、776。中華民國交通部公路總局，網址：https://www.thb.gov.tw/，瀏覽日期：2018年12月20日。

〔註70〕詳見劉寧顏總纂，洪敏麟編纂：《重修台灣省通志》卷三〈住民志：地名沿革篇〉，頁413。施添福總編纂，施添福編纂，吳進喜撰述：《台灣地名辭書》，卷五，高雄縣第一冊（南投：台灣省文獻委員會，2000年12月），頁227～228、235。

〔註71〕詳見劉寧顏總纂，洪敏麟編纂：《重修台灣省通志》卷三〈住民志：地名沿革篇〉，頁414。施添福總編纂，陳國川編纂，古文錦等撰述：《台灣地名辭書》，卷五，高雄縣第二冊（下），頁687。

仙鄉舊稱「甲仙埔」，「甲仙」可能是平埔族語，而「埔」則爲其所在地爲河階面之埔地。甲仙鄉深處山地，以現代交通條件，出楠梓仙溪河谷到平原區至少要半小時，早期從台南平原到此地，也要經過一天，這般位居崇山峻嶺之中的地點和遠離塵囂的位置，正是甲仙鄉的區域特色。日治時期，由樟腦事業帶動地方開發，規劃成市街後，也招來各種商販聚集，爲甲仙帶來了市街發展的活力，再加上依據其位置優勢，靠山吃山，芋頭與竹筍是其特產。在交通方面，則有俗稱「南橫公路」的省道台 20 線公路經過〔註72〕。

　　「大寮原屬後水溪，溪埔土質眞肥地，四庄蔗寮起做伙，現在形成歸條街。」大寮原本屬於後水溪，溪邊埔地土質很肥沃，四個村庄的蔗寮蓋在一起，現在形成了一條街。大寮鄉位於高雄縣東南邊，高屏溪下游西岸，東南均鄰近高屏溪，與對岸屏東縣的屏東市、萬丹鄉、新園鄉相望，南與林園鄉相接，西以大坪頂台地與高雄市小港區相接並與鳳山平原相隔，西北丘陵與平原交界處與鳳山市相鄰，北與鳥松鄉、大樹鄉以曹公圳圳道附近爲界。全鄉主要地形由大坪頂台地與高屏溪的沖積平原組成，因沖積平原地勢甚低，雨季時，河水易溢出河道，衝向鄉中低窪地帶，除了後庄、中庄、前庄等地接近內陸且地勢稍高以外，平原地區幾乎都會淹水。由於平原地勢低窪，庄民對這些溪埔地的利用，多以第一季耕作爲主，因爲不是雨季，只能以豆類、瓜果與蔬菜類爲主，向來爲農作地區，戰後因位於鳳山市郊，新設大發工業區，才漸漸改變農村景觀。大寮鄉鄉名以「大寮」大字爲基礎，其範圍主要是高屏溪下游的沖積平原，包含溪埔寮、潮寮、頂大寮、下大寮四個聚落，開墾初期，居民多是由附近聚落來此地搭寮居住，故聚落多具有「寮」之通名，可能是位於全庄的中央，故以該大字爲名〔註73〕。

　　「橋頭原是橋仔頭，面前一條細條溝，有人講是店仔口，現在歸庄攏高樓。」橋頭原本是橋仔頭，前面有一條小的水溝，有人說是店門口，現在整個村莊都是高樓大廈。橋頭鄉位於嘉南平原西南部，典寶溪與後勁溪間。鄉名取自橋頭村之名，橋頭村舊稱「小店仔街」，因在開墾之初，墾民爲了灌溉仕隆庄一帶的田地，便在中崎溪上築壩堵水並開設溝渠，將溪水引向西流，灌溉田地，當時這條圳道與仕隆庄往北通往阿公店街的道路（今橋頭路）交

〔註72〕詳見施添福總編纂，陳國川編纂，古文錦等撰述：《台灣地名辭書》，卷五，高雄縣第二冊（下），頁 715、721～722。

〔註73〕詳見施添福總編纂，陳國川編纂，古文錦等撰述：《台灣地名辭書》，卷五，高雄縣第二冊（下），頁 503、505。

會，為了往來便利，就在渠道上修築小橋，俗稱「瘟痀橋」。至 1730 年代，此處已逐漸形成一個供應農家日常用品的聚落，稱為「小店仔」，又因為小店仔街位於圳道北側的橋頭，因此一般百姓習慣稱它為「橋仔頭」。1924 年屬高雄州岡山郡；1943 年軍事設施擴展，廢楠梓庄，屬岡山郡岡山街；台灣光復後，橋頭鄉於 1947 年成立〔註74〕。

「燕子做受名燕巢，本地天然好氣候，來自花蓮燕子口，變成一位好地頭。」燕子築的巢叫做燕巢，這裡又天然氣候又好，來自花蓮的燕子口，變成了一個好地方。燕巢鄉位於高雄縣西部中央地帶，北鄰田寮鄉、岡山鎮，東鄰旗山鎮，西鄰橋頭鄉，西南連接高雄市楠梓區，東南連接大樹鄉，南則接大社鄉，在漢人入墾以前，是平埔族西拉雅族的居住地。漢人在燕巢鄉的開發始於明鄭時期，透過當時軍鎮的屯田開墾制度，燕巢鄉的西部和路竹、岡山、橋頭等地，陸續出現聚落，這些聚落命名以軍事編制為基礎，燕巢鄉的援剿中、援剿右、角宿等地名由來即為此因。而「燕巢」一名的由來，正是取自「援剿中」之閩南語諧音字，於 1920 年美化而改名。燕巢鄉的自然環境，以平原、丘陵分處西、東為特色，丘陵地區高度並不大，最高為 200 公尺，地形卻多尖峰銳塔，因地質結構為泥岩構成，境內坡腳多雨蝕溝，因長期受雨水沖刷，丘陵中多坑谷，地形相當破碎。在氣候上屬熱帶季風氣候，年均溫約 23 到 25℃，年雨量約 1,800 毫米，其旱作水果生產富有盛名，農特產品繁多，主要以番石榴、棗仔及西施柚聞名全省〔註75〕。

四、田寮鄉等七個鄉

第四部分討論田寮鄉、三民鄉（2007 年改為那瑪夏鄉）、路竹鄉、湖內鄉、茄萣鄉、彌陀鄉與永安鄉等七個鄉：

田寮各人起田邊　為著生活卜賺錢　附近出名月世界　庄民先苦而後甜
民族民權甲民生　以早專帶原住民　外地移民來罩陣　組織成鄉為三民
路竹地方竹真多　北面靠近八掌溪　周圍全部真好地　庄民生活無問題

〔註74〕詳見劉寧顏總纂，洪敏麟編纂：《重修台灣省通志》卷三〈住民志：地名沿革篇〉，頁 411。施添福總編纂，陳國川編纂，古文錦等撰述：《台灣地名辭書》，卷五，高雄縣第二冊（上），頁 75～76、83。
〔註75〕詳見劉寧顏總纂，洪敏麟編纂：《重修台灣省通志》卷三〈住民志：地名沿革篇〉，頁 411。施添福總編纂，陳國川編纂，古文錦等撰述：《台灣地名辭書》，卷五，高雄縣第二冊（上），頁 199～202、213。

湖內兩庄合一庄　明寧靖王的墓園　距離府城無外遠　現時成鄉無用庄
茄萣長滿茄茱樹　這是命名的理由　漁民討海有研究　港口鬧熱兼清幽
彌陀原有彌陀港　曾經死去真多人　阿彌陀佛來鎮港　對外順事好通帆
永安原名是新庄　也有討海兼做園　但願平安能得返　後來改為永安庄
（〈台灣地名探源——高雄縣〉，頁216）

「田寮各人起田邊，為著生活卜賺錢，附近出名月世界，庄民先苦而後甜。」大家各自蓋田寮在田的旁邊，為了生活在賺錢，附近最有名的是月世界，村民們的生活先苦而後甘。田寮鄉位於高雄縣北部，北以灣崎溪與台南縣關廟、龍崎兩鄉為界，東隔烏山分水脊線與旗山、內門兩鄉鎮接壤，西以大崗山分隔阿蓮鄉和岡山鎮，南面則以阿公店溪與燕巢鄉為鄰。「田寮」一名的由來因其在墾成之田中築寮成庄，故得稱。田寮鄉全境四面環山，境內丘陵起伏少有平地，丘陵為內門丘陵的一部份，構成此丘陵的主要岩層是屬於第三紀上新世的卓蘭層，一般是由砂岩、粉砂岩和頁岩、泥岩等共同組成，其中泥岩層甚為軟弱，抗蝕力較差，因此在分布有厚層泥岩的地區，如鄉內與內門、旗山、燕巢等鄉鎮的交界處一帶，很容易受到河川和暴雨的侵蝕和切割，地表往往被刻蝕出眾多的蝕溝和雨溝，彷彿月球表面，因而被稱為「月世界」[註76]。

「民族民權甲民生，以早專帶原住民，外地移民來罩陣，組織成鄉為三民。」民族民權跟民生，以前都是原住民，後來外地來的移民來這住在一起，組織成一個鄉名字叫做三民。那瑪夏鄉位於高雄縣東北隅，東與桃源鄉為界，西與嘉義縣大埔鄉相接，北臨嘉義縣阿里山鄉，南臨台南縣新化鄉與高雄縣甲仙鄉，在日治時期屬旗山郡蕃地，居民以布農族為主。台灣光復後最初名為「瑪雅鄉」，1957年改為「三民鄉」，「三民」一名的由來係因鄉內有民權（今瑪雅）、民族（今南沙魯）和民生（今達卡努瓦）三村，寓政治理想三民主義而命名，故名為「三民」。2007年十二月經鄉民代表會同意，開始推動恢復傳統鄉名的活動，2008年四月一日經高雄縣政府核定，更名為「那瑪夏鄉」[註77]。

[註76] 詳見劉寧顏總纂，洪敏麟編纂：《重修台灣省通志》卷三〈住民志：地名沿革篇〉，頁411。施添福總編纂，陳國川編纂，古文錦等撰述：《台灣地名辭書》，卷五，高雄縣第二冊（上），頁139、142。

[註77] 詳見劉寧顏總纂，洪敏麟編纂：《重修台灣省通志》卷三〈住民志：地名沿革篇〉，頁415～416。施添福總編纂，陳國川編纂，古文錦等撰述：《台灣地名辭書》，卷五，高雄縣第二冊（下），頁765～766。

「路竹地方竹眞多，北面靠近八掌溪，周圍全部眞好地，庄民生活無問題。」路竹這裡的竹子很多，北邊靠近八掌溪，周圍全部都是很好的地，村民們的生活沒有問題。路竹鄉位於高雄縣西北部，北以二仁溪與台南縣仁德鄉及歸仁鄉爲界，西北鄰湖內鄉，西連茄萣鄉，西南接永安鄉，南邊是岡山鎮，東與東北則與阿蓮鄉接壤。路竹鄉舊稱「半路竹」，因此地爲大湖街（今湖內鄉）至阿公店街（今岡山鎮）交通必經之地，位於半路上且竹林茂盛，故稱之「半路竹」；1920 年地方改制改稱「路竹」，光復後沿用至今。八掌溪長度 80.86 公里，流域面積 474.74 平方公里，流經區域包括嘉義市及嘉義縣的義竹鄉、布袋鎮、鹿草鄉、水上鄉、中埔鄉、番路鄉等鄉以及台南縣的北門鄉、學甲鎮、鹽水鎮、後壁鄉、白河鎮等地，並未流經路竹鄉。以地理位置來說，在路竹鄉的北面流經的河川是二仁溪，並非八掌溪，八掌溪雖然在路竹鄉的北方，但並不靠近，且中間了隔一個台南縣，因此陳再得在此所言「北面靠近八掌溪」，與事實並不相符〔註78〕。

「湖內兩庄合一庄，明寧靖王的墓園，距離府城無外遠，現時成鄉無用庄。」湖內兩個村莊合爲一個村莊，明寧靖王的墓園距離府城沒有多遠，現在叫做鄉不是庄。湖內鄉位於高雄縣的西北部，北以二仁溪與台南市灣裡地區及台南縣仁德鄉爲界，西鄰茄萣鄉，東、南兩面則與路竹鄉接壤。湖內鄉地名的由來於 1920 年，行政區域調整，原「大湖」與「園仔內」兩區合爲一庄，庄名以兩區各取一字，組合而成「湖內庄」，台灣光復後沿用至今。在湖內鄉湖內村內有明寧靖王墓，是明代最後一位皇族寧靖王朱術貴現存唯一的墓園。1662 年寧靖王朱術桂渡台，墾竹滬（今路竹鄉竹滬、大湖、湖內等地）得田數十甲；1683 年施琅率清朝水師攻下台灣，鄭氏降清，朱術貴以天潢貴冑，義不可辱，乃自經殉國。殉難後，遺體與羅妃合葬於其封邑竹滬庄一帶的墓園，爲防清兵發掘，墓塚不封不樹，且築疑塚數座，以亂人耳目，遂無人知道王柩到底葬於何處。1937 年，在糖廠所屬的大湖原料區工作的李清風先生，與日籍人士毛利、岩城等三人，在距離竹滬庄東北約 1.5 公里，也就是湖內村境內現在的墓址檨仔林內發掘出「王墓」三門，棺內除有寧靖王遺骸

〔註78〕詳見劉寧顏總纂，洪敏麟編纂：《重修台灣省通志》卷三〈住民志：地名沿革篇〉，頁 412。施添福總纂，施添福編纂，吳進喜撰述：《台灣地名辭書》，卷五，高雄縣第一冊，頁 111。經濟部水利署全球資訊網，網址：https://www.wra.gov.tw/，瀏覽日期：2018 年 12 月 20 日。

之外，並有夜明珠、鳳冠、玉帶、古碗、古印等殉葬物，惜諸多文物多爲日本人帶走，至今下落不明。王墓被發現後，竹滬庄民將之修復，台灣光復後政府將寧靖王墓列爲古蹟，以彰忠烈〔註79〕。

「茄萣長滿茄苳樹，這是命名的理由，漁民討海有研究，港口鬧熱兼清幽。」茄萣長滿了茄苳樹，這就是地名的由來，漁民對討海捕魚有研究，港口很熱鬧也很清幽。茄萣鄉位於嘉南平原西南部，二仁溪口南岸，西濱台灣海峽，因其位於一大潟湖外側的砂嘴上，該砂嘴海濱爲茄萣樹茂生之地，故得稱。茄萣鄉原屬於湖內鄉轄下，1950 年由於人口增多而行政管轄不易，乃自湖內鄉劃出，另成立「茄萣鄉」。茄萣鄉是台灣唯一全鄉都位於濱外沙洲上的鄉鎭，雖然生活空間有限，但居民卻能充分利用環境，創造出富足的漁村生活。由於鄉民擅長捕魚，尤其每年冬天的烏魚季節，興達港內總是擠滿漁船，烏魚的捕獲量也總是冠於全台，因此茄萣鄉有「烏魚之鄉」的美稱，烏魚子更是茄萣鄉的特產，除了烏魚之外，魚產加工也是聞名全國。在鄉民們「以海爲田」的經營下，創造出驚人的土地贍養力，在日治時期的人口調整資料顯示，自 1905 年到 1938 年，頂茄萣庄（含下茄萣、港仔埔）的人口自6,352 人增加爲 11,490 人，一直高居全高雄地區各庄之冠，連鳳山、岡山、旗山，甚至高雄街都瞠乎其後〔註80〕。

「彌陀原有彌陀港，曾經死去眞多人，阿彌陀佛來鎭港，對外順事好通帆。」彌陀原本有彌陀港，以前曾經死掉很多人，請阿彌陀佛來港口這裡鎭守，後來對外一切順利通航也順利。彌陀鄉位於高雄縣西北部，西濱台灣海峽，北以阿公店溪與永安鄉爲界，東隔岡山空軍基地與岡山鎭接壤，南面則以漯底山南側坡地與梓官鄉爲鄰。彌陀鄉舊稱「彌陀港」，地名由來係因過去境內有彌陀港，故稱之。彌陀港又稱微羅港、彌羅港或眉螺港，用字雖不同，但其福佬語音相同，可見「彌陀」爲從音地名，應是漢人入墾之初，從當時的原住民語言口譯而來，近年來有學者指出，「彌陀」可能是從馬卡道語的「Viro」而來，意思是「竹子」。有關「彌陀」一名的由來，還有另外一種說

〔註79〕詳見劉寧顏總纂，洪敏麟編纂：《重修台灣省通志》卷三〈住民志：地名沿革篇〉，頁 412。施添福總編纂，施添福編纂，吳進喜撰述：《台灣地名辭書》，卷五，高雄縣第一冊，頁 71～72、88。

〔註80〕詳見劉寧顏總纂，洪敏麟編纂：《重修台灣省通志》卷三〈住民志：地名沿革篇〉，頁 412。施添福總編纂，施添福編纂，吳進喜撰述：《台灣地名辭書》，卷五，高雄縣第一冊，頁 42。廖忠俊著：《台灣鄉鎭舊地名考釋》，頁 324。

法，因過去在彌陀港常常淹死人，自從在鄉境北部的港邊，供奉「阿彌陀佛」之後，就平安無事了，因此命名為「彌陀港」〔註81〕。

「永安原名是新庄，也有討海兼做園，但願平安能得返，後來改為永安庄。」永安原本名字是新庄，也有從事捕魚也有在耕作，但願能平安回來，所以後來改名為永安庄。永安鄉位於高雄縣西北部，北以興達內海與茄萣、路竹鄉為界，西鄰台灣海峽，東與岡山鎮接壤，南面則隔阿公店溪與彌陀鄉相望。1683 年，台灣入清朝版圖，隔年四月，設官分治，置一府三縣，永安鄉行政區域劃為台灣府鳳山縣維新里，鄉境在清初只有東半部的原有陸地，西側仍為茫茫一片內海，名為微羅港。至乾隆初，因阿公店溪自上游帶來大量泥沙，將微羅港內海愈填愈淺，內海中逐漸可分出淺灘地和吃水較深的可航港道。由於淺灘地可圍築魚塭，因此自乾隆、嘉慶之際，就陸續有人進入內海經營漁業，但未集結成庄。至咸豐、同治年間，海坪浮覆地越來越多，鄉境西部才逐漸有漁民聚集成新港口、新厝仔等庄，但這些形成於原內海之中的聚落，在行政區域畫分上卻屬於仁壽上里，與鄉境東部各庄屬於維新里不同，兩里以當時由南向北流的竹仔港溪為界。乙未割台後，1895 年十一月改屬台南民政支部鳳山出張所管轄，為轄下的維新里和仁壽上里各一部份；1896 年改隸台南縣鳳山支廳；1897 年四月改鳳山支廳為鳳山縣，鄉境東部維新里屬鳳山縣大湖辦務署管轄，西部仁壽上里屬阿公店辦務署管轄；1898 年再廢鳳山縣，鄉境隨兩辦務署所合併成的阿公店辦務署劃歸為台南縣管轄；1901 年十月廢縣設廳，再度改屬鳳山廳阿公店支廳，鄉境仍是分為維新里與仁壽上里兩大地區。1909 年，行政區域調整，永安鄉當時為台南廳阿公店支廳轄下的竹仔港區和彌陀港區，其中竹仔港區為東部原維新里各庄，彌陀港區則為原來西部內海中的仁壽上里各庄。1920 年地方改制，在行政區域劃分上，一直分離的兩個部分，此時合在一起隸屬彌陀庄。1945 年台灣光復後，改為彌陀鄉，永安鄉鄉境當時為彌陀鄉的北部；至 1950 年三月一日，才正式由彌陀鄉獨立，以原烏樹林大字、竹仔港大字的全部及舊港口大字的部分合為一鄉，鄉公所設於新厝仔庄。因鄉內以魚塭佔最大部份，乃以鄉境中原有的「新永安塭」、「舊永安塭」之塭名，取名為「永安鄉」，也期望能永保鄉境

〔註81〕詳見劉寧顏總纂，洪敏麟編纂：《重修台灣省通志》卷三〈住民志：地名沿革篇〉，頁 412。施添福總纂，施添福編纂，吳進喜撰述：《台灣地名辭書》，卷五，高雄縣第一冊，頁 189。呂順安主編：《高雄縣鄉土史料》，頁 63。

平安，有吉祥之意〔註82〕。

第四節　屏東縣

在屏東縣的部分，屏東縣總共有三十三個鄉鎮市，陳再得用了一百二十八句，三十二個小段落來敘述，因篇幅與高雄縣相同，都屬於較大的篇幅，所以分成四個部分做討論。

一、屏東市等八個鄉鎮市

第一部分討論了屏東市、林邊鄉、長治鄉、高樹鄉、萬丹鄉、潮州鎮、萬巒鄉與內埔鄉等八個鄉鎮市：

屏東原早是阿猴	打狗隔界淡水溝	漳州先民先來到	半屏山東改阿猴
林邊本是林仔邊	閩人過海賺大錢	不知不覺人帶鄭	然後隨時改林邊
長治庄名有夠讚	望卜長治兼久安	逐個好額攏抹貧	解決一切的困難
高樹舊名高樹腳	樹頭一框像死柴	蔭影地面近一甲	眾人納涼足適合
萬丹靠近下淡水	土地平坦又闊肥	福氣的人帶著位	子孫永遠抹食虧
潮州廣東潮州人	聽講台灣恰好空	初來台灣無半項	現在攏嘛好額人
萬巒萬蠻攏是戀	認真打拼好過關	風景美麗帶習慣	庄名乾脆改萬巒
內埔實在是好地	移民一年一年加	世居住民攏是客	貧民變成大頭家

（〈台灣地名探源——屏東縣〉，頁216～217）

「屏東原早是阿猴，打狗隔界淡水溝，漳州先民先來到，半屏山東改阿猴。」屏東原本是阿猴，跟打狗隔了一個淡水溝，漳州的先民先來到這裡，半屏山的東邊改阿猴。屏東縣位於台灣之最南部，西北以楠梓仙溪與高屏溪，北以荖濃溪及尾寮、石南、歡喜等山之山稜線與高雄縣相鄰；東以中央山脈接台東縣；東南部恆春半部東岸瀕太平洋；南隔巴士海峽與菲律賓相望；西南從新園鄉到恆春鎮之間，臨台灣海峽。在清末原屬鳳山縣與恆春縣，當時並無屏東縣之稱。屏東舊稱「阿猴」，這一帶過去爲平埔族馬卡道支族（Makatao）阿猴林社（Akao）所在地，「阿猴」一名即爲「Akao」之譯音字，「林」則是因爲這一帶爲森林茂密之地；1920年，因其位於高雄市半屏山之東方，故改

〔註82〕詳見劉寧顏總纂，洪敏麟編纂：《重修台灣省通志》卷三〈住民志：地名沿革篇〉，頁412。施添福總纂，施添福編纂，吳進喜撰述：《台灣地名辭書》，卷五，高雄縣第一冊，頁167～168。

稱「屏東」。屏東縣是個多族群社會，縣內族群複雜，包括排灣、魯凱、平埔族等原住民族，而目前佔大多數的則為明末、清代兩朝陸續遷台的福建、廣東移民，日治時代在此也有日本移民村的設置。1945 年後，尚有現役國軍、退除役官兵、大陸民眾、大陳移民、滇緬移民等相繼搬遷至屏東縣，其中，屏東縣內以來自福建的泉州、漳州兩府為最大族群〔註83〕。

「林邊本是林仔邊，閩人過海賺大錢，不知不覺人帶鄭，然後隨時改林邊。」林邊原本是林仔邊，閩南人渡海來此賺大錢，不知不覺人聚集在此，後來就改名為林邊。林邊鄉舊稱「林仔邊」，原為平埔族鳳山八社放索社的活動領域。因先民移民至此地開墾時，森林枝繁葉茂，聚落位於綠林之旁，故稱「林仔邊」。清朝康熙年間，漳泉福佬及潮州客家移民有許多向林邊移植的人，採取贌耕或侵占的方式漸漸進入內部，首先建立今林邊鄉的田墘厝及林仔邊二庄，繼而開拓竹仔腳庄等。1920 年地方制度改正時，改稱「林邊」，後沿用至今〔註84〕。

「長治庄名有夠讚，望卜長治兼久安，逐個好額攏抹貧，解決一切的困難。」長治的庄名很讚，希望能夠長治跟久安，大家都很有錢不貧窮，能夠解決一切的困難。長治鄉原稱「長興」，據傳乃取「長治久興」之意，故將其簡稱為「長興」。台灣光復後，於 1946 年，由當時市長何舉帆先生取「長治久安」之意，改名為「長治鄉」〔註85〕。

「高樹舊名高樹腳，樹頭一框像死柴，蔭影地面近一甲，眾人納涼足適合。」高樹的舊名是高樹腳，樹頭就像一圈死柴，地面的陰影面積將近一甲，很適合大家在下面乘涼。高樹鄉舊稱「高樹下」，因過去在今高樹村境內有一棵高聳的木棉樹，其枝葉繁茂，狀似一大車蓋，為全鄉最高的樹木，其聚落建在在高樹下，故稱之，台灣光復後改稱「高樹」〔註86〕。

〔註83〕詳見劉寧顏總纂，洪敏麟編纂：《重修台灣省通志》卷三〈住民志：地名沿革篇〉，頁 416、427。施添福總編纂，吳連賞編纂，黃瓊慧等撰述：《台灣地名辭書》，卷四，屏東縣（南投：台灣省文獻委員會，2001 年 10 月），頁 26、31。

〔註84〕詳見劉寧顏總纂，洪敏麟編纂：《重修台灣省通志》卷三〈住民志：地名沿革篇〉，頁 431。施添福總編纂，吳連賞編纂，黃瓊慧等撰述：《台灣地名辭書》，卷四，屏東縣，頁 489～490。

〔註85〕詳見施添福總編纂，吳連賞編纂，黃瓊慧等撰述：《台灣地名辭書》，卷四，屏東縣，頁 353。

〔註86〕詳見劉寧顏總纂，洪敏麟編纂：《重修台灣省通志》卷三〈住民志：地名沿革篇〉，頁 429。施添福總編纂，吳連賞編纂，黃瓊慧等撰述：《台灣地名辭書》，卷四，屏東縣，頁 295、302。

「萬丹靠近下淡水，土地平坦又闊肥，福氣的人帶著位，子孫永遠抹食虧。」萬丹靠近下淡水，土地又平坦又肥沃，有福氣的人找到對的位置，子孫永遠都不吃虧。萬丹鄉位於屏東平原西側偏南，地形十分平坦，西距高屏溪約 4.5 公里。過去是平埔族馬卡道族上、下淡水社的分布地，「萬丹」一名的由來可能與其有關，因平埔族自稱上淡水社為「Paugdaudangh」，下淡水社為「Moarun」，兩社合在一起則為「Mandan」，譯為「萬丹」〔註87〕。

「潮州廣東潮州人，聽講台灣恰好空，初來台灣無半項，現在攏嘛好額人。」潮州是廣東的潮州人，聽說台灣比較好，一開始來台灣沒有半點東西，現在都是有錢人。潮州鎮地處屏東平原偏南，西北邊隔著東港溪與竹田鄉為界，東北與萬巒鄉為鄰，東南為新埤鄉，西南臨崁頂鄉，在漢人入墾以前為鳳山八社平埔族中，「力力社」與「茄藤社」的領域。「潮州」鎮名由來是以最大的聚落「潮州」為名，因開墾初期有不少來自廣東潮州府的移民，這些移民在墾成一片新天地後，把家鄉的地名移植於此，故名為「潮州」〔註88〕。

「萬巒萬蠻攏是戀，認真打拼好過關，風景美麗帶習慣，庄名乾脆改萬巒。」萬巒跟萬蠻都是戀，認真打拼才能過關，風景美麗住習慣，村莊名稱乾脆改萬巒。萬巒鄉位於屏東平原，屏東市東南方，東港溪上游南岸。「萬巒」在清代古籍上的寫法不一，如「戀戀」、「蠻蠻」、「萬鑾」、「萬蠻」等，地名的由來有兩種說法，一是說應與先住民平補族鳳山八社中的「力力社」有關，因音譯自平埔族語，故漢字才有不同的寫法，但原意已不可考。二是說因從萬巒鄉往東望去，有中央山脈南段之北大武山、南大武山、衣丁山、吐蛇流山等諸峰林立，故稱為「萬巒」〔註89〕。

「內埔實在是好地，移民一年一年加，世居住民攏是客，貧民變成大頭家。」內埔實在是一個好地方，移民一年一年的增加，在此世居的住民都是客家人，原本貧窮的人變成大老闆。內埔鄉在屏東平原上，屏東市東方，東倚中央山脈。地名起源於在漢人入墾以前，是一片荒埔，加上位置較內陸，

〔註87〕 詳見劉寧顏總纂，洪敏麟編纂：《重修台灣省通志》卷三〈住民志：地名沿革篇〉，頁 428。施添福總編纂，吳連賞編纂，黃瓊慧等撰述：《台灣地名辭書》，卷四，屏東縣，頁 400。

〔註88〕 詳見施添福總編纂，吳連賞編纂，黃瓊慧等撰述：《台灣地名辭書》，卷四，屏東縣，頁 155～156。

〔註89〕 詳見劉寧顏總纂，洪敏麟編纂：《重修台灣省通志》卷三〈住民志：地名沿革篇〉，頁 429。施添福總編纂，吳連賞編纂，黃瓊慧等撰述：《台灣地名辭書》，卷四，屏東縣，頁 599～600。

為在內方開墾之埔地，故名「內埔」。後由閩籍及粵籍墾民移民墾成，屬客籍六堆部落之中堆與後堆。內埔鄉居民約有六萬多人，是屏東縣人數眾多的一個鄉，其中客家人佔總人口的63％〔註90〕。

二、東港鎮等七個鄉鎮

　　第二部分有東港鎮、恆春鎮、滿州鄉、泰武鄉、南州鄉、佳冬鄉與崁頂鄉等七個鄉鎮：

東港位置林園東	多數都是討海人	所致即號名東港	亦與琉球塊通航
恆春原名是瑯嬌	鄭軍反清復明朝	和親政策真重要	族人仇恨即取消
和親政策平族郡	氣候溫和攏無分	舊名瑯嬌無介順	終後庄名改恆春
蚊卒全島東南面	多數都是原住民	對其討海有自信	名改滿州有原因
泰武亦是屬番界	這分所在少人知	他專打獵無討海	求飽不得發大財
南州原來是溪州	庄名重複抹自由	庄頭的人塊研究	後來命名為南州
佳冬原名是六根	靠山面海真單純	十七線道伊有份	氣候溫和四季春
崁頂比較恰高地	新園隔離東港溪	早年無橋行溪底	分鄉面積亦抹隘

〔註91〕

　　……滿州位在台灣尾　地瘦民貧即死絕　不知的人無塊尋　東風吹來像塊飛

　　（〈台灣地名探源──屏東縣〉，頁217～219）

「東港位置林園東，多數都是討海人，所致即號名東港，亦與琉球塊通航。」東港的位置在林園的東邊，居民大多數都是討海人，所以地名就取名叫做東港，也有跟琉球在通航。東港鎮位於屏東平原南部，東港溪入海處南岸，東北鄰崁頂鄉，東連南州鄉，東南林邊鄉，西南隔台灣海峽距琉球嶼十五公里，

〔註90〕詳見劉寧顏總纂，洪敏麟編纂：《重修台灣省通志》卷三〈住民志：地名沿革篇〉，頁429。施添福總編纂，吳連賞編纂，黃瓊慧等撰述：《台灣地名辭書》，卷四，屏東縣，頁575～576。

〔註91〕「崁頂比較恰高地……分鄉面積亦抹隘」等四句在陳益源、陳必正、陳芳慶編：《陳再得的台灣歌仔》一書中並沒有出現，筆者在對照書中收錄的〈台灣地名探源〉中所提到的鄉鎮市時，發現缺少了崁頂這處地名，進一步查證資料後，發現在陳再得先生編著、許明山先生珍藏的《台灣鄉土詩歌集錦》中有收錄〈台灣地名探源〉此首歌仔，再經過進一步比對後，筆者發現在《台灣鄉土詩歌集錦》中，有此四句歌仔詞，因此筆者認為，應是當初編輯《陳再得的台灣歌仔》此書時有所缺漏，故筆者在此將此四句補上。

西北跨東港溪與新園鄉相望，新園鄉以西以高屏溪與高雄縣林園鄉相隔。在康熙年間有漳泉之人，先在今新園鄉高屏與東港二溪之間形成市街，到同治初葉因二溪氾濫，淹沒街區泰半，有四百餘戶房屋被毀，乃遷移至其東另建新街，從事海上貿易，故稱之為「東港」。在高雄港興起之前，帆船來往大陸沿岸，港務興盛，是台灣南部大門戶港〔註92〕。

「恆春原名是瑯嶠，鄭軍反清復明朝，和親政策真重要，族人仇恨即取消。和親政策平族郡，氣候溫和攏無分，舊名瑯嶠無介順，終後庄名改恆春。」恆春原本名字是瑯嶠，鄭軍反清復明，和親政策很重要，族人的仇恨就取消了。和親政策弭平了族群之間的衝突，這裡氣候溫和沒有太大的變化，舊的地名瑯嶠不是很順，後來地名就改為恆春。恆春舊稱郎嬌或郎嶠、瑯璃、瑯嶠，荷蘭人稱為 Longkiauw、Lonokjau、Lonckijuo。1874 年，日軍侵台，發生石門之戰之後，清廷積極善後，新設一縣，建城於猴洞，以其位於台灣島之南端，全年氣候溫和，故名為「恆春」。恆春地區位處台灣極南之地，雖然明鄭時期以來即有屯田開墾的傳說，之後陸續亦有閩、粵籍漢人乃至平埔族群移入，與當地較早前來的排灣族斯卡羅群、恆春阿美族人混居，而閩、粵人為求得原住民手中更多的土地與資源，又不被殺害，常常使用聯婚和親方式，藉此消彌仇恨與解除心中的恐懼〔註93〕。

「蚊卒全島東南面，多數都是原住民，對其討海有自信，名改滿州有原因。……滿州位在台灣尾，地瘦民貧即死絕，不知的人無塊尋，東風吹來像塊飛。〔註94〕」蚊卒在台灣的東南邊，居民大多數都是原住民，他們對自己的討海功夫很有自信，地名改為滿州是有原因的。滿州鄉位置在台灣的尾端，土地貧瘠人民貧窮，不知道的人找不到，東風吹過來就像在飛。滿洲鄉位於屏東縣之南端，恆春半島東半部，東臨太平洋，南與恆春鎮的南灣里、鵝鑾

〔註92〕詳見劉寧顏總纂，洪敏麟編纂：《重修台灣省通志》卷三〈住民志：地名沿革篇〉，頁 427。施添福總編纂，吳連賞編纂，黃瓊慧等撰述：《台灣地名辭書》，卷四，屏東縣，頁 115、431。

〔註93〕詳見劉寧顏總纂，洪敏麟編纂：《重修台灣省通志》卷三〈住民志：地名沿革篇〉，頁 428。施添福總編纂，吳連賞編纂，黃瓊慧等撰述：《台灣地名辭書》，卷四，屏東縣，頁 180。蕭銘祥主編：《屏東縣鄉土史料》（南投：台灣省文獻委員會，1996 年 1 月），頁 735。

〔註94〕在屏東這個部分，陳再得在中間與最後的地方都提及滿州鄉，因為是提及同一個地點，所以筆者將最後一句歌仔詞一併拿來在中間的部分做討論，而未依其原本的歌仔詞順序。

里相接，西與恆春鎮網紗里、仁壽里及車城鄉保力村為鄰，西北及北則為牡丹鄉。滿州鄉舊稱「蚊蟀」，是卑南族「Manutsuru」社之譯音；1920 年地方官制改正時，日人將舊稱「蚊蟀」取其諧音改稱為「滿洲」，但因與中國東北滿洲國滿洲二字相同，遭鄉民反對而改寫為今之鄉名「滿州」。滿州鄉終年氣溫和暖，熱帶植物衍生，屬於熱帶季風氣候，氣候特徵與整個恆春半島相仿，年均溫高，夏季長冬季不顯，年溫差小，月均溫都在 20℃ 以上，全年都是生長季。但每年十月到隔年三月落山風強勁，對農業的影響甚鉅，雨量集中夏季乾濕分明，因此不論是地面水或地下水均不甚豐富，尤其以冬季為最，故為了發展農業，移民入墾以來即修築了不少的埤圳〔註95〕。

「泰武亦是屬番界，這兮所在少人知，他專打獵無討海，求飽不得發大財。」泰武也是屬於番界，這個地方很少人知道，他們只有靠打獵維生沒有捕魚，只為了求溫飽不為了發大財。泰武鄉位於東港溪上源與林邊溪上源瓦魯斯溪間之中央山脈西側山區，在台灣光復以前屬於潮州郡蕃地。因境內東方與台東縣金峰鄉界上有北大武山與南大武山聳立，乃取與「大武」同音義之「泰武」為名〔註96〕。

「南州原來是溪州，庄名重複抹自由，庄頭的人塊研究，後來命名為南州。」南州原來是叫做溪州，因為地名跟其他地方重複了不自由，村莊的人有研究，後來地名改為南州。南州鄉舊稱溪州，因移民在溪洲溪與後寮溪之間的氾濫河床地上建村庄，故名「溪州」，後因台灣地區溪州地名頗多，如彰化縣有溪州鄉，高雄縣旗山鎮有溪州部落，在行政行文或公文郵件傳遞上，時常發生錯誤，為防止類似事件發生，在林水順鄉長任內，經溪州鄉第二屆鄉民代表會陳水奢先生提議更改鄉名，引「南州出賢人」，再加上地理位置位於台灣南端，取其「南」字，與原來溪州的「州」字合併，經代表討論通過改稱南州鄉，並向上級單位呈報會議結果，於 1956 年七月一日奉准改名為「南州鄉」〔註97〕。

〔註95〕詳見劉寧顏總纂，洪敏麟編纂：《重修台灣省通志》卷三〈住民志：地名沿革篇〉，頁 432。施添福總編纂，吳連賞編纂，黃瓊慧等撰述：《台灣地名辭書》，卷四，屏東縣，頁 709～710、717。

〔註96〕詳見劉寧顏總纂，洪敏麟編纂：《重修台灣省通志》卷三〈住民志：地名沿革篇〉，頁 433。

〔註97〕詳見劉寧顏總纂，洪敏麟編纂：《重修台灣省通志》卷三〈住民志：地名沿革篇〉，頁 431。施添福總編纂，吳連賞編纂，黃瓊慧等撰述：《台灣地名辭書》，卷四，屏東縣，頁 472。

「佳冬原名是六根，靠山面海真單純，十七線道伊有份，氣候溫和四季春。」佳冬原本名字是六根，地理位置靠山面海很單純，17號公路有通過這裡，這裡的氣候溫和四季如春。佳冬鄉位於屏東平原西南，東望中央山脈南段，西邊濱臨台灣海峽，東與枋寮鄉為界，西北隔著林邊溪與林邊鄉、新埤鄉為鄰。佳冬鄉屬於熱帶季風氣候，年均溫25.3℃，年中最低溫在一月19.09℃，最熱七月均溫29℃，除一月以外，全年均在20℃以上，四季的高溫適合萬物滋長；在交通方面，佳冬鄉除有佳冬火車站之外，在佳冬村的村南有台17線（濱海公路）經過。「佳冬」一名是源自於鄉內最大的聚落「佳冬」（即今日的佳冬村），佳冬舊稱「茄苳腳」或「下六根」，「腳」跟「下」意謂著這兩個聚落位於屏東平原客家聚落中的南方，故有「新埤頭，佳冬腳」之諺；而「六根」據說與佳冬公園（楊家祠堂附近）的六棵大茄苳樹有關。而「佳冬」的由來則應與當地的茄苳樹有關；1920年時，「茄苳腳」改為「佳冬」〔註98〕。

「崁頂比較恰高地，新園隔離東港溪，早年無橋行溪底，分鄉面積亦抹隘。」崁頂地理比較高，跟新園隔了一個東港溪，早期沒有橋只能行走在溪底，兩個地方分開各自為鄉面積一樣也不小。崁頂鄉位於屏東平原西南隅，東方為潮州鎮，東南鄰新埤鄉，南隔溪洲溪與南州鄉相望，西南和東港鎮以九甲溪為界，西接新園鄉，北與竹田鄉相鄰。崁頂鄉在清末屬於鳳山縣港東上里的一部份，1904年由阿猴廳潮州支廳管轄，1920年制度改正時，改歸高雄州東港郡新園庄管理；1946年隸屬高雄縣東港區新園鄉。由於日治時期高雄州東港郡新園庄東邊四個大字與新園鄉的主要行政中心之間，以東港溪（當地人稱此河段為力力溪）為界，兩區域當時並無橋樑交通，路途遙遠，往來十分不便，於是倡議分鄉，但屢次陳情未准；1949年，台灣省政府頒布實施本省鄉鎮區域調整辦法後，加以當時崁頂籍的新園鄉鄉長郭添興先生等地方人士極力爭取，於同年八月二十六日在東港區署召開區域調整座談會，經提高雄縣參議會附議議決通過；1950年行政區域調整，將原屬於新園鄉行政區域的一部份，即東港溪以東的聚落，分鄉設治，正式成立崁頂鄉，全境31.27平方公里。因聚落建於一個高度轉移之小崖上，故稱為「崁頂」〔註99〕。

〔註98〕詳見施添福總編纂，吳連賞編纂，黃瓊慧等撰述：《台灣地名辭書》，卷四，屏東縣，頁533～535、549～551。

〔註99〕詳見劉寧顏總纂，洪敏麟編纂：《重修台灣省通志》卷三〈住民志：地名沿革篇〉，頁430～431。施添福總編纂，吳連賞編纂，黃瓊慧等撰述：《台灣地名辭書》，卷四，屏東縣，頁453～454。

三、琉球鄉等八個鄉

第三部分有琉球鄉、竹田鄉、新埤鄉、新園鄉、枋山鄉、麟洛鄉、九如鄉與鹽埔鄉等八個鄉：

琉球原為琉球島　無火無目暗摸摸　有人發現黑鬼洞　荷蘭帶來的黑奴
竹田此位好所在　囤物庄名的由來　商店物品頓過界　竹田日人閣再改
新碑原名新碑頭　境內一條浮水溝　三字庄名無人用　了後日人改翻頭
新園古今攏新園　在著東港西北方　初初開墾的農地　同時庄名命新園
枋山原名是崩山　靠在台一的道線　庄名換字音無換　崩山平平嘛枋山
麟洛吉祥名好聽　長治分鄉改新名　麟求身體分勇健　落是紀念洛陽城

〔註100〕

九如原稱九塊厝　簡單草寮箸塊龜　以後家家起瓦厝　同時庄名改九如
鹽埔一遍反鹹地　這是地質的問題　開溝鹽分降落底　資金一年就收回

（〈台灣地名探源——屏東縣〉，頁218）

「琉球原為琉球島，無火無目暗摸摸，有人發現黑鬼洞，荷蘭帶來的黑奴。」琉球原本是琉球島，沒有火看不清楚暗暗的，有人發現了黑鬼洞，荷蘭人帶來的黑奴。琉球島西端澳仔口附近有一個烏鬼洞，相傳為荷蘭人在台南敗退遷往爪哇時，將黑奴拋棄之地。有關烏鬼洞的由來，還有另一個說法：1636年，荷蘭駐台長官第三度派兵攻擊琉球，登陸紮營後，琉球鄉的原住民西拉雅族人及躲藏於一大洞窟中，荷蘭人以煙燻之，除42人出洞外，其餘三百多人全數死亡，後人乃以「烏鬼洞」稱呼該洞窟〔註101〕。

「竹田此位好所在，囤物庄名的由來，商店物品頓過界，竹田日人閣再改。」竹田這個地方是好地方，囤物這個庄名的由來，商店的物品囤積過界，竹田是日本人再改的名字。竹田鄉昔稱「頓物潭」，因過去有池沼，住民廢棄物都丟棄於此，故名「頓物潭」；1920年時，日本人改稱「竹田」〔註102〕。

〔註100〕在陳益源、陳必正、陳芳慶編：《陳再得的台灣歌仔》中的這句「落是紀念洛陽城」的「落」字應是錯字，正確的地名是「麟洛」，故此處應改為「洛是紀念洛陽城」才對。參見陳再得先生編著、許明山先生珍藏：《台灣鄉土詩歌集錦》。
〔註101〕詳見劉寧顏總纂，洪敏麟編纂：《重修台灣省通志》卷三〈住民志：地名沿革篇〉，頁432。施添福總編纂，吳連賞編纂，黃瓊慧等撰述：《台灣地名辭書》，卷四，屏東縣，頁 526～527。洪義詳主修，林澤田總編纂：《海上明珠：琉球鄉志》（屏東：琉球鄉公所，2006年12月），頁259。
〔註102〕詳見劉寧顏總纂，洪敏麟編纂：《重修台灣省通志》卷三〈住民志：地名沿革篇〉，頁430。

　　「新碑原名新碑頭，境內一條浮水溝，三字庄名無人用，了後日人改翻頭。」新碑原本的名字是新碑頭，在境內有一條浮水溝，三個字的庄名沒人在使用，之後日本人再改回來。新埤鄉位於屏東平原南部，林邊溪之北岸東倚中央山脈南段。地名由來於因台灣南部雨量集中於夏季，為使得乾季也能種植作物，故此地地勢較低且近河的居民，用泥土、竹子、石頭等材料，在今日新埤村開基伯公（埔角附近）後方水道，引力里溪之水，堵水築「攔河埤」引水入農地灌溉，由於聚落位於新建埤圳的源頭，且與內埔鄉之老埤（今老埤村、中林村、龍泉村）南北相互對稱，故名「新埤頭」，1920 年改稱「新埤」，光復後沿用至今〔註103〕。

　　「新園古今攏新園，在著東港西北方，初初開墾的農地，同時庄名命新園。」新園以前跟現在都是叫新園，在東港的西北方，剛開始開墾的農地，同時村莊名取為新園。新園鄉位於屏東平原南部，在高屏溪與東港溪二溪下游之間海岸一帶。北隔萬丹大排道與萬丹鄉相望，東與崁頂鄉、東港鎮以東港溪為界，南為台灣海峽，西和高雄縣林園鄉以高屏溪相隔。「新園」一名的由來因其村莊建於新闢成之園（旱田），故稱「新園」〔註104〕。

　　「枋山原名是崩山，靠在台一的道線，庄名換字音無換，崩山平平嘛枋山。」枋山原本名字是崩山，在台 1 線的旁邊，庄名換了字，但讀起來的音還是一樣，崩山跟枋山是一樣的。枋山鄉或寫作「崩山」，據說昔日極易發生山崩而得名，位於恆春半島西岸，地名由來於因村莊在枋寮鄉之南，且依山傍海建立而成，故稱「枋山」，在交通方面有省道台 1 線經過〔註105〕。

　　「麟洛吉祥名好聽，長治分鄉改新名，麟求身體兮勇健，洛是紀念洛陽城。」麟洛聽起來又吉祥又好聽，從長治鄉分鄉出來之後改了新的名字，麟這個字是求身體可以健健康康，洛這個字是紀念洛陽城。麟洛鄉在屏東平原

〔註103〕詳見劉寧顏總纂，洪敏麟編纂：《重修台灣省通志》卷三〈住民志：地名沿革篇〉，頁 430。施添福總編纂，吳連賞編纂，黃瓊慧等撰述：《台灣地名辭書》，卷四，屏東縣，頁 619。

〔註104〕詳見劉寧顏總纂，洪敏麟編纂：《重修台灣省通志》卷三〈住民志：地名沿革篇〉，頁 430。施添福總編纂，吳連賞編纂，黃瓊慧等撰述：《台灣地名辭書》，卷四，屏東縣，頁 431～432。

〔註105〕詳見劉寧顏總纂，洪敏麟編纂：《重修台灣省通志》卷三〈住民志：地名沿革篇〉，頁 432。施添福總編纂，吳連賞編纂，黃瓊慧等撰述：《台灣地名辭書》，卷四，屏東縣，頁 670。中華民國交通部公路總局，網址：https://www.thb.gov.tw/，瀏覽日期：2018 年 12 月 24 日。

上，屏東市東南近郊，原本屬於長治鄉，1951 年四月劃分出來新設成鄉。取名「麟洛」據說是因為先賢徐俊良先生在開拓之初曾多次發現大龜，所謂「有龜必有麟」，乃象徵「麟趾呈祥」之兆，故定名為「麟落」，但因覺得「落」字頭上加了「艸」似乎會導致無法出頭，所以將「艸」字頭去掉，改稱為「麟洛」〔註106〕。

「九如原稱九塊厝，簡單草寮箸塊龜，以後家家起瓦厝，同時庄名改九如。」九如原本稱作九塊厝，簡單的草寮蓋在這裡，之後家家戶戶都蓋起瓦房，同時庄名改為九如。九如鄉舊稱「九塊厝」，光復初期稱「九塊鄉」，因初建村庄時僅有九戶，1946 年四月併入屏東市稱「九如區」，1950 年十月再劃出，為屏東縣九如鄉〔註107〕。

「鹽埔一遍反鹹地，這是地質的問題，開溝鹽分降落底，資金一年就收回。」鹽埔這一片都是鹹的土壤，這是地質的問題，開了水溝鹽分便降了下去，資金一年就收回來了。鹽埔鄉位於屏東平原西北部，隘寮溪南岸。清代稱為「鹹埔莊」，因這一帶過去溪埔地含鹽分重，故稱之，日治時期改稱鹽埔。此地原本缺乏水利設施，拓墾受阻，1940 年著手改良工程，厥後墾務大展〔註108〕。

四、里港鄉等十個鄉鎮市

第四部分有里港鄉、枋寮鄉、春日鄉、來義鄉、獅子鄉、牡丹鄉、霧台鄉、瑪家鄉、三地門鄉、車城鄉等十個鄉鎮市：

里港原是人的名	人人稱呼里港兄	半農半商真打拼	後來用伊做庄名
枋寮俗稱枋仔樹	檀木柴絲有夠優	伐木工人來宿受	來自福建的漳州
春日靠山無靠海	位置比較恰山內	和風春日人人愛	庄名好歹您就知
來社義林做住址	二社合併變來義	日本設庄的代誌	光復設鄉那有奇
獅子位置在山內	一粒石頭親像獅	山明水秀好所在	成庄日本還未來
牡丹原是牡丹社	一面靠海塊賺食	發生牡丹的事件	日本打輸咱打贏

〔註106〕詳見劉寧顏總纂，洪敏麟編纂：《重修台灣省通志》卷三〈住民志：地名沿革篇〉，頁 428。施添福總編纂，吳連賞編纂，黃瓊慧等撰述：《台灣地名辭書》，卷四，屏東縣，頁 385～386。

〔註107〕詳見劉寧顏總纂，洪敏麟編纂：《重修台灣省通志》卷三〈住民志：地名沿革篇〉，頁 428～429。

〔註108〕詳見劉寧顏總纂，洪敏麟編纂：《重修台灣省通志》卷三〈住民志：地名沿革篇〉，頁 429。

霧台瑪家三地門　三鄉攏是熟番庄　鹽埔過東無外遠　自然看著歡迎門
車城以前叫柴城　用柴做城爲條件　鄭軍派兵去佔領　以後庄名改車城
（〈台灣地名探源——屏東縣〉，頁218～219）

「里港原是人的名，人人稱呼里港兄，半農半商眞打拼，後來用伊做庄名。」
里港原本是人的名字，人人都叫他里港兄，一半作農一半經商很認眞打拼，
後來就用他的名字當作村莊名。里港鄉舊稱「阿里港」，有關「阿里港」地
名的由來說法眾多，其一是說「阿里港」應是源自於平埔族語；其二是說昔
日過港仔（今過江村）北方有一道小河，即下淡水溪，當時河幅狹窄而河流
深，有不詳姓氏名爲「阿里」者，以河畔構廬而居，置點心冷飲鬻販行人，
迨乾隆年間村落形成商業勃興時，由東港以竹筏舶載貨物沿溯下淡水溪而
入，便以「阿里」爲名，稱爲「阿里港」；1920年改稱里港，台灣光復後沿
用至今〔註109〕。

　　「枋寮俗稱枋仔樹，檀木柴絲有夠優，伐木工人來宿受，來自福建的漳
州。」枋寮俗稱枋仔樹，檀木跟柴品質都很優良，伐木工人，來自福建的漳州。
枋寮鄉在過去爲蓊鬱密林之地，在東、南方有許多天然林木的傀儡山，清朝康
熙年間有漳州人渡台抵此伐木，建寮製材維生，並以船接運大陸，「枋寮」就成
爲了聚落的名稱，1920年以最大的聚落「枋寮」爲名，光復後沿用〔註110〕。

　　「春日靠山無靠海，位置比較恰山內，和風春日人人愛，庄名好歹您就
知。」春日的位置靠山沒有靠海，位置比較靠近山區，和風跟春日人人都喜
愛，庄名是好還是壞你就知道。春日鄉在力力溪、七佳溪以南至南湖溪之間
之中央山脈西側山區，全境多屬山地，在日治時期屬潮州郡蕃地轄域。光復
後成立山地鄉。「春日」一名由來由「Kasuvongan」而來，日人以「春日」之
日語讀音「Kasuga」（かすが）與其相近，故改稱「春日」。春日鄉在北緯二
十二度二十二分左右，屬熱帶季風氣候，最熱的七月平均氣溫爲 26.9℃，最
冷的一月平均氣溫爲18.6℃，全年溫暖，年平均雨量爲2,632.4公釐〔註111〕。

〔註109〕詳見施添福總編纂，吳連賞編纂，黃瓊慧等撰述：《台灣地名辭書》，卷四，
　　　　屏東縣，頁243、253～254。
〔註110〕詳見劉寧顏總纂，洪敏麟編纂：《重修台灣省通志》卷三〈住民志：地名沿革
　　　　篇〉，頁430。施添福總編纂，吳連賞編纂，黃瓊慧等撰述：《台灣地名辭書》，
　　　　卷四，屏東縣，頁641～642。
〔註111〕詳見劉寧顏總纂，洪敏麟編纂：《重修台灣省通志》卷三〈住民志：地名沿革
　　　　篇〉，頁433～434。施添福總編纂，吳連賞編纂，黃瓊慧等撰述：《台灣地名
　　　　辭書》，卷四，屏東縣，頁824。

「來社義林做住址，二社合併變來義，日本設庄的代誌，光復設鄉那有奇。」來社跟義林當作住址，兩個社合在一起變成來義，日治時期設置的村莊，在台灣光復之後設鄉哪有稀奇。來義鄉位處屏東縣中央偏東，屬於中央山脈南端主脊西側山地，東以茶仁山、衣丁山與台東縣金峰、達仁兩鄉毗鄰，南以力里溪與春日鄉相望，西於山麓連接位處屏東平原的新埤與萬巒兩鄉，北則於來義溪支流大後溪與泰武鄉相連〔註112〕。

「獅子位置在山內，一粒石頭親像獅，山明水秀好所在，成庄日本還未來。」獅子的位置在山裡面，一粒石頭看起來就像獅子，山明水秀的好地方，日本人還沒來的時候就已經建立了村莊。獅子鄉位於恆春半島楓港溪與牡丹溪兩岸之中央山脈兩側山區，東與台東縣達仁鄉為界，北於士文溪支流草山溪與春日鄉相鄰，西於山麓緊鄰枋山鄉，南為牡丹鄉，西南接車城鄉。因鄉內有獅頭社、外獅頭社皆具有「獅」字，故稱「獅子鄉」。獅子鄉自清代以來屬番地，鄉境以排灣族人佔絕大多數，早期主要分布於枋山溪與楓港溪流域山區，部落數目眾多而分散為其一大特色，因此光復後設村時，多數村落是數個部落合併集中的結果。由於地處偏遠複雜的山區，與漢人接觸較晚，日治時代才正式受到近代文明的影響〔註113〕。

「牡丹原是牡丹社，一面靠海塊賺食，發生牡丹的事件，日本打輸咱打贏。」牡丹原本是牡丹社，地理位置一面靠海靠海吃飯，發生了牡丹社事件，日本人打輸我們打贏了。牡丹鄉位於中央山脈的南段，屏東縣東南方，東臨太平洋，東南與滿州鄉相接，南為車城鄉溫泉村，西和北於里龍山、汝仍山及婆豬古山所連成的分水嶺山脊與獅子鄉為界，東北與台東縣達仁鄉鄰接。牡丹鄉之「牡丹」一名是從「Sinboujianu」社之漢譯而來。牡丹社事件發生於1874年，日本史上稱「征蕃事件」或「台灣出兵事件」，事件的發生可說由幾件意外促成：（一）1867年的羅妹號美國船員被排灣族龜仔角社殺害，引起時任美駐廈門領事李仙得的介入。（二）1871年琉球船民船難，登陸恆春半島，漂民有54名慘遭排灣族高士佛社及牡丹社人屠殺。由於日本對琉球的覬覦，遂在征韓的西進計畫打消後，為弭平國內的動亂與爭論，將之導向南向政策，

〔註112〕詳見施添福總編纂，吳連賞編纂，黃瓊慧等撰述：《台灣地名辭書》，卷四，屏東縣，頁807。
〔註113〕詳見劉寧顏總纂，洪敏麟編纂：《重修台灣省通志》卷三〈住民志：地名沿革篇〉，頁434。施添福總編纂，吳連賞編纂，黃瓊慧等撰述：《台灣地名辭書》，卷四，屏東縣，頁839～841。

拿爲數 1,000 餘戰士武力的牡丹社、高士佛社、竹社、女奶社出氣，求取更大的外交利益。最先來到恆春半島的日本志願兵，多是失意的士族，來到台灣急於建功，在大軍還未集結時，就私自出營、深入山區，找尋任何一個倒楣的原住民出氣，後來發生了薩摩（鹿兒島）士官班長北川直征被原住民馘首事件，日軍派當時官居中校，後來爲台灣總督的佐久間左馬太率領 250 名士兵前往出事地點調查，於五月二十二日發生了史稱「石門之役」的戰爭，此次戰役牡丹社人有 16 名死亡，14 名受到重傷（重傷者據說後來皆傷重不治），日方傷亡爲 6 死 30 傷。經過這場石門之役，日軍正式對原住民開戰。日軍於六月一日開始展開攻打牡丹社與高士佛社的行動，約有 500 兵力的第一支分遣隊（楓港部隊）於一日早上開往北方 6 哩許的楓港，於當天下午抵達楓港。二日破曉時分，第二支軍隊（中央部隊）約 300 名士兵朝東方石門之役所在方向開拔，下午抵達石門附近，停留數小時。第三支軍隊（竹社部隊）有 400 名士兵，也在二日上午出發，朝東南方的竹社前進。當時整體戰略及三支兵力的分工爲：谷干城將軍的楓港部隊於二日拂曉向禮乃社進軍，攻下該社後，再由北方向南直取牡丹社。赤松則良將軍帶領竹社部隊先取竹社，再仰攻高士佛社。西鄉從道將軍則統率中央部隊，先行越過石門險峻、難行的山路，再視當時狀況，決定攻打牡丹社或高士佛社。日軍開始這一波強大的攻擊，兵分三路進攻牡丹社及高士佛社，放火焚燒屋舍，原住民遁入山林間展開游擊戰，日軍士兵因水土不服開始病倒，遂與原住民商談停戰，後結束雙方的爭戰。反應遲鈍的清廷，在日軍已打垮抗日派原住民後，新派任的欽差大臣沈葆楨才於六月十七日抵達台南安平視事，沈葆楨知道海軍實力不如日本，且台灣孤懸海外，便派潘霨去見西鄉從道，自六月二十二日到二十六日，共會晤四次，達成口頭協定，即西潘密約，但後來雙方因是否有此密約而撕破臉。最後清國在大久保運用威脅、恐嚇、開戰、退出和談等方式，逼使清國於十月三十一日簽下「清日台灣事件專約」，清朝付錢了事，順便把琉球的宗主權送給日本，日本於十二月初撤軍〔註114〕。

〔註114〕詳見劉寧顏總纂，洪敏麟編纂：《重修台灣省通志》卷三〈住民志：地名沿革篇〉，頁 434。施添福總編纂，吳連賞編纂，黃瓊慧等撰述：《台灣地名辭書》，卷四，屏東縣，頁 865。（美）愛德華・豪士原著，陳政三譯著：《征台紀事：牡丹社事件始末》（台北：台灣書房，2008 年 10 月），頁 6、18、97、105、144～146、151、180～181。牡丹鄉公所，網址：https://www.pthg.gov.tw/townmdt/Default.aspx，瀏覽日期：2018 年 12 月 24 日。

　　「霧台瑪家三地門，三鄉攏是熟番庄，鹽埔過東無外遠，自然看著歡迎門。」霧台、瑪家跟三地門，三個鄉都是平埔族原住民的村莊，在鹽埔的東邊沒多遠的地方，自然看著歡迎的門。霧台瑪家與三地門在日治時期都屬於蕃地，霧台與三地是屬屏東郡蕃地，瑪家則屬潮州郡蕃地。霧台鄉位於中央山脈南段，霧頭山西北側山區，爲屏東縣唯一以魯凱族人爲主的鄉鎮，東與台東縣卑南鄉、延平鄉爲鄰，南以隘寮南溪上源與瑪家鄉、泰武鄉連接，西則爲三地門鄉，北於遙拜山稜線與高雄縣茂林鄉相望。1945 年成鄉，以鄉公所所在地霧台村爲鄉名。瑪家鄉位在中央山脈南段西側，北大武山的西北方，東與霧台鄉毗鄰，南於萬安溪上游與泰武鄉相接，西於山麓與平地內埔鄉、萬巒鄉鄰界，北則以隘寮南溪分別與三地門及霧台鄉相望，於台灣光復後成鄉，以鄉公所所在地瑪家村爲名，主要居民爲排灣族人。三地門鄉地處中央山脈南段西側，屏東縣八個山地鄉的最北部，東以大母母山、戶亞羅山等山稜與霧台鄉爲界，南隔隘寮南溪與瑪家鄉相望，西南爲內埔鄉，西於山麓與高樹鄉鄰接，北以尾寮山、石南山稜線與高雄縣茂林鄉毗鄰。三地門鄉的居民主要由排灣與魯凱族人組成，1949 年爲三地鄉，以鄉公所所在的三地村爲名，三地村位於三地門鄉的西南隅，是進入三地門鄉的主要門戶，也是全鄉的行政中心。1992 年八月改名爲三地門鄉。陳再得在此說「三鄉攏是熟番庄」，但根據資料顯示，此三鄉的居民皆爲高山族原住民，而非平埔族原住民，故「熟番」一說應有誤〔註 115〕。

　　「車城以前叫柴城，用柴做城爲條件，鄭軍派兵去佔領，以後庄名改車城。」車城以前叫做柴城，用柴作成城是條件，鄭軍派兵去佔領，之後庄名改爲車城。車城鄉舊稱「柴城」，明鄭末年開始有漢人涉足此地，據說鄭軍曾於此登陸並於統埔等地進行屯田兵制。自康熙末年至雍正年間，此地已成爲閩人開拓恆春半島的根據地，由於屢遭原住民襲擊侵擾，移民便以木柵環立於村莊四周圍，以做爲防禦，故稱爲「柴城」〔註 116〕。

〔註 115〕詳見劉寧顏總纂，洪敏麟編纂：《重修台灣省通志》卷三〈住民志：地名沿革篇〉，頁 432～433。施添福總編纂，吳連賞編纂，黃瓊慧等撰述：《台灣地名辭書》，卷四，屏東縣，頁 737～739、757、773～774。

〔註 116〕詳見劉寧顏總纂，洪敏麟編纂：《重修台灣省通志》卷三〈住民志：地名沿革篇〉，頁 432。施添福總編纂，吳連賞編纂，黃瓊慧等撰述：《台灣地名辭書》，卷四，屏東縣，頁 689。

第五節　澎湖縣

　　最後一小節是澎湖縣，澎湖縣是離島縣市，因爲境內只有六個鄉鎮市，篇幅最短，所以不需要再拆成好幾部分討論，以下針對陳再得提及的新舊地名、地理環境、傳說故事、人文歷史等部分做討論。

一、七美鄉等六個鄉鎮市

　　七美鄉、望安鄉、白沙鄉、西嶼鄉、湖西鄉與馬公鎮等六個鄉鎮：

　　　七美紀念七美人　貞烈守節來輕生　投入井底死罩陣　不受侮辱的原因
　　　望安就是望安定　在此討海的維生　勞力打拼我是肯　在安定中求繁榮
　　　白沙本鄉四面海　環島均有珊瑚栽　陽光照下能發亮　閃閃爍爍光出來
　　　西嶼原是漁翁島　外鞍地形變成湖　農作方面靠落雨　討海拉魚兼牽罟
　　　湖西鄉內有一湖　這湖西面庄湖西　名副其實名抹醜　就是湖西的由來
　　　馬公原是媽祖宮　湄洲媽祖眞有靈　日本給咱改馬公　人民也是講媽宮
　　　（〈台灣地名探源──澎湖縣〉，頁223～224）

「七美紀念七美人，貞烈守節來輕生，投入井底死罩陣，不受侮辱的原因。」七美這個地名是要紀念七個美人，她們爲了守節而貞烈自殺，跳入井中死在一起，這是她們爲了不受侮辱的關係。七美島舊稱「南天島」、「南天嶼」、「南大嶼」、「大嶼」、「南嶼」、「大嶼澳」、「大嶼社」等，其中以「大嶼」爲最早的稱呼，在1685年蔣毓英纂修的《台灣府志》中即有記載。位於澎湖群島之最南，因爲有七美人的貞節故事，所以在1949年改稱七美嶼。相傳在明代倭寇侵略大嶼時，當時大部分的老弱村民都紛紛躲避，不過有七位在戶外採取薪材勞動的婦女，因爲來不及躲藏而被發現，只好一路逃到今七美人塚附近，因體力有限又驚慌、無法脫身之下，不甘受辱而相偕投井自盡，以保住貞節。後來村民爲了追念這七位婦女，用土將這口井填滿，做爲七人的墳墓，不久後，井口生長出七株常年茂綠的香花樹，也有人說是香楸樹、一葉楸、一葉萩、葉底珠，村民認爲這就是七位貞潔婦女的魂魄化成，而加以虔誠膜拜祭祀。1925年，當地保正鄭碾奉命設立「七美人塚」碑於此，做爲憑弔，並逐漸成爲七美民眾的信仰之一。1953年國軍將領何志浩將軍還做了一首「七美人歌」並撰文紀念，七美人歌歌詞如下：「七美人兮白璧姿，抱眞拒賊兮死隨之，英魂永寄孤芳樹，井上長春兮開滿枝。」由名家張默君書寫

後立碑紀念〔註117〕。

「望安就是望安定，在此討海的維生，勞力打拼我是肯，在安定中求繁榮。」望安就是希望能安定，在這裡都是以討海維生，我願意努力打拼，在安定中追求繁榮。望安鄉因構成該鄉的島嶼中最大的為「望安島」，故稱為望安。望安島昔稱「八罩島」、「八罩嶼」、「八罩山」、「八罩澳」、「挽門嶼」、「八鬪嶼」，因附近有八個島嶼故得稱。望安另一個舊稱「網垵」，因過去漁夫在此凹灣之處曬網，「垵」即兩翼突出，中間內凹入成灣之處，遠眺形如馬鞍，故稱之。至於「望安」一名的由來，傳說當時鄭成功由金門率艦隊經過七美嶼，遙望八罩島，希望能平安抵達，所以稱為「望安」。〔註118〕

「白沙本鄉四面海，環島均有珊瑚栽，陽光照下能發亮，閃閃爍爍光出來。」白沙鄉四面環海，在島嶼周圍有珊瑚礁，陽光照下來閃閃發亮，閃閃爍爍的光反射出來。「白沙」一名由來係因在白沙島北方之赤崁、後寮村一帶海濱，佈滿珊瑚砂礫，在陽光照耀下，遠眺像白沙環帶，故稱之〔註119〕。

「西嶼原是漁翁島，外鞍地形變成湖，農作方面靠落雨，討海拉魚兼牽罟。」西嶼原本是漁翁島，外鞍地形變成了湖，農作物方面都是靠下雨灌溉，討海捕魚還兼牽罟。西嶼鄉在早期，歐洲人稱為「Fisher Island」，中文翻譯即為「漁翁島」，因該島有許多漁夫而有其名。後因其乃澎湖本島西方之大島嶼，故稱為「西嶼」。在西嶼鄉的南方有內垵村與外垵村，垵意指「坑谷」，應有灣澳之意。內垵與外垵同為四周環丘，地勢較低之地，人口多但耕地少，男人大部分都出海捕魚，因採用機動漁船，捕魚量多，每年的漁獲量達數萬斤。西嶼鄉的南部多為漁村，而北部則多為農村〔註120〕。

〔註117〕詳見劉寧顏總纂，洪敏麟編纂：《重修台灣省通志》卷三〈住民志：地名沿革篇〉，頁474。韓國棟總編輯：《走讀台灣：澎湖縣》（台北：國家文化總會，2009年12月），頁61。呂順安主編：《澎湖縣鄉土史料》（南投：台灣省文獻委員會，1994年1月），頁272～273。施添福總編纂，吳連賞編纂，郭金龍等撰述：《台灣地名辭書》，卷六，澎湖縣（南投：國史館台灣文獻館，2002年6月），頁475、491。

〔註118〕詳見劉寧顏總纂，洪敏麟編纂：《重修台灣省通志》卷三〈住民志：地名沿革篇〉，頁473。施添福總編纂，吳連賞編纂，郭金龍等撰述：《台灣地名辭書》，卷六，澎湖縣，頁375。

〔註119〕詳見劉寧顏總纂，洪敏麟編纂：《重修台灣省通志》卷三〈住民志：地名沿革篇〉，頁473。

〔註120〕詳見劉寧顏總纂，洪敏麟編纂：《重修台灣省通志》卷三〈住民志：地名沿革篇〉，頁473。施添福總編纂，吳連賞編纂，郭金龍等撰述：《台灣地名辭書》，

「湖西鄉內有一湖，這湖西面庄湖西，名副其實名抹醜，就是湖西的由來。」湖西鄉裡有一座湖，湖的溪邊村庄叫湖西，名字名符其實並不差，這就是湖西一名的由來。湖西鄉位於澎湖本島之東半部，在太武山與尖山之間有一盆地，爲湖西盆地，夏天雨季時，四方群水匯集，而形成一小湖，在湖的東西方各有一村，湖的東方爲「湖東」，湖的西方則稱爲「湖西」，此即「湖西」一名的由來〔註 121〕。

「馬公原是媽祖宮，湄洲媽祖眞有靈，日本給咱改馬公，人民也是講媽宮。」馬公原本是媽祖宮，湄洲媽祖很靈驗，日本將地名改成馬公，人民還是習慣叫媽宮。馬公最早稱爲「進嶼」或「娘宮嶼」，後又有「娘宮」、「娘媽宮」、「娘娘宮」、「媽澳」、「媽祖宮」、「媽祖台」、「馬宮」……等稱呼，其中稱呼和寫法以「媽宮」最多。相傳在明初，移民在今正義街十九號創建媽祖宮，又名「娘媽宮」、「天后宮」、「媽娘宮」、「天妃宮」、「娘娘宮」，是全台灣最早創建的廟宇，1683 年水師提督施琅將軍攻打（鄭氏）澎湖時，平安勝利，稱受神明顯靈保佑，故奏請清朝廷加封，於 1684 年追封爲「天后」，從此「媽祖宮」又稱「天后宮」。1920 年，日本政府改地名「媽宮澳」爲「馬公街」。因「馬」與「媽」的閩南語讀音相同，雖然已改名爲「馬公」，但地方人仍習慣稱「媽宮」。有四百多年歷史的媽祖宮一向爲澎湖縣民的信仰重心，每年配合文藝季舉辦媽祖聖誕民俗遊藝活動與媽祖聖誕巡海遶境活動，掀起祭誕高潮，現今仍然香火鼎盛，每年吸引不少觀光遊客到此〔註 122〕。

卷六，澎湖縣，頁 323、362。呂順安主編：《澎湖縣鄉土史料》，頁 238～239。

〔註 121〕詳見劉寧顏總纂，洪敏麟編纂：《重修台灣省通志》卷三〈住民志：地名沿革篇〉，頁 473。施添福總編纂，吳連賞編纂，郭金龍等撰述：《台灣地名辭書》，卷六，澎湖縣，頁 173、177。

〔註 122〕詳見劉寧顏總纂，洪敏麟編纂：《重修台灣省通志》卷三〈住民志：地名沿革篇〉，頁 473。施添福總編纂，吳連賞編纂，郭金龍等撰述：《台灣地名辭書》，卷六，澎湖縣，頁 27、39。

第五章　結　論

　　陳再得的〈台灣地名探源〉共介紹了台灣三百零九個鄉鎮市以及基隆市、新竹市、嘉義市等地方的地名，在這當中我們可以得知多數鄉鎮市之舊地名，除此之外，也介紹到了許多鄉鎮市之當地地物產、地貌、代表性建築、交通、歷史事件、傳說故事等，是一篇既充滿知識又富有趣味性的歌仔創作。而在創作方式的部分，陳再得有固定的創作形式，即當其介紹到某一鄉鎮市之地名時，第一句多數是以「○○原稱○○○」的方式告知大家此地之舊地名，而「原稱」也可能是「原名」、「舊名」、「昔稱」⋯⋯等相似字詞，之後再繼續敘述當地之特產、風景、人物、交通等，且大多數都是用四句歌仔詞來介紹一個地方，如：「蘆竹舊名蘆竹厝，客人蘆竹種歸區，地方物產眞豐富，庄名蘆竹爲名詞」、「土庫古名是塗褲，初來連遍專草埔，此地最驚天落雨，路面歸垺專泥土」、「佳冬原名是六根，靠山面海眞單純，十七線道伊有份，氣候溫和四季春」等。

　　但除了這些固定的形式外，亦有一些地方是有別於上述之創作方式的，例如直接解釋當地地名之由來，而沒有在一開始先說明其舊地名，而後再繼續說明其地名由來，這一類直接敘述地名由來的地方，如：「觀音石像被發現，善男信女來結緣，下願治病眞有變，庄名觀音足自然」、「橫山地形像橫山，有影無影免相瞞，離遠斟酌來觀看，山嶺坦橫名橫山」、「庄頭結在崙後面，崙背就是此原因，崙做目標恰好認，信仰該崙有崙神」、「林園範圍管眞遠，地名號做林園庄，外地的人眞好問，樹木眞多是林園」等皆是屬於此類，此爲陳再得的第二種創作手法。

　　還有一些地方，陳再得用超過四句來做介紹，筆者認爲這些地方對於陳

再得來說，也許是比較重要或是比較有特色的地方，需要加以說明，所以才會用超過四句來做介紹，如：「新竹原名叫竹塹，海風真大夂承擔，西面就是南寮港，福州泉州總通航。工商發展有夠緊，名副其實日日新，五州三廳人承認，即改新竹事是真」、「芳苑早年番仔挖，溪門塞鄭無礁瓦，戊戌年間水真大，冬尾時天風飛沙。沙崙一層過一層，日本時代改沙山，再改芳苑有恰慢，台灣光復的年間」、「鹿港號做鹿仔港，來自泉州晉江人，大小生意做會動，無做生意做粗工。文人全島出尚多，藝術師傅踢倒街，中央院長伊有做，國際企業佔頭魁」、「玉井舊名瞧吧年，位在玉井盆旁邊，不服日本管箱硬，義軍進攻瞧吧年。清芳帶頭反日本，打輸大正守備軍，死傷男丁總有份，女口全省散散分」、「恆春原名是瑯嬌，鄭軍反清復明朝，和親政策真重要，族人仇恨即取消。和親政策平族郡，氣候溫和攏無分，舊名瑯嬌無介順，終後庄名改恆春」、「蚊卒全島東南面，多數都是原住民，對其討海有自信，名改滿州有原因。……滿州位在台灣尾，地瘦民貧即死絕，不知的人無塊尋，東風吹來像塊飛」等。比較特別的是屏東縣滿州鄉，通篇唯有滿州鄉是屬於明明介紹的是同一個地方，卻拆開成兩個部分來說明，一個是在屏東這篇偏中間部分，而另一個則是在屏東這篇的最後四句，是最不一樣的創作手法。有重要的地方，當然也會有陳再得認為比較沒有特色可以介紹的地方，雖然仍為四句話，但可能在這四句話當中，就包含了好幾個地名，甚至直接說出這個地方沒有特色可以介紹或是新舊地名不重要，如：「雙溪平溪甲貢寮，並無特色好介紹，新名舊名無重要，個人猜想就明瞭」。

除了創作手法，上述提及〈台灣地名探源〉是篇兼具知識與趣味性的創作，因此不僅可以知道鄉鎮市之新舊地名由來，也可以從中得知當地地理環境、發展沿革、經濟活動、人文歷史等，從這篇歌仔中，我們可以得知陳再得在創作時，對於這些地方的連結有哪些內容，傳達了這些地方的哪些元素，以下列舉幾項陳再得較常使用的主題。

第一個是「產業」，這裡說的產業，主要指的是經濟產業活動，先民來到台灣，為了生活，必會依當地地理環境特色來發展經濟產業，如果是靠海的，多半是捕魚維生，如果在肥沃的土地，多半發展農業，陳再得在〈台灣地名探源〉中，也為我們指出了幾個地方的代表性產業，如：「礁溪原名是礁坑，經營溫泉賺大錢」，提到宜蘭縣的礁溪鄉便會讓人想到溫泉；或是「大村舊時講大庄，連遍攏是葡萄園」，提到彰化縣大村鄉便會想到有名的大村葡萄；還

有「梅山原名梅仔坑，梅仔豐收足值錢」，講到嘉義縣梅山鄉，一定要提的就
是梅子；「埔里出名紅甘蔗，現在水筍真好食」，說到南投縣埔里鎮就不得不
提當地名產紅甘蔗與茭白筍；以及高雄縣旗山鎮的香蕉「旗山原名蕃薯寮，
初種蕃薯塊治夭，庄民活潑最重要，後種芎蕉總外銷」；台東縣池上鄉的稻米
「池上大坡池聞名，灌溉稻作好收成，制成白米銷全省，到處市場都歡迎」；
南投縣魚池鄉的魚類養殖「魚池原名五城堡，日月成潭好七桃，魚類肉質特
別好，命名魚池別位無」；澎湖縣望安鄉與西嶼鄉的漁業「望安就是望安定，
在此討海的維生」、「西嶼原是漁翁島，外鞍地形變成湖，農作方面靠落雨，
討海拉魚兼牽罟」。這也是陳再得在創作〈台灣地名探源〉的特色之一，除了
介紹新舊地名，也能適時地融入當地產業特色，讓大家可以將這些地方與這
些產業做連結。

　　第二個是「交通位置」，除了介紹當地物產，陳再得在〈台灣地名探源〉
中，也會提到交通相關的知識，如：「北宜九彎十八挖，路過就要獻紙錢」，
講到宜蘭縣的礁溪鄉，就提到了宜蘭最有名的北宜公路，並說明了北宜公路
的危險性；「關西原名鹹菜甕，三號路線透竹東」，新竹縣關西鎮有公路台 3
線可以通往竹東鎮；「竹南原名是中港，新竹南方改竹南，下南鐵道有車站，
分做兩線透落南」，苗栗縣竹南鎮有台灣鐵路經過，並且在此設竹南站，為鐵
路山線與海線交會的最北站；「三義原名三叉河，上北就是透銅鑼，靠近台線
十三號，三義庄名抹當無」，苗栗縣三義鄉有公路台 13 線經過，往北可達銅
鑼鄉；「大埔就是後大埔，南北依靠三號路」，嘉義縣大埔鄉有公路台 3 線經
過，貫穿大埔鄉南北；「竹崎原名竹頭崎，普通經濟塊賺食，鐵路公路齊經過，
地方的人變好額」，嘉義縣竹崎鄉主要交通除了有聞名的阿里山鐵路之外，還
有公路台 18 線阿里山公路與嘉 159 大華公路；「桃源聽著心就爽，二十號線
路有通」，高雄縣桃源鄉有公路台 20 線經過，台 20 線即俗稱的南橫公路，是
桃源鄉境內的交通主軸；「佳冬原名是六根，靠山面海真單純，十七線道伊有
份，氣候溫和四季春」，在屏東縣佳冬鄉有公路台 17 線經過，即濱海公路；「竹
山舊名林杞埔，經過台省三號路」，在南投縣竹山鎮的北部有省道公路台 3 線
斜貫而過。因此我們可以從中得知許多地方的交通資訊，並可做為要去當地
之交通路線參考。

　　第三個是「歷史事件」，台灣歷經史前時期、漢人冒險渡黑水溝來台、荷
蘭人佔領台灣、鄭成功趕走荷蘭人以台灣做為反清復明的基地、馬關條約割

讓給日本的日治時期，到台灣光復，國民政府撤退來台，前前後後在這塊土地上發生了許許多多的大事件，而這些大事件也在許多書籍當中被記載下來，當然陳再得也為我們保留了一部份珍貴的歷史事件，例如在歷史課程中，講到日治時期，必定會提到的就是抗日活動，像是霧社事件以及西來庵事件。霧社事件發生在南投縣仁愛鄉，因此陳再得在仁愛鄉的部分便有提及此次事件：「仁愛古早是霧社，專是高沙塊賺食，發生一次大事件，堅持仁愛不敢惹」；而西來庵事件發生在台南縣玉井鄉，陳再得更是用了八句歌仔詞來敘述玉井鄉以及此次事件：「玉井舊名瞧吧年，位在玉井盆旁邊，不服日本管箱硬，義軍進攻瞧吧年。清芳帶頭反日本，打輸大正守備軍，死傷男丁總有份，女口全省散散分」；與發生在花蓮縣新城鄉的新城事件：「新城族郡個性硬，抵抗日本十八年，伊用槍子咱用箭，最後營寨被踏平」。同樣與日本人有關的衝突事件還有發生在屏東縣牡丹鄉的牡丹社事件：「牡丹原是牡丹社，一面靠海塊賺食，發生牡丹的事件，日本打輸咱打贏」。除此之外，還有林爽文事件，也可在〈台灣地名探源〉中尋得：「褒忠舊名埔姜崙，抵抗土匪起義軍，皇上表揚褒忠匾，流傳庄中給子孫」、「嘉義舊名諸羅山，那時國聖管台灣，後來爽文卜造反，官民協力來平亂。諸羅的人有義氣，乾隆皇帝足歡喜，義行不通放抹記，隨時賜名封嘉義」、「草屯原名草鞋屯，大里反王林爽文，兵隊到這煞宿眠，草鞋丟掉變成屯」。由此可知，雲林縣褒忠鄉、嘉義市與南投縣草屯鎮，此三個地名皆與林爽文事件直接相關。另外，除了這些人與人之間的事件，人與環境的事件，陳再得也提及了兩個，分別是發生在1898年（歲次戊戌）濁水溪沿岸的大水災：「北斗舊名叫寶斗，戊戌年間出溪流，歸庄的厝移退後，即將寶斗改北斗」；以及曾經肆虐台灣的瘧疾疫情：「台灣東部名台東，位置與名完全同，荒野能生長腳蚊，高度發熱不知人」。

第四個是「著名的人物」，在台灣這片土地上來來去去的人有很多，但能夠被眾人所知或是歷史留名的，也不是件容易的事情。陳再得在〈台灣地名探源〉中，也有提及幾位著名的人物，有些是已成歷史，而有些尚在人世，有些則是傳說人物，在整篇當中出現最多次的，便是趕走荷蘭人，曾經治理過台灣的鄭成功，其次就是林爽文，分別是在雲林縣莿桐鄉「巷內尊奉鄭國姓，祈求每年的好冬」、嘉義市「嘉義舊名諸羅山，那時國聖管台灣，後來爽文卜造反，官民協力來平亂」、台南縣新化鎮「國聖復台新歸化，光復改鎮名相同」、台南縣新營市「東寧王國足有勢，打退荷蘭做頭家」、台東縣延平鄉「延平郡王打荷蘭，

無論平原亦山間，人民對伊真稱讚，庄名延平求心安」、台東縣成功鎮「東寧王國管來到，即改成功做庄頭」、南投縣國姓鄉「南投中寮與國姓，前者兩位照地形，國姓鄭軍的命令，庄名在此自然成」、南投縣草屯鎮「草屯原名草鞋屯，大里反王林爽文，兵隊到這煞宿眠，草鞋丟掉變成屯」。另外還有像是霧峰林家的林甲寅「霧峰原名阿罩霧，林家出文兼出武，本族有分頂下厝，甲寅發跡展工夫」、民間故事嘉慶君遊台灣在大安發生的事件「清朝嘉慶患大難，看見紅燈在溪間，無意駛入大安港，脫險命名為大安」、彰化縣鹿港鎮的黃尊秋與施振榮「中央院長伊有做，國際企業佔頭魁」、彰化縣首屆議長的大村鄉民賴維種「姓賴代代有上算，首屆議長大村庄」、雲林縣西螺鎮的阿善師「西螺七崁二五庄，阿善功夫屬紅毛，傷藥出名七里散，矯筋接骨兼醫酸」、嘉義縣太保市的王得祿「紀念得祿改太保」、嘉義縣中埔鄉的吳鳳「通事吳鳳好罩陣，竟被殺身來成仁」、台南縣將軍鄉的施琅「將軍庄名有人講，討伐鄭氏立大功，升官發財人氣旺，庄名歸在伊施琅」、台南縣玉井鄉的余清芳「清芳帶頭反日本，打輸大正守備軍」、台南縣大內鄉的楊內「楊氏兄弟真屬害，公家出本招人來，兄名楊內通人知，所以庄名叫大內」、台南縣官田鄉的陳永華「官田原是官人帶，鄭家參軍陳永華，伊的官職做真大，吉地靈氣有夠活」、高雄縣茂林鄉的陶茂林「茂林究竟是人名，遇著日本伊不驚，領導民眾參伊拼，雖然戰輸得庄名」、高雄縣湖內鄉的明寧靖王朱術桂「湖內兩庄合一庄，明寧靖王的墓園，距離府城無外遠，現時成鄉無用庄」、花蓮縣花蓮市提到的沈葆楨「清朝欽差沈葆楨，觀查後山的地形，蓮花浮在美崙頂，爭取築港名隨成」。最後就是傳說人物，分別是彰化縣大城鄉的魏大城「大城古早大城厝，紀念人名真特殊，那人來自泉州府，耕農兼塊教功夫」、雲林縣元長鄉的傅元掌「元長庄頭是人名，勇敢剿匪隴不驚，了後清帝能知影，乃賜元長做庄名」、嘉義縣阿里山鄉的阿巴里「山頂一位阿巴里，打獵首領展絕技，巴字提掉名阿里，阿里山是伊名字」、屏東縣里港鄉的阿里「里港原是人的名，人人稱呼里港兄，半農半商真打拼，後來用伊做庄名」、台東縣太麻里鄉的錢搖稿「打馬即改太麻里，姓錢搖稿來開基」、台東縣達仁鄉的包壯生「一對頭目真聰明，頭目生子包壯生，伊的意志真堅定，隨帶愛犬去戰爭。無人敢參伊對陣，甘拜下風稱君臣，伊做酋長人承認，原住所在名達仁」、澎湖縣七美鄉的七位美人「七美紀念七美人，貞烈守節來輕生，投入井底死罩陣，不受侮辱的原因」。

最後是「特殊的人造物」，人生活在這片土地上，會因為生活需要或者是

尋求心靈的安定，而有一些建築被建造在我們生活的周遭，例如為了農業灌溉、民生需求而修築的埤圳或是溝渠以及水庫、沿海居民為了生活所需所建造的港埠、為了尋求心靈安定或心靈寄託所建造的廟宇等等，以下舉幾個例子。港埠的部分像是宜蘭縣的蘇澳港「蘇澳原本人的姓，溪底開港真神奇」、台北縣淡水鎮的滬尾港「淡水清朝滬尾港，帆船經過到廣東」、基隆市的基隆港「基隆原名叫雞籠，對外船隻能通航，港口發展有所望，第一福氣基隆人」、新竹市的南寮漁港「新竹原名叫竹塹，海風真大歹承擔，西面就是南寮港，福州泉州總通航」、高雄縣彌陀鄉的彌陀港「彌陀原有彌陀港，曾經死去真多人，阿彌陀佛來鎮港，對外順事好通帆」。為了農業灌溉的圳埤，如雲林縣大埤鄉「大碑本是大碑頭，水壩激水上圳溝，直透灌溉到海口，大碑的名變庄頭」。為了民生需求的水庫，如曾文水庫「大埔就是後大埔，南北依靠三號路，亦設曾文的水庫，遷村芳苑耕海埔」、南化水庫「南化水庫在南庄」。為了交通方便所建造的橋墩，如台北縣板橋市「板橋早年板橋頭，萬華隔界一條溝」、苗栗縣造橋鄉「捐款造橋越過溪，方便來往的問題，移民一年一年多，造橋不敢再收回」。與信仰相關的廟宇，例如彰化縣永靖鄉的關廟「永靖舊名關帝廟，主祀帝爺無不著，庄頭爭鬥爭無宿，關公顯聖即定著」、台南縣關廟鄉的關廟「關廟原是關帝廟，奉祀關公無不著，善男信女拜無宿，庄頭的名改關廟」、澎湖縣馬公鎮的媽祖廟「馬公原是媽祖宮，湄洲媽祖真有靈，日本給咱改馬公，人民也是講媽宮」。其他還有像是台中縣的月眉糖廠「翻頭月眉看糖鋪」、台中縣大甲鎮的劍井「劍井水質鹽份薄」、台中縣龍井鄉的龍井「龍井原名龍目井，兩口古井水真甜，龍目井水治百病，來往信徒年鬥年」、高雄縣湖內鄉的明寧靖王墓園「湖內兩庄合一庄，明寧靖王的墓園，距離府城無外遠，現時成鄉無用庄」。

　　以上僅列出幾個在〈台灣地名探源〉中出現較多的主題，其實這整首歌仔都充滿了各式各樣的知識，不僅僅只是地理或地名方面的知識而已。此外，陳再得也為我們保留了很多傳說故事在他的創作裡頭，在閱讀像這樣知識類的歌仔時，我們能在有別於教科書上的知識以外，更深入的了解各鄉鎮市的地貌、名產、風俗文物、傳說故事等，希望在閱讀像這類的歌仔時，我們不僅可以了解創作者想要傳達的知識內容，也能在獲取知識的同時，將這珍貴的歌仔文化資產繼續流傳下去，甚至可以推廣至學校課程中，做為補充的教材，讓更多人能夠認識歌仔這類的作品。

參考文獻

一、專書

1. （美）愛德華‧豪士原著，陳政三譯著：《征台紀事：牡丹社事件始末》（台北：台灣書房，2008 年 10 月）。

2. 王仕綺、陳珮綺：《相邀，來去台 9——山海相隨的 475 公里》（台北：交通部公路總局，2011 年 5 月）。

3. 王泰升、薛化元、黃世杰：《追尋台灣法律的足跡：事件百選與法律史研究》（台北：五南圖書，2014 年 11 月）二版。

4. 王樵一：《施振榮：逆境再起》（台北：超邁文化國際，2007 年 6 月）。

5. 台東縣後山文化工作協會著：《台東耆老口述歷史篇》（台東：台東縣立文化中心，1999 年 6 月）。

6. 台灣省文獻委員會口述歷史專案小組編著：《南投縣鄉土史料》（南投：台灣省文獻委員會，1993 年 6 月）。

7. 台灣省文獻委員會採集組主編：《台東縣鄉土史料》（南投：台灣省文獻委員會，1997 年 4 月）。

8. 台灣省文獻委員會採集組主編：《嘉義市鄉土史料》（南投：台灣省文獻委員會，1997 年 7 月）。

9. 台灣省文獻委員會採集組主編：《雲林縣鄉土史料》（南投：台灣省文獻委員會，1998 年 11 月）。

10. 台灣省文獻委員會採集組編校：《花蓮縣鄉土史料》（南投：台灣省文獻委員會，1999 年 4 月）。

11. 台灣省文獻委員會採集組編校：《彰化縣鄉土史料》（南投：台灣省文獻委員會，1999 年 9 月）。

12. 台灣省文獻委員會採集組編校：《嘉義縣鄉土史料》（南投：台灣省文獻

委員會，2000 年 1 月）。

13. 台灣省文獻委員會採集組編校：《台南縣鄉土史料》（南投：台灣省文獻委員會，2000 年 7 月）。

14. 伊能嘉矩著，楊南郡譯註：《平埔族調查旅行》（台北：遠流出版社，2012 年 2 月）二版一刷。

15. 安倍明義：《台灣地名研究》（台北：武陵出版，1994 年 11 月）三版三刷。

16. 吳信政、莊婉瑩著：《台灣地圖集》（台北：南天書局，2009 年 11 月初版）。

17. 吳秋儒：《台灣古早藥包》（台北：博揚文化事業，2012 年 5 月）。

18. 呂順安主編：《澎湖縣鄉土史料》（南投：台灣省文獻委員會，1994 年 1 月）。

19. 呂順安主編：《高雄縣鄉土史料》（南投：台灣省文獻委員會，1994 年 11 月）。

20. 呂順安主編：《台中縣鄉土史料》（南投：台灣省文獻委員會，1994 年 12 月）。

21. 李鎮岩：《台灣的書院》（台北：遠足文化，2008 年 1 月）。

22. 林文龍著：《台灣掌故與傳說》（台北：台原出版社，1994 年 6 月）第一版第二刷。

23. 施添福總編纂，王世慶編纂，夏黎明等撰述：《台灣地名辭書》，卷三，台東縣（南投：台灣省文獻委員會，1999 年 12 月）。

24. 施添福總編纂，吳連賞編纂，郭金龍等撰述：《台灣地名辭書》，卷六，澎湖縣（南投：國史館台灣文獻館，2002 年 6 月）。

25. 施添福總編纂，吳連賞編纂，陳國川等撰述：《台灣地名辭書》，卷九，雲林縣（南投：國史館台灣文獻館，2002 年 9 月）。

26. 施添福總編纂，吳連賞編纂，黃瓊慧等撰述：《台灣地名辭書》，卷四，屏東縣（南投：台灣省文獻委員會，2001 年 10 月）。

27. 施添福總編纂，施添福編纂，吳進喜撰述：《台灣地名辭書》，卷五，高雄縣第一冊（南投：台灣省文獻委員會，2000 年 12 月）。

28. 施添福總編纂，陳國川、翁國盈編纂，陳美鈴等撰述：《台灣地名辭書》，卷八，嘉義縣（上）（南投：國史館台灣文獻館，2008 年 12 月）。

29. 施添福總編纂，陳國川、翁國盈編纂，陳美鈴等撰述：《台灣地名辭書》，卷八，嘉義縣（下）（南投：國史館台灣文獻館，2008 年 12 月）。

30. 施添福總編纂，陳國川、翁國盈編纂，葉爾建等撰述：《台灣地名辭書》卷十一，彰化縣（上）（南投：國史館台灣文獻館，2004 年 12 月）。

31. 施添福總編纂，陳國川、翁國盈編纂，葉爾建等撰述：《台灣地名辭書》卷十一，彰化縣（下）（南投：國史館台灣文獻館，2004 年 12 月）。

32. 施添福總編纂，陳國川、翁國盈編纂，潘文富等撰述：《台灣地名辭書》，卷二，花蓮縣（南投：國史館台灣文獻館，2005 年 12 月）。

33. 施添福總編纂，陳國川編纂，古文錦等撰述：《台灣地名辭書》，卷五，高雄縣第二冊（上）（南投：國史館台灣文獻館，2008 年 12 月）。

34. 施添福總編纂，陳國川編纂，古文錦等撰述：《台灣地名辭書》，卷五，高雄縣第二冊（下）（南投：國史館台灣文獻館，2008 年 12 月）。

35. 施添福總編纂，陳國川編纂，林聖欽等撰述：《台灣地名辭書》，卷七，台南縣（南投：國史館台灣文獻館，2002 年 12 月）。

36. 段凌平：《閩南與台灣民間神明廟宇源流》（台北：崧燁文化，2018 年 3 月）。

37. 洪敏麟：《台灣舊地名之沿革》第一冊（南投：台灣省文獻委員會，1999 年 6 月）四版。

38. 洪敏麟：《台灣舊地名之沿革》第二冊（上）（南投：台灣省文獻委員會，1999 年 6 月）三版。

39. 洪敏麟：《台灣舊地名之沿革》第二冊（下）（南投：台灣省文獻委員會，1999 年 6 月）二版。

40. 柯榮三著：《時事題材之台灣歌仔冊研究》（台北：國立編譯館，2008 年 2 月）。

41. 徐如林、楊南郡著：《合歡越嶺道：太魯閣戰爭與天險之路》（台北：行政院農業委員會林務局，2016 年 6 月）。

42. 張耀錡：《台灣平埔族社名研究》（台北：南天書局，2003 年 5 月）初版一刷。

43. 曹永和著：《近世台灣鹿皮貿易考：青年曹永和的學術啓航》（台北：曹永和文教基金會、遠流出版，2011 年 10 月）。

44. 陳正祥：《台灣地名辭典》（台北：南天書局，1993 年 12 月二版一刷）。

45. 陳再得先生編著、許明山先生珍藏：《台灣鄉土詩歌集錦》（自印本）。

46. 陳雨嵐：《台灣的原住民》（台北：遠足文化，2004 年 10 月）第一版第一刷。

47. 陳益源、陳必正、陳芳慶編：《陳再得的台灣歌仔》（台中：晨星出版社，2011 年 1 月）。

48. 陳健銘《野台鑼鼓》（台北：稻鄉出版社，1989 年 6 月）。

49. 陳瑞隆、魏英滿：《台灣鄉鎮地名源由》（台南：世峰出版社，2000 年 11 月第一版第一刷）。

50. 詹素娟，張素玢：《台灣原住民史平埔族史篇（北)》（南投：台灣省文獻委員會，2001 年 3 月）。

51. 廖丑編著：《西螺七嵌與台灣開拓史》（雲林：雲林縣元子公張廖姓宗親會，1998 年 6 月）。
52. 廖忠俊著：《台灣鄉鎮舊地名考釋》（台北：允晨文化，2008 年 12 月）。
53. 潘英：《台灣平埔族史》（台北：南天書局，1998 年 1 月）初版二刷。
54. 蔡培慧、陳怡慧、陳柏州撰文，金炫辰繪圖：《台灣的舊地名》（台北：遠足文化，2004 年 1 月）。
55. 蕭銘祥主編：《屏東縣鄉土史料》（南投：台灣省文獻委員會，1996 年 1 月）。
56. 韓國棟總編輯：《走讀台灣：澎湖縣》（台北：國家文化總會，2009 年 12 月）。

二、方志

1. 大湖鄉誌編纂委員會：《大湖鄉志》（苗栗：大湖鄉公所，1999 年）。
2. 中華綜合發展研究院應用史學研究所：《後龍鎮志》（苗栗：後龍鎮公所，2002 年）。
3. 中華綜合發展研究院應用史學研究所總編纂：《通霄鎮志》（苗栗：通霄鎮公所，2001 年）。
4. 中華綜合發展研究院應用史學研究所總編纂：《壽豐鄉志》（花蓮：壽豐鄉公所，2002 年 1 月）。
5. 中華綜合發展研究院應用史學研究所總編纂：《伸港鄉志》（彰化：伸港鄉公所，2002 年 10 月）。
6. 中華綜合發展研究院應用史學研究所總編纂：《員林鎮志》（彰化：員林鎮公所，2010 年 12 月）。
7. 尹志宗：《水里鄉志》（南投：水里鄉公所，2007 年 3 月）。
8. 王仲孚總編纂：《梧棲鎮志》（台中：梧棲鎮公所，2005 年 5 月）。
9. 王志宇：《大村鄉志》（彰化：大村鄉公所，2015 年）。
10. 王峙萍總編纂：《石岡鄉志》（台中：石岡鄉公所，2009 年）。
11. 石丁玉等：《岡山鎮志》（高雄：岡山鎮公所，2000 年 8 月）。
12. 吳文星主持，鹿港鎮志纂修委員會編纂：《鹿港鎮志・人物篇》（彰化：鹿港鎮公所，2000 年 6 月）。
13. 李明仁總編纂：《太保市志》（嘉義：太保市公所，2009 年 11 月）。
14. 李謁政總編纂：《虎尾鎮志》（下）（雲林：虎尾鎮公所，2017 年 7 月）。
15. 沈同來總編輯：《仁武鄉志》（高雄：仁武鄉公所，1994 年 6 月）。
16. 私立長榮大學：《新修霧峰鄉志》（上）（台中：霧峰鄉公所，2009 年 10 月）。

17. 私立長榮大學:《新修霧峰鄉志》(下)(台中:霧峰鄉公所,2009 年 10 月)。

18. 周宗賢總編纂:《二水鄉志》(彰化:二水鄉公所,2002 年 5 月)。

19. 周國屏等主撰,國立彰化師範大學地理系編纂:《彰化市志》(上冊)(彰化:彰化市公所,1997 年 8 月)。

20. 林文龍撰稿:《南投縣志・卷七人物志》〈人物傳篇、職官表篇〉(南投:南投縣政府文化局,2010 年 12 月)。

21. 林俊全著:《芳苑鄉志——地理篇》(彰化:芳苑鄉公所,1997 年 12 月)。

22. 林園鄉公所編:《林園鄉志》(高雄:林園鄉公所,2010 年 5 月)。

23. 林興仁主修,盛清沂總纂:《台北縣志》,卷二〈疆域志〉《中國方志叢書》台灣地區第 66 號(台北:成文出版社,1983 年 3 月)台一版。

24. 邱奕松纂修:《朴子市志》(嘉義:朴子市公所,1998 年 2 月)。

25. 南投縣鹿谷鄉志編纂委員會等編輯:《鹿谷鄉志》(上)(南投:鹿谷鄉公所,2009 年 12 月)。

26. 施添福主持,鹿港鎮志纂修委員會:《鹿港鎮志・地理篇》(彰化:鹿港鎮公所,2000 年 6 月)。

27. 洪建榮等撰稿、尹章義總編:《續修五股鄉志》(台北:五股鄉公所,2010 年 12 月)初版一刷。

28. 洪健榮、田天賜主編,孫大川、詹嫦慧總纂:《延平鄉志》(台東:延平鄉公所,2004 年 6 月)。

29. 洪敏麟總編輯:《大肚鄉志》(台中:大肚鄉志編纂委員會,1993 年 12 月)。

30. 洪義詳主修,林澤田總編纂:《海上明珠:琉球鄉志》(屏東:琉球鄉公所,2006 年 12 月)。

31. 洪麗完總編纂:《二林鎮志》(上冊)(彰化:二林鎮公所,2000 年 6 月)。

32. 洪麗完總編纂:《二林鎮志》(下冊)(彰化:二林鎮公所,2000 年 6 月)。

33. 苑裡鎮志編纂委員會:《苑裡鎮志》(上冊)(苗栗:苑裡鎮公所,2002 年)。

34. 夏黎明總編纂,蕭春生等撰述:《池上鄉志》(台東:池上鄉公所,2001 年 12 月)。

35. 徐永欣:《三義鄉志》(上冊)(苗栗:三義鄉公所,2009 年)。

36. 海樹兒・犮剌拉菲總編纂:《卓溪鄉志》(花蓮:卓溪鄉公所,2015 年 10 月)。

37. 國立彰化師範大學地理系周國屏等編纂:《名間鄉志》(南投:名間鄉公所,2004 年 12 月)。

38. 張哲郎總編纂:《北斗鎮志》(彰化:北斗鎮公所,1997 年 1 月)。

39. 張勝彥總編纂:《外埔鄉志》(上冊)(台中:外埔鄉公所,2004 年 9 月)。

40. 張勝彥總編纂:《外埔鄉志》(下冊)(台中:外埔鄉公所,2004 年 9 月)。

41. 張雙旺等編輯:《造橋鄉志》(苗栗:苗栗縣造橋鄉公所,2009 年 12 月)。

42. 許家華、劉芝芳總編輯:《烏來鄉志》(台北:烏來鄉公所,2010 年 9 月)。

43. 許淑娟著:《台灣全志》〈卷二,土地志,地名篇〉(南投:國史館台灣文獻館,2010 年 11 月)。

44. 陳炎正主編:《豐原市志》(台中:豐原市公所,1986 年 10 月)。

45. 陳炎正編著:《潭子鄉志》(台中:潭子鄉公所,1993 年 6 月)。

46. 陳炎正:《霧峰鄉志》(台中:霧峰鄉公所,1993 年 8 月)。

47. 陳炎正:《大里市志》(台中:大里市公所,1994 年 3 月)。

48. 陳哲三總編纂:《竹山鎮志》(上冊)(南投:竹山鎮公所,2002 年 2 月增修版)。

49. 陳運棟編纂:《三灣鄉志》(苗栗:苗栗三灣鄉公所,2005 年)。

50. 陳運棟編纂:《南庄鄉志(上)》(苗栗:苗栗縣南庄鄉公所,2009 年 11 月)。

51. 陳運棟編纂:《卓蘭鎮志》(上冊)(苗栗:卓蘭鎮公所,2014 年 8 月)。

52. 陳瑤塘主編:《清水鎮志》(台中:清水鎮公所,1998 年 8 月)。

53. 陳德成、潘淑芳主修,尹章義總編纂:《長濱鄉志》(上冊)(台東:長濱鄉公所,2015 年 12 月)。

54. 魚池鄉公所鄉誌編纂工程:《魚池鄉志·開拓史篇》(南投:魚池鄉公所,2001 年)。

55. 魚池鄉公所鄉誌編纂工程:《魚池鄉志·經濟篇》(南投:魚池鄉公所,2001 年)。

56. 彭瑞金總編纂:《重修清水鎮志》(下卷)(台中:清水區公所,2013 年 8 月)。

57. 曾人口總編纂:《口湖鄉志》(上冊)(雲林:口湖鄉公所,2011 年 12 月)。

58. 曾慶國主編:《埔心鄉志》(彰化:埔心鄉公所,1993 年 9 月)。

59. 黃秀政主持,鹿港鎮志纂修委員會編纂:《鹿港鎮志·沿革篇》(彰化:鹿港鎮公所,2000 年 6 月)。

60. 黃鼎松:《公館鄉志》(苗栗:公館鄉公所,1994 年)。

61. 黃繁光等編纂:《淡水鎮志》(新北:淡水區公所,2013 年 6 月)。

62. 葉振輝總編纂:《玉里鎮志》(花蓮:玉里鎮公所,2010 年 12 月)。

63. 廖美珠主撰:《烏日鄉志·歷史篇》(台中:烏日鄉公所,2004 年 10 月)。

64. 廖瑞銘總編纂：《太平市志》（上冊）（台中：台中縣太平市公所，2006年4月）。

65. 廖瑞銘總編纂：《大甲鎮志》（下冊）（台中：大甲鎮公所，2009年1月）。

66. 銅鑼鄉誌編纂委員會：《銅鑼鄉志》（苗栗：銅鑼鄉公所，1996年）。

67. 劉寧顏總纂，洪敏麟編纂：《重修台灣省通志》卷三〈住民志：地名沿革篇〉（南投：台灣省文獻委員會，1995年8月）。

68. 劉曜華等主撰：《四湖鄉志》（雲林：四湖鄉公所，2006年2月）。

69. 潘是輝總編纂：《東河鄉志》（台東：東河鄉公所）。

70. 蔡炳欽發行：《日出東石》（嘉義：東石鄉公所，1996年3月）。

71. 蔡相輝總編纂：《芬園鄉志》（彰化：芬園鄉公所，1998年3月）。

72. 蔣敏全總編纂：《溪湖鎮志》（彰化：溪湖鎮公所，2012年12月）。

73. 鄭清海等：《龍井百年志》（台中：龍井區公所，2011年10月）。

74. 謝英從等撰述：《花壇鄉志》（彰化：花壇鄉公所，2006年8月）。

75. 簡炯仁總編纂：《鳳山市志》（高雄：鳳山市公所，2004年）。

76. 顏尚文總編纂：《梅山鄉志》（嘉義：梅山鄉公所，2010年1月）。

77. 魏金絨著：《芳苑鄉志——歷史篇》（彰化：芳苑鄉公所，1997年12月）。

78. 羅景川著：《大樹鄉民間鄉土誌（一）》（高雄：大樹鄉公所，1994年12月）。

三、學位論文

1. 丁鳳珍：《「歌仔冊」中的台灣歷史詮釋——以張丙、戴潮春起義事件敘事歌為研究對象》（台中：東海大學中國文學系博士論文，2004年6月）。

2. 江美文：《台灣勸世類「歌仔冊」之語文研究——以當前新竹市竹林書局所刊行个台語歌仔冊為範圍》（新竹：新竹師範學院台灣語言與語文教育研究所碩士論文，2004年1月）。

3. 李李：《台灣陳辦歌研究》（台北：中國文化大學中國文學研究所碩士論文，1985年6月）。

4. 李美麗：《〈台南運河奇案歌〉研究》（高雄：中山大學中國語文學系碩士論文，2004年6月）。

5. 沈毓萍：《竹林書局〈李哪叱抽龍筋歌歌〉、〈妲己敗紂王歌〉與〈孫悟空大鬧水宮歌〉神怪類歌仔冊研究——以用字現象與故事內容比較為主》（台南：台南大學國語文學系碩士論文，2006年8月）。

6. 周群堯：《閩南語歌仔冊敘事研究——以八個愛情故事為例》（台南：台南大學國語文學系教學碩士論文，2009年7月）。

7. 林妙馨：《歌仔冊〈增廣英台新歌〉的文學研究》（高雄：高雄師範大學

台灣語言及教學研究所碩士論文，2006 年 6 月）。

8. 林依華：《陳再得及其歌仔研究》（台中：國立中興大學中國文學研究所碩士論文，2007 年 6 月）。

9. 林淑琴：《有關地獄之歌仔冊的語言研究及其反映的宗教觀》（台北：台灣師範大學台灣文化及語言文學研究所在職進修碩士論文，2010 年 6 月）。

10. 林博雅：《台灣「歌仔」的勸善研究》（嘉義：南華大學文學系碩士論文，2004 年 12 月）。

11. 柯榮三：《有關新聞事件之台灣歌仔冊研究》（台南：成功大學台灣文學系碩士論文，2004 年 6 月）。

12. 柯榮三：《台灣歌仔冊中「相褒結構」及其內容研究》（台南：成功大學台灣文學研究所博士論文，2009 年 6 月）。

13. 秦毓茹：《梁祝故事流布之研究——以台灣地區歌仔冊與歌仔戲為範圍》（花蓮：花蓮師範學院民間文學研究所碩士論文，2003 年 6 月）。

14. 陳姿听：《台灣閩南語相褒類歌仔冊語言研究——以竹林書局十種歌仔冊為例》（新竹：新竹師範學院台灣語言與語文教育研究所碩士論文，2001 年 6 月）。

15. 陳雪華：《台灣閩南語歌仔冊中的愛情類故事研究》（台南：台南大學國語文學系碩士論文，2007 年 1 月）。

16. 曾子良：《台灣閩南語說唱文學「歌仔」之研究及閩台歌仔敘錄與存目》（台北：東吳大學中國文學研究所博士論文，1990 年 6 月）。

17. 黃惠鈴：《和番主題歌仔冊研究——以〈王昭君和番歌〉、〈陳杏元和番歌〉為例》（台中：逢甲大學中國文學系碩士論文，2006 年 6 月）。

18. 潘昀毅：《歌仔冊〈三伯英台歌集〉之研究》（花蓮：東華大學中國語文學系碩士論文，2011 年 6 月）。

19. 蔡宜靜：《荷據時期（1624～1662）大龜文王國形成與發展之研究》（嘉義：南華大學建築與景觀學系環境藝術碩士班碩士論文，2009 年 6 月）。

20. 龍泳衛：《歌仔冊之台灣抗日主題研究》（嘉義：中正大學台灣文學研究所碩士論文，2008 年 6 月）。

21. 謝靜怡：《歌仔冊教化功能之研究》（花蓮：花蓮教育大學民間文學研究所碩士論文，2007 年 8 月）。

22. 蘇于榕：《「貓鼠相告」主題作品研究——以台中瑞成書局〈最新貓鼠相告歌〉為主》（台北：台北教育大學台灣文化研究所碩士論文，2011 年 7 月）。

四、期刊

1. 〔日〕稻田尹：〈台灣の歌謠に就て〉，文載《台灣時報》第 253 號（台北：台灣時報發行所，1941 年 1 月），頁 87。

2. 王順隆：〈談台閩「歌仔冊」的出版概況〉《台灣風物》第 43 卷第 3 期（台北：台灣風物雜誌社，1993 年 9 月），頁 109、115。

3. 台灣省文獻委員會採集組：〈台中市地名沿革〉《台灣文獻》第 48 卷第 2 期（台灣省文獻委員會，1997 年 6 月），頁 213〜223、225〜237、239〜249。

4. 吳育臻：〈嘉義市地名沿革〉《台灣文獻》第 48 卷第 2 期（台灣省文獻委員會，1997 年 6 月），頁 239〜249。

5. 吳新榮：〈台南縣地名沿革總論〉《南瀛文獻》第 2 卷第 1／2 期合刊（台南縣文獻委員會，1954 年 9 月），頁 37〜43。

6. 陳國川：〈新竹市地名沿革〉《台灣文獻》第 48 卷第 2 期（台灣省文獻委員會，1997 年 6 月），頁 233〜237。

7. 陳漢光：〈台北市地名研究初稿〉《台北文物》第 1 卷第 1 期（台北市文獻委員會，1952 年 12 月），頁 36〜40。

8. 陳漢光：〈彰化縣地名探源〉《彰化文獻》第 1 卷第 1 期（彰化縣文獻委員會，1954 年 6 月），頁 18〜24。

9. 陳聰信：〈台灣地名的探源〉《台北文獻》直字第 45／46 期合刊（台北市文獻委員會，1978 年 12 月），頁 455〜466。

10. 董淑連：〈陳再得的台灣歌仔研究——以台灣的地名探源為研究範圍〉《海翁台語文學》第 146 期（開朗雜誌事業有限公司，2014 年 2 月），頁 33〜56。

11. 廖秋娥：〈基隆市地名沿革〉《台灣文獻》第 48 卷第 2 期（台灣省文獻委員會，1997 年 6 月），頁 225〜232。

12. 劉妙惠：〈雲林縣鄉鎮村里地名考源〉《雲林文獻》第 26 期（雲林縣文獻委員會，1982 年 6 月），頁 44〜83。

13. 羅華娟、陳明義、楊正澤：〈樹說新語閒話老樹〉《自然保育季刊》第 65 期（南投：行政院農業委員會特有生物研究保育中心，2009 年 3 月），頁 17〜18。

14. 羅華娟、陳明義：〈放眼天下——淺說全球名木〉《自然保育季刊》第 65 期（南投：行政院農業委員會特有生物研究保育中心，2009 年 3 月），頁 3。

五、報紙、新聞

1. 大紀元新聞網，2017 年 10 月 30 日，標題：「尋覓大遷徙遺跡」，網址：http://www.epochtimes.com/b5/17/10/30/n9785025.htm。

2. 《中國時報》，2018 年 5 月 27 日，標題：「19 歲騎士疑自摔，慘死大貨車輪下，北宜車禍 7 死，較去年多 1 倍」，A13「北部新聞」版。

3. 自由時報網，日期：2016 年 4 月 14 日，標題：「〈中部〉埔心 72 平民助清有功，乾隆賜「褒忠」區」，網址：http://news.ltn.com.tw/news/local/paper/978955。

4. 客家電視台客家新聞，日期：2016 年 8 月 17 日，標題：「「義民」用詞一說，隱含客小閩大歷史因素」，網址：http://www.hakkatv.org.tw/news/174425。

5. 雲林縣政府幸福雲林電子報，標題：「大崙腳普中元文化節」，發佈日期：2001 年 8 月 24 日，網址：https://www.yunlin.gov.tw/news/detail.asp?id=973。

6. 衛生福利部焦點新聞，標題：「台灣根除瘧疾 50 週年，抗瘧戰士獲贈感謝狀，病媒蚊防治從化學噴藥轉爲生態防治」，日期：2015 年 12 月 4 日，網址：https://www.mohw.gov.tw/cp-2651-19702-1.html。

7. 《聯合報》，2017 年 4 月 14 日，標題：「少子化！萬人老松國小剩 500人」，B3「教育」版。

8. 聯合新聞網，2017 年 09 月 01 日，標題：「跟著嘉慶君走趟奇幻之旅 愛上大安海口味」，網址：https://udn.com/news/story/6964/2675047。

9. 徐維莉：〈「新竹新埔枋寮義民廟」探訪記要〉《國立中央大學客家學院電子報》第 280 期（桃園：國立中央大學客家學院，2017 年 7 月）。

六、政府公告

1. 行政院「院台交字第 1030041125 號公告」，公告主旨：台 9 甲線、台 16線及台 21 線等省道調整路線，公告日期：2014 年 7 月 16 日。

七、網站資料

1. Acer 台灣，網址：https://www.acer.com/ac/zh/TW/content/home。

2. Google 地圖，網址：
https://www.google.com.tw/maps/place/%E6%97%A5%E6%9C%AC%E5%8D%83%E8%91%89/@35.5003211,139.7498409,9z/data=!3m1!4b1!4m5!3m4!1s0x60229b5fd61b9511:0x1cb677dbffe07bbe!8m2!3d35.6050574!4d140.1233063。

3. 大村鄉公所，網址：https://town.chcg.gov.tw/dacun/00home/index7.asp。

4. 大武鄉公所，網址：https://www.dwuu.gov.tw/Default.aspx。

5. 大城鄉公所，網址：https://town.chcg.gov.tw/dacheng/00home/index7.asp。

6. 中華民國交通部公路總局，網址：https://www.thb.gov.tw/。

7. 中華郵政全球資訊網，網址：https://www.post.gov.tw/。

8. 內政部民政司地方行政區域簡介，網址：
https://www.moi.gov.tw/dca/02place_002_18.aspx。

9. 內政部地名資訊服務網，網址：http://gn.moi.gov.tw/GeoNames/index.aspx。

10. 文化部 iCulture，網址：https://cloud.culture.tw/。

11. 文化部台灣社區通，網址：https://communitytaiwan.moc.gov.tw/。

12. 文化資源地理資訊系統，網址：http://crgis.rchss.sinica.edu.tw/。

13. 日月潭觀光旅遊網，網址：https://www.sunmoonlake.gov.tw/。

14. 月眉觀光糖廠，網址：https://www.tscleisure.com.tw/tourism/yuemei/about.htm。

15. 水利法規查詢系統，網址：http://wralaw.wra.gov.tw/wralawgip/index.jsp。

16. 水里鄉公所，網址：http://www.shli.gov.tw/。

17. 水林鄉公所，網址：http://www.shuilin.gov.tw/。

18. 北港鎮公所，網址：http://www.beigang.gov.tw/tw/default1.asp。

19. 台中市大雅區公所，網址：https://www.daya.taichung.gov.tw/。

20. 台中市太平區公所，網址：https://www.taiping.taichung.gov.tw/。

21. 台中市文化資產處歷史建築，網址：
http://www.tchac.taichung.gov.tw/historybuildinglist?uid=34。

22. 台中市后里區公所，網址：https://www.houli.taichung.gov.tw/。

23. 台中市和平區公所，網址：https://www.heping.taichung.gov.tw/。

24. 台中市新社區公所，網址：https://www.xinshe.taichung.gov.tw/。

25. 台北市政府地政局面積換算，網址：
http://w2.land.taipei.gov.tw/calc/areacnvr/areacnvr.asp。

26. 台灣中評網，網址：http://www.crntt.tw/crn-webapp/。

27. 台灣原住民族資訊資源網，網址：http://www.tipp.org.tw/index.asp。

28. 台灣港務股份有限公司基隆港務分公司蘇澳港營運處網，網址：
https://kl.twport.com.tw/su/。

29. 民雄鄉公所，網址：https://minsyong.cyhg.gov.tw/Default.aspx。

30. 永靖鄉公所全球資訊網，網址：http://www.yungchin.gov.tw/。

31. 田尾鄉公所，網址：https://town.chcg.gov.tw/tianwei/00home/index7.asp。

32. 交通部台灣鐵路管理局，網址：https://www.railway.gov.tw/tw/index.html。

33. 竹塘鄉公所全球資訊網，網址：http://www.chutang.gov.tw/。

34. 行政院農業委員會林務局自然保育網。
https://conservation.forest.gov.tw/0000110。

35. 牡丹鄉公所，網址：https://www.pthg.gov.tw/townmdt/Default.aspx。

36. 秀水鄉公所，網址：https://town.chcg.gov.tw/hsiushui/00home/index7.asp。

37. 卑南鄉公所，網址：https://www.beinan.gov.tw/。

38. 和美鎮公所，網址：http://town.chcg.gov.tw/hemei/00home/index7.asp。

39. 和美鎮公所，網址：https://town.chcg.gov.tw/hemei/00home/index7.asp。

40. 宜蘭縣三星鄉公所，網址：https://www.sanshing.gov.tw/Default.aspx。

41. 宜蘭縣壯圍鄉公所網，網址：https://www.jw.gov.tw/Default.aspx。

42. 宜蘭縣政府全球資訊網，網址：https://www.e-land.gov.tw/Default.aspx。

43. 社頭鄉公所，網址：https://town.chcg.gov.tw/shetou/00home/index8.asp。

44. 花蓮縣全球資訊服務網，網址：https://www.hl.gov.tw/bin/home.php。

45. 花蓮縣卓溪鄉公所，網址：https://www.zhuo-xi.gov.tw/home.php。

46. 花蓮縣壽豐鄉公所，網址：https://www.shoufeng.gov.tw/bin/home.php。

47. 南投縣草屯鎮公所，網址：https://www.tsaotun.gov.tw/。

48. 南投觀光旅遊網，網址：http://travel.nantou.gov.tw/。

49. 客家委員會全球資訊網，網址：https://www.hakka.gov.tw/。

50. 政府資料開放平台，網址：https://data.gov.tw/。

51. 原住民委員會全球資訊網，網址：https://www.apc.gov.tw/portal/index.html。

52. 員山鄉鄉公所，網址：https://www.yuanshan.gov.tw/Default.aspx。

53. 桃園市大溪區公所，網址：http://www.daxi.tycg.gov.tw/index.jsp。

54. 桃園市中壢區公所，網址：http://www.zhongli.tycg.gov.tw/index.jsp。

55. 泰安鄉公所，網址：http://www.taian.gov.tw/taian_township/。

56. 海端鄉公所，網址：http://www.haiduau.gov.tw/index.php。

57. 財團法人大甲鎮瀾宮全球資訊網，網址：http://www.dajiamazu.org.tw/。

58. 財團法人朴子配天宮，網址：http://www.peitiangung.org.tw/。

59. 高雄市杉林區公所全球資訊網，網址：https://shanlin.kcg.gov.tw/。

60. 國史館台灣文獻館，網址：https://www.th.gov.tw/new_site/。

61. 國姓鄉公所，網址：http://www.guoshing.gov.tw/。

62. 教育部台灣客家語常用詞辭典，網址：
    https://hakka.dict.edu.tw/hakkadict/index.htm。

63. 教育部台灣閩南語常用詞辭典，網址：
    https://twblg.dict.edu.tw/holodict_new/default.jsp。

64. 教育部重編國語辭典修訂本，網址：http://dict.revised.moe.edu.tw/cbdic/。

65. 梅問屋觀光工廠，網址：http://www.plummyume.com.tw/index.aspx。

66. 媚麗埔里——台灣南投埔里觀光導覽網——南投縣埔里鎮公所，網址：
    http://www.puli.gov.tw/web_travel/。

67. 莿桐鄉公所，網址：http://www.cihtong.gov.tw/。

68. 雲林縣二崙鄉公所全球資訊網，網址：http://www.ehlg.gov.tw/home.aspx。

69. 雲林縣土庫鄉公所，網址：http://www.tuku.gov.tw/main/index.php。

70. 雲林縣元長鄉公所，網址：http://www.yuanchang.gov.tw/。

71. 雲林縣斗六市公所，網址：http://www.dl.gov.tw/home.php。

72. 雲林縣斗南鎮公所，網址：https://www.dounan.gov.tw/index.php。

73. 雲林縣台西鄉公所全球資訊網，網址：http://taihsi.geggg.com/default.aspx。

74. 雲林縣四湖鄉公所全球資訊網，網址：https://www.zuhu.gov.tw/。

75. 雲林縣東勢鄉公所全球資訊網，網址：http://www.dongshih.gov.tw/home.asp。

76. 雲林縣林內鄉公所，網址：http://www.linnei.gov.tw/index.asp。

77. 雲林縣虎尾鎮公所，網址：https://www.huwei.gov.tw/home.aspx。

78. 雲林縣麥寮鄉公所，網址：https://www.mlvillage.gov.tw/home.aspx。

79. 溪州鄉公所，網址：https://town.chcg.gov.tw/hsichou/00home/index8.asp。

80. 溪湖鎮公所，網址：https://town.chcg.gov.tw/xihu/00home/index8.asp。

81. 經濟部水利署全球資訊網，網址：https://www.wra.gov.tw/。

82. 農田水利入口網，網址：http://doie.coa.gov.tw/index.php。

83. 嘉義市朴子市公所全球資訊網，網址：https://puzih.cyhg.gov.tw/home.aspx。

84. 嘉義縣大林鎮公所，網址：https://dalin.cyhg.gov.tw/Default.aspx。

85. 嘉義縣文化觀光局，網址：https://www.tbocc.gov.tw/Default.aspx?lang=tw。

86. 嘉義縣布袋鎮公所，網址：https://budai.cyhg.gov.tw/Default.aspx。

87. 嘉義縣東石鄉公所，網址：https://dongshih.cyhg.gov.tw/Default.aspx。

88. 嘉義縣新港鄉公所，網址：https://singang.cyhg.gov.tw/。

89. 嘉義縣新港鄉公所，網址：https://singang.cyhg.gov.tw/Default.aspx。

90. 彰化農田水利會，網址：https://www.chia.gov.tw/chiawww/。

91. 彰化縣埔鹽鄉公所，網址：https://www.puyan.gov.tw/home.aspx。

92. 彰化縣鹿港鎮公所全球資訊網，網址：https://www.lukang.gov.tw/home.aspx。

93. 彰化縣議會全球資訊網，網址：https://www.chcc.gov.tw/home.aspx。

94. 監察院全球資訊網，網址：https://www.cy.gov.tw/mp.asp?mp=1。

95. 福興鄉公所，網址：https://town.chcg.gov.tw/fuxing/00home/index7.asp。

96. 線西鄉公所，網址：https://town.chcg.gov.tw/xianxi/00home/index7.asp。

97. 衛生福利部疾病管制署，網址：https://www.cdc.gov.tw/rwd。

98. 關山鎮公所，網址：https://www.guanshan.gov.tw/index.php。

99. 蘇澳觀光旅遊網，網址：http://welcome2suao.com.tw/。

後　記

　　《台灣地理歌仔研究——以陳再得的〈台灣地名探源〉為例》此書原是筆者在就讀研究所時所寫的碩士學位論文，一月甫從雲科大漢學所順利通過口試，拿到碩士學位，三月便收到花木蘭出版社的邀請，並於四月承蒙指導教授柯榮三教授的推薦，且受到花木蘭文化事業有限公司的青睞而有此機會得以出版，心裡實在有萬分的感謝。

　　當初會選擇這個題材做研究，其實也能說是緣分使然。原本大學就讀的科系是理工的科系——電機工程學系，而研究所讀的是文組的科系——漢學應用研究所，其實在研究所剛入學的時候，都還在適應與摸索的階段，因此一直無法找到想要研究的方向與題材，就這樣摸索了一年。到了碩二的時候，有幸選修到柯榮三老師的課，這才正式接觸到「歌仔冊」，其實當時的自己也只是覺得，怎麼會有這麼有趣的作品，對「歌仔冊」仍不是很了解。後來陸續找了一些所上的老師詳談關於碩士學位論文的方向與取材，最終選擇拜入柯老師榮三的門下，成為柯老師的門徒，這才又開始進入第二波的選材。其實最一開始並不是選擇這個題目，雖同樣是研究歌仔冊，但不是這個類型，會改變題目是因為，筆者在開始要寫論文的時候，覺得原本的題目並沒有辦法真正的激起研究的動機與興趣，所以又找老師聊了幾次，後來選定有關台灣地理的歌仔來作研究，是因為筆者想要藉由研究論文，來場環島旅行，寫出類似旅遊書籍並且圖文並茂的論文。很可惜的是，最後礙於時間以及筆者自己的能力有限等種種因素之下，這篇碩士論文沒能成為最初所設定的「旅遊書籍」，環島旅行亦尚未成行。

　　由於本書原本是碩士論文，因此在筆者自己看來，這篇論文還有很多可

以修正、補充與擴充的空間，希望閱讀此書的讀者們可以多多包涵我這個半路出家的文組子弟。當時因爲畢業的時間緊迫，在原本的論文中有幾處未能發現並改正的錯誤，也在此次出版時做了訂正，若仍有錯誤之處，也請各位學者不吝指正，也期許未來筆者自己，或是其他學者願意繼續研究這方面的題材，甚至可以將此納入學校的補充教材或課後閱讀，讓「歌仔」這類創作能繼續流傳下去，而不會被遺忘在時間的洪流裡。

　　最後，我想再次感謝我的指導教授柯榮三老師、口試委員中山大學中文系羅景文老師、雲科大漢學所翁敏修老師以及花木蘭文化事業有限公司的所有成員，尤其是編輯們，謝謝您們，您們辛苦了！

黃瓊儀

寫於 2019 年夏天